口絵1 （第5章） 《古今珎物集覧元昌平坂聖堂に於て》（部分）
　　　　　　　 （国輝（二代），1872（明治5）年，木造，個人蔵）

口絵2 （第6章） インターメディアテク2階常設展示風景
　　　　　　　 （©インターメディアテク）

口絵3 （第13章） 20周年のお祝いに駆け付けたカルメン
　　　　　　　　　（スケラボのミュータン）（クレマチスの丘）

口絵4 （第15章） かつて特撮映像に使用された建築物ミニチュアのアーカ
　　　　　　　　　イブと，それを活用した中高生向けの怪獣映画制作ワー
　　　　　　　　　クショップ（須賀川特撮アーカイブセンター）

博物館概論

（新訂）博物館概論（'23）

©2023　鶴見英成


装丁デザイン：牧野剛士
本文デザイン：畑中　猛

s-64

# まえがき

　この博物館概論は，大学における学芸員養成科目として文化庁が定めた9科目のうちの一つで，博物館に関する基礎を学ぶことが目標とされている。放送大学においては以前より，他の科目の概略も含めた内容として構成してきた。博物館学の概要，博物館や学芸員の制度や現状，博物館の歴史，展示のメッセージ性やその手法，資料の研究活用，取り扱う情報とメディア，資料の保存・修復，教育機関としての役割，国内・国際規模での多様な連携，今後求められる役割，とその内容は多岐にわたり，博物館について包括的に学べる構成としている。そのため，博物館と関係の深い自然史，文化史，美術などの諸分野を学ぶ人や，博物館と直接関係しない文脈において展示，建築，デザイン，教育，情報などを専攻する人も，関心とリンクする要素があるだろう。学芸員資格への興味の有無にかかわらず，手に取ってみることをお勧めする。

　日本で暮らす私たちが日常的に博物館・美術館と呼んでいる施設は，実は博物館法で定められた狭義の博物館（登録博物館）ではないという事例が多く（第2章），また博物館を特色づける機能のいずれかを欠く館は，厳密な定義では博物館ではないとされる（第1章）。高い専門性や経営の安定化など，博物館のあり方を向上するために，そういった制度の整備・改正が進められてきた。しかし，ガイドブックなどに掲載されるいわゆる「博物館」の多様性は，日本社会に豊かな学びや楽しみの機会を与えており，本教材でも紹介事例の多様性を意識している。

　編者の鶴見はもともとアンデス考古学を専門としている。発掘調査やコレクション研究を通じて博物館活動に関与する機会を持ち，さらに東京大学総合研究博物館に在籍した間，研究成果の展示公開や，現地社会

との情報共有など実験的な博物館活動を重ねた。それらの実践経験はあっても分野や知識は偏っており，博物館概論の幅広い講義内容を網羅することはかなわず，4人の専門家に分担講師をお願いした。世界と日本の博物館の歴史は，9科目の中で博物館概論にのみ含まれる学習内容である。博物館概論の主任講師の経験もあり，2022年度までの教材でも博物館史を担当された，国立民族学博物館長の吉田憲司氏に再びお願いした。また博物館における教育と多様な連携について，22年度から博物館教育論の主任講師を務めておられる大髙幸氏に再度お願いし，最新の事情を踏まえた講義を作成していただいた。博物館資料保存論の分野については，文化財の保存活用や災害に伴うレスキューの分野で活躍されている，国立民族学博物館教授の日髙真吾氏が担当される。博物館における新型コロナウイルス感染症対策まで，実践経験を踏まえた講義を準備してくださった。そして東京大学総合研究博物館インターメディアテク寄付研究部門特任准教授の寺田鮎美氏は，文化政策研究を専攻された博物館学者であり，博物館学の趣旨，展示のメッセージ性や国際社会における連携など，博物館をめぐる現代的課題を中心にご担当いただいた。

　鶴見は自身の担当章を構想する上で，博物館学としての方針を定めるべく，たびたび寺田氏に相談に乗っていただいたが，分担講師各位との，また教材制作を通じて知り合った博物館関係者の方々との対話も含めて，博物館学を学び直す機会になったという実感がある。第1章にて述べられているとおり，博物館学は時代の動向に大きく影響を受ける分野である。社会情勢は常に流動的であるため，数年おきに改訂される放送大学の教材において，つねに講師陣は最新の動向を反映させようと努めてきた。しかし本稿の執筆された2021〜22年，博物館学は近年まれに見る大きな変化にさらされた。新型コロナウイルス感染症の流行による外出自粛の流れは，博物館の入場門を閉ざし，かつデジタル化の門を大

きく開いた。長年の議論の末，22年4月に日本の博物館法が改正され，また国際的に重要視されるICOM（国際博物館会議）による博物館定義も同年9月に改正された。これらの動向を注視しつつ，各分担講師は揺るぎない見識の上に講義を構築していかれた。しかし放送大学に着任した初年度の仕事として，この印刷教材の校正と，放送教材の収録を進めることとなった鶴見は，精神的余裕を欠く中でしばし迷走した。自ら学び直し，ようやくこうしてまとめ終えた講義内容が，初学者に寄り添ったものになっていればと願うばかりである。

　この印刷教材の編集作業を担当された伊藤博氏には，他でもなく鶴見の逡巡と停滞により，多大な負担をおかけすることになり，恐縮の限りである。段階的に進めるべき校正作業の過程に，イレギュラーな遅れを生じさせ，スケジュールの仕切り直しのお願いを繰り返した。ひとたび原稿をお戻しすると速やかに反映して下さり，根気強くサポートしてくださったことは，感謝の念に堪えない。放送教材制作でも不手際を重ねたものの，充実した映像が仕上がりつつあり，川口正プロデューサー，原俊道・久保晴彦の各ディレクターのご尽力に深くお礼申し上げたい。放送教材で取材映像を紹介している場合に限らず，本書各章にも多くの取材成果が反映されており，それ以外にも各講師がご教示を仰いだ館，施設，団体，個人は多岐にわたる。博物館教育のためならと快く，貴重な時間と労力を割いて下さったことに，心より感謝を申し上げる。

　なお掲載した写真・図版に引用元・提供者の記載がない場合は，各章の講師の作成・撮影したものであることを明記しておく。

2022年12月

鶴見英成

# 目次

# 1 | 博物館学とは

寺田鮎美

《学習のポイント》 本章では，まず，博物館学の目的と役割について述べ，博物館学が対象とする博物館の定義・目的・機能・組織を示す。次に，博物館学の内容を知るために，その構成分野と方法，学芸員資格取得のための科目の全容を確認する。さらに，これから博物館学を学ぶために重要となる，今日的な博物館の課題を整理する。学習者は博物館学がなぜ必要なのかを理解し，よりよい博物館や博物館活動のあり方を考えていくための基本的知識を身につける。

《キーワード》 博物館学，ミュゼオロジー，ニュー・ミュゼオロジー，学芸員，博物館法，ユネスコ，ICOM（国際博物館会議），博物館，美術館，公共性，学際的，来館者，博物館体験，地域コミュニティ，グローバル社会，アフターコロナ

---

## 1. 博物館と博物館学

### （1） 博物館学の目的と役割

「博物館学」とは，文字どおり，博物館について研究する学問分野のことである。英語では「Museology」（ミュゼオロジー）あるいは「Museum Studies」（ミュージアム・スタディーズ）と呼ばれている。

ミュゼオロジーの語が国際的にみて広く使われるようになるのは，博物館の歴史（詳しくは第3-5章を参照）と比較すればかなり新しく，1950年代のことである（Desvallées and Mairesse, 2010, pp.53-56）。1960年代には，中欧や東欧にて，ミュゼオロジーは発展的な新たな科学

的学問分野という位置づけで独立した研究領域の一つとしてみなされるようになる。その対象は，博物館の歴史，博物館の社会における役割，博物館独自のモノの研究や物理的保存の方法論，博物館の活動・組織・役割などを扱うものとして定着していった。

　1980年代に入ると，フランスや英国で「New museology」（ニュー・ミュゼオロジー）が提唱され，それまでのミュゼオロジーと異なり，次の二つの視点が強調された。一つは，フランスでは，エコ・ミュージアムのような人間と環境の関わりを扱う新たな展示表現やコミュニケーションを重視する博物館活動への関心の高まりから，博物館の社会的な役割の強化や多分野にまたがる特性が注目された点である。もう一つは，英国では，それを受け，博物館の社会的あるいは政治的な役割を批判的に捉える議論が活発となった点である。2000年代以降は，ミュゼオロジーの対象は，博物館そのもののみならず，博物館を取り巻く社会や事物へとさらに拡大している。なお，ミュージアム・スタディーズの語はミュゼオロジーと同じ研究領域を指すものと考えてよいが，特に英国で用いられ，定着している。

　日本で初めて「博物館学」という名が出現したのは，1950（昭和25）年の棚橋源太郎による『博物館学綱要』（棚橋，1950）であると言われている（加藤，2000，p.9）。棚橋は，欧米諸国の博物館の実情を調査研究し，その成果に基づいて，日本の近代博物館のあり方を初めて学問的に示した。その後，日本における博物館学は，上述の国際的な議論の影響を受けながら，多くの研究者により，その目的と役割についての検討が行われてきた。本書では，井上洋一の示した定義のとおり，博物館学の目的と役割とは，「利用者にとって，よりよい博物館・博物館活動を確立するための理論であり，博物館とは何かを科学的に追及する学問である」と考えることにしたい（井上，2019，p.14）。

　博物館学の一つの大きな特徴は，時代の動向に大きく影響を受けるという点である。博物館学は，実際に活動するさまざまな博物館なくしては成り立たない。また，それら博物館の具体的な活動に結びつく理論や提案を含むものでなければ意味をなさない。その点において，第 2 章で学ぶ統計データに基づく博物館の動向や，博物館専門職である学芸員について理解することが，博物館学には必須となる。そして，博物館学とは，社会環境や利用者のニーズの変化，博物館の現場で抱える現代的課題に即して，常に発展・変容していくことが求められる学問であると言える。

## （2）博物館の定義

　博物館学が研究の対象とする博物館とは何か。国内外における代表的な博物館の定義をここで参照しよう。

　はじめに，日本で1951（昭和26）年に公布された「博物館法」を確認する。博物館法とは，社会教育法（昭和24年法律第207号）および文化芸術基本法（平成13年法律第148号）の精神に基づき，博物館の設置および運営に関して必要な事項を定めたもので，博物館の健全な発達を図り，国民の教育，そして学術および文化の発展に寄与することを目的としている（第 1 条)。この博物館法では，博物館を次のように定義する。

　第 2 条　この法律において「博物館」とは，歴史，芸術，民俗，産業，自然科学等に関する資料を収集し，保管（育成\*を含む。以下同じ。）し，展示して教育的配慮の下に一般公衆の利用に供し，その教養，調査研究，レクリエーション等に資するために必要な事業を行い，併せてこれらの資料に関する調査研究をすることを目的とする機関（社会教育法による公民館及び図書館法（昭和25年法律第118号）

による図書館を除く。）（以下略。）
＊育成とは，資料が動植物の場合。

　次に，国際的な博物館の定義として，ユネスコ（UNESCO, United Nations Educational, Scientific and Cultural Organization, 国際連合教育科学文化機関）による「博物館をあらゆる人に開放する最も有効な方法に関する勧告」（1960年）を見てみよう。ユネスコとは，ユネスコ憲章前文によれば，諸国民の教育，科学，文化の協力と交流を通じて，国際平和と人類の福祉の促進を目的とした国際連合の専門機関である。

　Ⅰ　定義
　1．本勧告の趣旨にかんがみ，「博物館」とは，各種方法により，文化価値を有する一群の物品ならびに標本を維持・研究かつ拡充すること，特にこれらを大衆の娯楽と教育のために展示することを目的とし，全般的利益のために管理される恒久施設，即ち，美術的，歴史的，科学的及び工芸的収集，植物園，動物園ならびに水族館を意味するものとする。（文部科学省仮訳）

　さらに，ユネスコと連携している国際機関 ICOM（International Council of Museums, 国際博物館会議，アイコム）の示す博物館の定義を確認しよう。ICOM とは，世界各地の博物館および博物館専門家が参画・交流する国際的な非政府組織である（第14章を参照）。ICOM 規約の第3条には，用語の定義が示されており，その第1項に博物館の定義が含まれている。2022年8月に ICOM プラハ大会中の総会にて採択された，ICOM による博物館の定義は，以下のとおりである。

　博物館は，社会に奉仕する非営利の常設機関であり，有形および無形の遺産を研究，収集，保存，解釈し展示する。一般に公開された，誰もが利用できる包摂的な博物館は，多様性と持続可能性を促進する。倫理的かつ専門性をもって，コミュニティの参加とともに博物館は機能し，コミュニケーションを図り，教育，楽しみ，考察と知識の共有のためのさまざまな体験を提供する。（ICOM 日本委員会仮訳を一部調整）

　ICOM ではこれまでに幾度かの博物館定義の改正を行っている。近年では2016年以降，旧定義の改正の議論が本格的に始まり，国際的にさまざまな検討が行われた結果，現行定義となった。

　以上の三つの定義では，博物館という語が，日本語で美術館と呼び分けている狭義の博物館だけでなく，美術館や動植物園も含む広義の意味で用いられていることに注意が必要である（博物館の種類は第2章を参照）。また，次項に見るように，ここで参照した三つの定義には，広義に捉えた博物館の基本的な目的や機能，および組織の特徴が，ある程度共通して示されている。しかしながら，博物館が社会の中にある限り，博物館とは社会の変化に合わせて変わりゆく存在である。その点において，ICOM による博物館の定義の見直しの動きのように，博物館の定義を不変・普遍のものとせず，そこに検討を加えていくことも博物館学の重要な役割となる点には留意しなくてはならない。

## （3）博物館の目的・機能・組織

　前項で示した国内外における博物館の定義をもとに，博物館の基本的な目的や機能，そして組織の特徴を確認していく。

　博物館の目的とは，博物館法やユネスコの目的に教育・学術・科学・

文化の協力・交流・発展が掲げられることから，人々の知識の向上や文化的享受の場として，また新たな学術的進歩と文化的創造の場として，社会の発展に資するものと要約することができる。

　博物館の基本機能とは，上述の博物館法，ユネスコ勧告およびICOMによる博物館の定義に基づくと，次の五つとなる。①資料の収集・拡充，②資料の保存・保管・維持，③展示，④教育，⑤調査研究である。これら基本機能の核となるのが博物館資料である。博物館法では「歴史，芸術，民俗，産業，自然科学等に関する資料」という記述のほか，2022（令和4）年の法改正により，博物館資料には電磁的記録（デジタルアーカイブ）を含むことが追加された。ICOMによる定義では，「有形および無形の遺産」との表現が博物館資料に相当する。これらは今日的な博物館学の対象範囲の拡がりを示すものとなっている。

　博物館の組織とは，ユネスコは「全般的利益のために管理される恒久施設」，ICOMは「社会に奉仕する非営利の常設機関」と定義に示すように，常設の公共的な施設であることが条件となる。このときの公共性とは，設置形態が国公立か私立かに関わらない，一般市民が誰でも利用できるという意味である。博物館が上述の目的や機能を果たし，常設の公共的な施設として運営されるためには，博物館専門職が欠かせない。博物館法では，博物館には館長と専門職である学芸員を置くことが定められている（第4条）。この学芸員については，第2章で詳しく学ぶ。

## 2. 博物館学の内容

### （1）博物館学の構成分野

　博物館学は，大きく分けて，総論と各論で構成される。総論では，前節で見た博物館の定義，目的・機能・組織等の概念を扱い，それらに批判的検討を加えるための分析的な新たな視点を生み出すことが主たる役

割となる。総論では，博物館の歴史や既存の概念および理論をもとに，現在の博物館活動の文脈を読み解き，博物館学と実際の博物館活動とをつなげていく大局的な視点が必要とされる。

　一方，各論は，前節で確認した五つの基本機能に照らしてみると，多岐にわたることが分かる。①資料の収集・拡充や②資料の保存・保管・維持については，博物館資料を収集する方針をどのように立てるか，それらの管理や保存修復をどのように行うかなどについて，歴史を振り返り，社会や環境の動向を分析し，最適な方法を追究していく研究が求められる（第 3 – 5 章，第10・11章を参照）。③展示については，博物館に収集・保存した資料をいかに効果的に活用し，人々に公開するか（第 6 – 7 章，第 9 章を参照），④教育については，人々がどのように博物館を利用し，よりよい学びが生まれるか（第12章を参照），どちらも開発・デザインの視点に基づく研究が必要である。そして，⑤調査研究については，博物館資料の詳細を調べることに加え，ほかの基本機能をどのように働かせるのがよいかという研究も博物館学の各論となってくる（第 8 章を参照）。

　各論では，ほかの周辺科学の知見を組み入れたり，連携して研究したりすることも必要となる（加藤，2000，pp.17-23）。例えば，博物館の基本機能に関わる各論のうち①資料の収集・拡充については，収集の方針や方法論の構築では社会学や倫理学，収集する資料の整理分類には情報工学等が関わってくる。②資料の保存・保管・維持については，物理学，化学，理工学，生物学も範疇となる。③展示では，デザイン学，建築学，工学，物理学，教育学等が関連する。④教育では，教育学はもちろんのこと，心理学，生理学や統計学等も用いられる。⑤調査研究では，博物館が対象とする有形・無形の資料について各専門分野，すなわち歴史学，芸術学，民俗学，自然科学，さらに博物館を取り巻く社会や

その周辺の事物までを考慮すれば，環境学や文化遺産学等も関係する。

　そのほかにも，前節にて博物館の組織の特徴として，常設の公共的な施設であることが条件となる点を確認したが，常設の施設として博物館を維持するための資金源の一つとして入館料を徴収することと，一般市民が誰でも利用できる公共的な施設であることには常にジレンマがつきまとう。このような問題には，経営学，財政学，行政学等の知見が有用になってくる。近年では，コロナ禍による臨時閉館の経験や利用者側からのリモートアクセスのニーズの増加の影響もあり，オンラインでの博物館活動も活発化している。このような展開に対し，デジタル技術開発やデジタルデザインに関わる情報工学やデザイン学等は，今日の博物館学にとって，より注目すべき周辺科学となっていると言えよう。

## （2）博物館学の方法

　以上のように，博物館学の各論の構成分野は多岐にわたり，その研究方法には多くの諸科学を必要とする。そのため，各論では常に総論との連携を図り，博物館を取り巻く社会の変化を捉えるとともに，さまざまな領域に関心を広げ，博物館に必要な周辺科学が何かを見出していく目を養うことも，学際的な研究領域である博物館学の方法論として重要となってくる。

　前節に言及したように，博物館学は1980年代以降，旧来の博物館のあり方，および博物館学の扱う内容に疑問が投げかけられ，ニュー・ミュゼオロジーが提唱されるようになった。この新たな博物館学では，博物館とは文化的価値の決定機関ではなく，それを解釈するための開かれた場であると捉えられた。このため，それ以降の博物館学の方法は，資料管理や展示に関する技術論だけでなく，博物館来館者の認識論を取り込むことが重視されている。

　例えば，フォークとディアーキングは，博物館に訪れる人々がどのように博物館を認識しているかに目を向け，来館者の立場から博物館を理解するために「博物館体験」に焦点を当てた（フォークとディアーキング，1996）。彼らが米国で実施した来館者行動研究は，人々が博物館に行こうと考えが生じたとき（来館前）から，実際に博物館に行き展示を観覧し（来館中），さらにあとからそのことを思い出すとき（来館後）までの総体的な博物館体験を扱い，さまざまな科学的データに基づき，客観的に検証した。この研究が示すように，人々の博物館体験を高めるためには，来館者の視点に立つという博物館学の方法論の重要性を理解しておく必要がある。

## （3）学芸員資格のための科目

　以上のように，博物館学の構成分野は際立って学際的であり，その方法論は，博物館に必要な技術論だけでなく，今日では来館者の認識論が重要となっている。

　このような学問領域である博物館学について，日本では，博物館専門職である学芸員の資格取得のために大学で開講されている科目群として一つの体系化が見られる。この科目群とは，1952（昭和27）年の「博物館法施行規則」に定められた博物館に関する科目である。当初の科目とは，「博物館学」，「教育原理」，「社会教育概論」，「視聴覚教育」，「博物館実習」の5科目（10単位）であった。その後の見直しにより，2009（平成21）年の同規則の一部改正以降，2012（平成24）年からは，次の9科目（19単位）で構成されている。すなわち，「生涯学習概論」，「博物館概論」，「博物館経営論」，「博物館資料論」，「博物館資料保存論」，「博物館展示論」，「博物館教育論」，「博物館情報・メディア論」，「博物館実習」である。当初の5科目に比べて，各論を具体的に細分化し，博物館学独

表1−1　博物館に関する科目の主たる内容
（『学芸員養成の充実方策について』より）

| 科　目　名 | 内　　容 |
|---|---|
| 生涯学習概論 | ○生涯学習社会の意義と生涯学習社会の構築<br>○生涯学習の意義と特性<br>○生涯学習・社会教育行政の展開<br>○生涯学習の内容・方法と指導者 |
| 博物館概論 | ○博物館学の目的・方法・構成<br>○博物館の定義<br>○博物館の歴史と現状 |
| 博物館経営論 | ○博物館の経営基盤<br>○博物館の経営<br>○博物館における連携 |
| 博物館資料論 | ○博物館における調査研究活動<br>○博物館資料の概念<br>○博物館資料の収集・整理・活用 |
| 博物館資料保存論 | ○博物館における資料保存の意義<br>○資料の保全（育成を含む）<br>○博物館資料の保存環境<br>○環境保護と博物館の役割 |
| 博物館展示論 | ○博物館展示の意義<br>○博物館展示の実際<br>○展示の解説活動 |
| 博物館教育論 | ○学びの意義<br>○博物館教育の意義と理念<br>○博物館の利用と学び<br>○博物館教育の実際 |
| 博物館情報・メディア論 | ○博物館における情報・メディアの意義<br>○博物館情報・メディアの理論<br>○博物館における情報発信<br>○博物館と知的財産 |
| 博物館実習 | ○学内実習<br>○館園実習 |

自の学習領域としているのが分かるだろう。

　表1-1に，これからの博物館のあり方に関する検討協力会議が2009（平成21）年2月にまとめた『学芸員養成の充実方策について』（別紙2）を参照し，それぞれの科目の主たる内容を示す。

　このように，学芸員として必要な専門的知識・技術を身につけるための入り口として学ぶための博物館学の内容を一覧して見ると，学芸員には，社会教育施設および文化施設としての博物館のあり方を含む博物館学の総論としての視座を獲得し，博物館の経営から，五つの基本機能に関わる各論，さらに博物館の情報・メディアの扱い方までに関する理論や方法論を学ぶことが求められていることが理解できる。また，「博物館実習」の科目が示すように，学芸員として実際に活躍するためには，ほかの科目で学んだ基本の上に，現場での博物館資料の取り扱い，展示や教育プログラムの企画，来館者対応などの経験や訓練を積み重ねていく必要があることも分かる。これは翻って，博物館学の研究が実際の博物館活動に結びつくものでなければならない点を再認識させてくれる。

## 3. 博物館の課題と博物館学の新展開

### （1）博物館法の改正

　本章の最後に，博物館の役割に注目して，日本における近年の博物館の課題とそれに対する博物館学の展望を示したい。

　2022（令和4）年4月には，博物館法の制定から約70年を経て，博物館に求められる役割が多様化・高度化していることを背景に，博物館法の一部を改正する法律が成立した。

　改正法では，博物館の登録制度（第2章を参照）の見直しが行われ，改正以前は登録審査が学芸員の配置の有無，年間開館日数，施設の面積等の外形的な基準によってのみ行われていたが，博物館の質や公益性を

担保するために，改正後は実質的な活動内容が審査されることになった。そのほか，法律の目的として社会教育法に加えて文化芸術基本法の精神に基づくと定められた。さらに，博物館事業に次の三つが追加されたことも主要な変更点となっている。すなわち，①博物館資料の電磁的記録（デジタルアーカイブ）の作成・公開，②博物館資料の相互貸借，職員の交流，情報交換等による他の博物館との連携，③地域の多様な主体（地方公共団体・学校・社会教育施設その他の関係機関・民間団体）との連携・協力による教育・学術・文化の振興，文化観光その他の活動の推進を図り，地域の活力の向上に取り組むことである。

### （2）ICOM による博物館の新定義

　本章第1節で提示した ICOM による博物館の定義とは，2022年8月に ICOM プラハ大会にて，世界中の博物館の代表者約500人のうち92%が賛成票を投じて採択されたものである。2007年の ICOM ウィーン大会で採択された旧定義に対し，この新定義は15年ぶりの改正となった。新定義の検討プロセスでは，ICOM 各国内・国際委員会（第14章を参照）を通じたキーワードやコンセプトの提案募集が行われるなど，国際的な博物館の定義を決めるのにふさわしい民主的で開かれた方法が採られた（ICOM ウェブサイト「Museum Definition」を参照）。

　新定義は，旧定義に規定されていた博物館の基本機能（収集，保存，調査研究，展示，教育）を維持しつつ，今日の社会における博物館の役割の変化に沿った内容となっている点に注目できる。特に，「誰もが利用できる（accessible）」「包摂的な（inclusive）」博物館，博物館が「多様性（diversity）」と「持続可能性（sustainability）」を促進するという表現に見られる各キーワードがそのことを示している。また，「倫理的（ethically）」かつ「専門性をもって（professionally）」，「コミュニティ

の参加（participation of communities）」とともに博物館が機能するという文言からは，博物館の社会に対する責任や社会との連携・協働が強く意識されていることが分かる。さらに，研究，収集，保存，展示と並んで新たに列挙された「解釈する（interpret）」という博物館の活動を表す動詞は，最終定義案を決める前段階の二つの案ＡとＢを取りまとめる際にどちらにも入れるように調整されたという経緯から，新定義で重要視されたキーワードの一つであり，博物館の社会的役割の変化を反映していると言える。

## （3）これからの博物館学

　以上述べた博物館法の改正やICOMによる博物館の新定義，そしてその背景にある社会変化を受け，博物館にはどのような課題があるだろうか。

　2020（令和２）年から数年にわたり全世界が経験した新型コロナウイルス感染症の拡大は，博物館の臨時休館を含むこれまでの博物館活動の制限，そして，人々の日常における物理的移動の制限や感染症対策のための入館人数制限により，人々が博物館に行きたくても行けない事態を生じさせた。コロナ禍においても，いかにして博物館の担うべき役割を果たすかという問題は，デジタル技術を活用したリモートでの博物館へのアクセスに人々の関心を集めることになった。

　博物館法の改正により，博物館事業に追加された博物館資料のデジタルアーカイブ化は，直接人々が来館するという方法以外で，博物館が所蔵する資料や活動に人々がアクセスできる機会を生み出すという利点において，その迅速な推進が望まれる。ICOMによる博物館の定義では，初めて「誰もが利用できる」というキーワードが取り入れられ，博物館へのアクセシビリティを高めることは，国際的な関心事となっている。

しかし，博物館の規模によっては，デジタルアーカイブ化のための人員や予算の確保が大きな問題となってくる。文化庁の委託事業として2020（令和２）年度に実施された「博物館の機能強化に関する調査」によれば，アフターコロナの博物館の機能強化に向けた対応の方向性には，最も重要であるのは新たな取り組みを進めるためのプラットフォームの整備であり，そのほか，デジタル化の取り組みや新たな資金調達方法の活用が指摘されている（みずほ総合研究所株式会社，2021，pp.117-120）。いずれも各博物館のみの力では解決できない課題であり，博物館界全体で取り組んでいく必要があるだろう。

　また，近年では，博物館を取り巻く社会状況の影響を受け，博物館を市民社会や地域コミュニティの一部として捉える考え方が急速に発達し，国内外でさまざまな連携活動が展開されるようになっている（第13・14章を参照）。ICOM による博物館の新定義は，まさにこのような今日の社会における博物館の役割の変化に沿ったものであり，定義に「コミュニティの参加」というキーワードが含まれた。日本では，今回の博物館法改正により，博物館事業に新たに加えられた，博物館相互の，また地域コミュニティとの連携は，この動きをさらに発展させていくことにつながる点で注目される。特に地域の多様な主体との連携については，文化芸術基本法との明文化された新たな関係も合わせて，今後の博物館が教育力だけでなく創造力をさらに高め，その活動の範囲や求められる役割を拡大し，地域や社会における博物館の存在意義を増強していくことに期待が寄せられる。一方で，「文化観光」という新たな概念が博物館の事業に加わったことにより，公共的な社会教育施設および文化施設としての博物館が経済活動に取り込まれてしまうことがないよう，その理念との齟齬をきたすことなく今後の新たな博物館事業を展開することができるのかは注視していかなくてはならないだろう。

　これからの博物館学の新展開としては，歴史を改めて振り返りつつ，アフターコロナにおける博物館の役割についての議論を深めることが，大きな課題の一つとして挙げられる。

　例えば，デジタル技術を通じてしか博物館にアクセスできないというコロナ禍の制限は，人々が物理的に博物館を訪れることの意義を再考するきっかけともなった。アフターコロナの博物館のあり方として，デジタルとリアルの両方の長所をどのように活かしていくかという議論と実践の蓄積は重要なトピックとなるだろう。また，デジタル技術の発達とそれをいまや身近に利用している我々の世界認識を考えると，博物館の対象は第一義には地域コミュニティが挙げられるものの，その先にグローバル社会が容易に見えてくる（河島，pp.233-234）。今後の博物館が担う社会的役割として，デジタルコミュニケーション技術を通じて，国内の地域社会のみならずグローバル社会にもはたらきかけ，より多様性ある価値観の受容と創造の場となることにも目を向けていく必要があろう。

　このような課題に取り組む際には，アフターコロナの社会を生きる人々の視点に立つことを重視し，よりよい博物館・博物館活動を推進するための理論を発展させていかなくてはならない。その時に，博物館学が学際的な学問分野であることの強みを活かし，科学的・学術的かつ多角的視点からの検討が活発に行われるよう，本書の学習者は，本章で取り上げた博物館学の基本的な知識の習得とともに，ぜひ自らの日常生活で見聞することを博物館につなげて考え，興味関心の幅をさらに広げていくようにしてほしい。さらに，国際的な博物館の動向にも視野を広げるために，国内のみならず海外の博物館の見学や情報収集も積極的に行うことを勧めたい。

## 参考文献

井上洋一「第1章　博物館学とは」稲村哲也編著『博物館概論』（放送大学教育振興会，2019年，pp. 11-25）

加藤有次「Ⅰ　博物館学総論」，加藤有次・鷹野光行・西源二郎・山田英徳・米田耕司編『博物館学概論』新版・博物館学講座　第1巻（2000年，pp. 3-26）

河島伸子「第9章　ミュージアムと人々のつながり：来館者の経験を豊かにするための運営」，河島伸子，小林真理，土屋正臣『新時代のミュージアム：変わる文化政策と新たな期待』（ミネルヴァ書房，2020年，pp. 214-243）

これからの博物館の在り方に関する検討協力者会議『学芸員養成の充実方策について「これからの博物館の在り方に関する検討協力者会議」第2次報告書』（2009年2月）

棚橋源太郎『博物館学綱要』（理想社，1950年）（伊藤寿郎監修『博物館基本文献集第13巻』（大空社，1991年））

博物館法（昭和二十六年法律第二百八十五号），e-Gov 法令検索　https://elaws.e-gov.go.jp/document?lawid=326AC1000000285_20230401_504AC0000000024（2022年11月20日最終確認）

博物館法施行規則（昭和三十年文部省令第二十四号）e-Gov 法令検索　https://elaws.e-gov.go.jp/document?lawid=330M50000080024（2022年11月20日最終確認）

フォーク，ジョン・H，ディアーキング，リン・D，高橋順一訳『博物館体験：学芸員のための視点』（雄山閣，1996年）

博物館法の一部を改正する法律（令和4年法律第24号）について，文化庁，国立国会図書館 WARP　https://warp.da.ndl.go.jp/info:ndljp/pid/12268413/www.bunka.go.jp/seisaku/bijutsukan_hakubutsukan/shinko/kankei_horei/93697301.html（2022年5月1日保存，2022年11月20日最終確認）

みずほ総合研究所株式会社『令和2年度「博物館ネットワークによる未来へのレガシー継承・発信事業」における「博物館の機能強化に関する調査」事業実績報告書』（2021年3月）

ユネスコ「博物館をあらゆる人に開放する最も有効な方法に関する勧告」文部科学省　https://www.mext.go.jp/unesco/009/1387063.htm（2022年11月20日最終確認）

ユネスコ「国際連合教育科学文化機関憲章」(ユネスコ憲章)，文部科学省　https:/
/www.mext.go.jp/unesco/009/001.htm（2022年11月20日最終確認）

Desvallées, André and Mairesse, François（eds.）. Musée Royal de Mariemont,
ICOM International Committee for Museology.（2010）*Key Concepts of Museology*,
Paris : Armand Colin.

ICOM「アイコム規約（2017年 6 月改訂）」，ICOM 日本委員会　https://icomjapan.
org/wp/wp-content/uploads/2020/02/ICOM_Statutes_JP.pdf（2022年11月20日 最
終確認）

ICOM ウェブサイト「Museum Definition」　https : //icom.museum/en/resources/
standards-guidelines/museum-definition/（2022年11月20日最終確認）

# 2 | 博物館と学芸員

鶴見英成

≪学習のポイント≫　博物館の種類や機能と学芸員の役割はきわめて多様である。本章では，まず制度的な博物館の定義を踏まえたうえで，日本における博物館の種類と現状について概観する。ついで学芸員の役割について把握し，一連の活動について理解する。その上で，2022（令和4）年の博物館法の改正は，博物館をめぐる状況をどのように改善しようとしたのか，その背景を知ることが重要である。

≪キーワード≫　日本博物館協会，博物館総合調査，博物館法，博物館法改正，登録博物館，博物館相当施設，博物館類似施設，学芸員，指定管理者制度

---

## 1. はじめに―日本の博物館と学芸員

　博物館法による日本の博物館の定義，またユネスコやICOM（国際博物館会議）による国際的な博物館の定義については第1章にて紹介された。そのうえで本章では一歩踏み込んで，日本の博物館の制度，そして学芸員の役割と活動の実態について見ていく。2022（令和4）年の博物館法の改正も，そういった実態を背景として検討されたものである。

　文部科学省は，一般市民向けのウェブサイトで日本の博物館を以下のように説明している。

　　博物館は，資料収集・保存，調査研究，展示，教育普及といった活動を一体的に行う施設であり，実物資料を通じて人々の学習活動を支

援する施設としても，重要な役割を果たしています。また，博物館
は，歴史や科学博物館をはじめ，美術館，動物園，水族館などを含む
多種多様な施設であり，平成30年10月現在，登録博物館が914館，博
物館相当施設が372館，博物館と類似の事業を行う施設が4,452館，合
計で5,738館あります。
（文部科学省ウェブサイト，「博物館の振興　１．博物館の概要」より
抜粋）

　これは博物館法によって定められた博物館の定義について分かりやす
く読み替え，種類と数を簡潔に示したものである。ここに現れた「登録
博物館」「博物館相当施設」「博物館（と）類似（の事業を行う）施設」
という区分は，市民として日常的に博物館と接していても耳にすること
はないだろう。動物園や水族館には高いレクリエーション性を打ち出す
施設も多い中，それらを博物館の一種と捉える発想も一般的ではないか
もしれない。館名は自由に名乗れるので，博物館，美術館，ミュージア
ム，資料館などさまざまな呼び名の施設があるが，設立や運営の仕組み
に基づいた制度上の分類ではない。本章ではまず制度上の博物館の分類
と，内訳や年代的な推移などを解説する。次に学芸員の役割を概括的に
述べ，実際に行う一連の活動について紹介していく。

## 2.　日本の博物館の種類と現状

### （１）博物館の種類と館数の推移

　博物館の分類基準はいくつか存在する。先述の文部科学省が示した概
要の中にも二通りの分類が示されていた。一つは館種（展示のジャン
ル）による分類であり，もう一つは博物館法上の登録制度による区分で
あった。以下それぞれについて説明し，第三の分類として設置者による

区分（公立と私立）についても触れよう。

　表2-1は，文部科学省社会教育報告書による館種別博物館数の推移の統計表である。これによって館種別の内訳がおよそ把握できる（ただし「野外博物館」というのは施設形態であるため，これについては展示ジャンルではない）。歴史系博物館（表では「歴史博物館」と表示されている）には歴史の他，民族，民俗，郷土の博物館などが含まれ，大づかみに言うならば人文科学系の博物館ということになるが，それが全体の約60％と大きな割合を占める点が特徴である。さらに美術館（表中では美術博物館）を加えると，全体の約4分の3が人間の文化を主題とした博物館であり，裏を返せば自然科学をテーマとした館が数の上で少ないことを意味する。総合博物館とは人文科学・自然科学の両方を総合的に扱う館であるが，双方の分野が分断されているようなことはなく，世界，あるいは日本，あるいは館の建てられた特定地域を対象としてその

**表2-1　館種別博物館数の推移**（文部科学省ウェブサイト「社会教育調査
　　　　　—平成30年度結果の概要より）

| | 総合博物館 | 科学博物館 | 歴史博物館 | 美術博物館 | 野外博物館 |
|---|---|---|---|---|---|
| 1990年度 | 222 | 261 | 1717 | 498 | 28 |
| 1993年度 | 238 | 302 | 2189 | 651 | 38 |
| 1996年度 | 295 | 383 | 2604 | 845 | 59 |
| 1999年度 | 345 | 435 | 2916 | 987 | 84 |
| 2002年度 | 366 | 444 | 3091 | 1034 | 96 |
| 2005年度 | 418 | 474 | 3200 | 1087 | 106 |
| 2008年度 | 429 | 485 | 3327 | 1101 | 106 |
| 2011年度 | 431 | 472 | 3317 | 1087 | 118 |
| 2014年度 | 450 | 449 | 3302 | 1064 | 109 |
| 2018年度 | 472 | 454 | 3328 | 1069 | 107 |
| 2018年度の比率 | 8.2% | 7.9% | 58.0% | 18.6% | 1.9% |

自然と文化をとらえよう，という包括的な方針が館として定められているのが一般的である。

博物館の数の推移を見ると，1990（平成2）年度から1999（平成11）年度の間に急激に増加し，2000館以上が増えた。しかし2000（平成12）年度以降は伸び率が下がり，2008（平成20）年度に総数5775館に達したあと，微減や微増を繰り返しゆるやかに推移しているのが現状である。

次に登録別（博物館法上）の区分について述べよう。博物館法第2章は登録についての条文であり，その第11条に「博物館を設置しようとする者は，当該博物館について，当該博物館の所在する都道府県の教育委員会（中略）に備える博物館登録原簿に登録を受けるものとする」とある。このような登録を受けた館こそが，博物館法で定められた狭義の「博物館」なのであり，これを「登録博物館」と呼ぶ。登録にあたっては博物館設置者となる法人の種類，収集・保管・展示・調査研究の体

| 動物園 | 植物園 | 動植物園 | 水族館 | 合　計 |
|---|---|---|---|---|
| 79 | 75 | 20 | 68 | 2968 |
| 81 | 102 | 30 | 73 | 3704 |
| 84 | 129 | 28 | 80 | 4507 |
| 93 | 144 | 27 | 78 | 5109 |
| 93 | 141 | 23 | 75 | 5363 |
| 95 | 133 | 25 | 76 | 5614 |
| 87 | 133 | 29 | 78 | 5775 |
| 92 | 123 | 24 | 83 | 5747 |
| 94 | 117 | 21 | 84 | 5690 |
| 93 | 112 | 22 | 81 | 5738 |
| 1.6% | 2.0% | 0.4% | 1.4% | 100.0% |

表2-2　登録・指定による博物館の種別

| 種別 | 登録要件（設置主体） | 設置要件 | 登録または指定主体 | 館数[※1] |
|---|---|---|---|---|
| 登録博物館 | 地方公共団体，一般（公益）社団・財団法人，宗教法人，NHK，赤十字，地方独立行政法人，株式会社など | • 館長，学芸員の必置<br>• 年間150日以上開館など | 都道府県教育委員会，指定都市教育委員会 | 914 |
| 博物館相当施設 | 制限なし | • 学芸員相当職員の必置<br>• 年間100日以上開館など | 都道府県教育委員会，指定都市教育委員会[※2] | 372 |
| 博物館類似施設 | 制限なし | 制限なし[※3] | なし | 4452 |

※1　3種の館数は文部科学省ウェブサイト「博物館の振興　1．博物館の概要」にある2018（平成30）年度の値である。
　　　社会教育調査では登録博物館と博物館相当施設の合計を「博物館」として集計するが，2021（令和3）年度の中間報告（文部科学省ウェブサイト「令和3年度社会教育統計（中間報告）の公表について」）によるとそれが1306，類似施設が4465といずれも微増傾向にある。
※2　博物館の設置主体が国・独立行政法人・国立大学法人の場合は国。
※3　社会教育調査では博物館相当施設と同程度の規模をもつ施設を対象としている。

制，運営体制の経済的基盤や社会的信望などの要件が審査される。さらに改正博物館法では，博物館に関する学識経験を持つ者の参考意見を聴くことや，登録後には運営状況を定期的に報告することなども定められた。表2-2に示したように，登録博物館にはならないが，それに相当する施設として教育委員会の指定を受けた館を「博物館相当施設」と呼び，さらに登録・指定をされていないものを「博物館類似施設」と呼ぶ。本章冒頭の文部科学省の文章にあるように，これら3種を合わせたものが日本で実質的に博物館と呼ばれる施設たちであり，平成30年度に

おいてはそれぞれ914館，372館，4452館と数えられていたのである。博物館類似施設は博物館法による規定がなく，定義としては「登録・相当施設以外で，社会教育調査上把握している館」（文部科学省ウェブサイト『博物館登録制度について』）とされている一方で，統計上把握していない施設が存在することも認められている（文部科学省ウェブサイト『博物館の振興　1．博物館の概要』）。先に参照した表2-1は，日本における博物館の全体的な傾向を示すために種別と数の推移を記載したものだが，それら3種を合算した数である。登録博物館あるいは博物館相当施設は「登録美術品制度に基づく美術品の公開が可能」「希少野生生物種の個体の譲渡し等が可能」といった博物館活動上のメリットが与えられ，登録博物館はさらに税制上の優遇がある。従来の博物館法では登録博物館の設置者は，地方公共団体，一般（公益）社団・財団法人，宗教法人，NHK，赤十字に限られていたが，改正後は法人類型にかかわらず設置できることとなった。これは地方独立行政法人，株式会社，学校法人，社会福祉法人など博物館の設置・運営主体が多様化している現状に対応した変更である。注意すべきは，設置者が独立行政法人の施設（国立文化財機構による国立博物館4館，国立美術館，国立科学博物館），国立大学法人法に基づく施設（大学共同利用機関法人による国立民族学博物館や国立歴史民俗博物館など，国立大学の博物館）は登録の要件を満たさないことである。

　最後に公立博物館と私立博物館という登録博物館の区分に触れる。従来の博物館法では地方公共団体の設置する館を公立博物館としていたが，改正後は地方独立行政法人の設置する館も含まれるようになった。それ以外の法人を設置者とする登録博物館はすべて私立博物館に分類される。博物館法は公立博物館について無償での公開利用を定めており（維持運営のためにやむを得ず対価を徴収してもよい），また登録・相当

施設・類似施設の別を問わず公立館は激甚災害からの復旧が補助される
など，公立・私立という区分はその経営に影響しうる。

## （2）博物館の運営に関する概況

　このような日本の博物館が現在どのように活動しているのか，日本博
物館協会による「博物館総合調査」の成果によって知ることができる。
1974（昭和49）年に始まるこの調査は，博物館の管理運営全般に関する
質問を全国の博物館に尋ねたもので，博物館の関わる問題点や課題につ
いて，時系列に沿って知るのに役立つ資料である。2020（令和2）年に
まとめられた第10回となる報告は4178館に調査依頼したうち，55.4％と
なる2314館が回答した。傾向として，例えば館種では「総合」が特に回
答率が高く（70.9％），「動水植」が低い（37.0％）。法区分については
「登録博物館」が67.9％，「相当」が65.2％，「類似」が49.9％という差
がある。そのため結果の解釈には注意が必要だが，このような傾向は
1997（平成9）年以来大きく変わっておらず，安定して回答を集めてい
る調査と言える。この調査結果の分析（飯田，2020）を参照して博物館
と学芸員の概況を把握していこう。

　回答のあった2314館のうち，71.7％が都道府県や市町村の設置になる
公立館である。公立博物館のうち，28.2％において指定管理者制度が導
入されており，導入を決定・検討している館を含めると32.6％が前向き
である。指定管理者制度は2002（平成14）年に地方自治法の改正によ
って成立し，2003（平成15）年から施行された。自治体は博物館の直営
を続けるか，指定管理者制度を利用するかを判断し，後者の場合は公益
財団法人，民間企業，NPO等にその運営を委託できる。委託先として
最も多いのは「設置者である地方公共団体が出資している公益財団法
人」で（41.8％），同様の一般財団法人を合わせると約半数にのぼり，

設置者との関係で指定された例が多いことがうかがわれる。委託期間は
5年とする館が68.3％と最も多く，また79.7％の施設において全業務が
委託されている。人員削減・経費削減の手段として安易に取り入れる
と，博物館の形骸化をもたらすという弊害があるが，この制度の利点を
活かし，地域連携の強化などの改革を進め，経営状態を改善した博物館
もある（稲村，2019）。

　施設に関して興味深いデータに，開館年がある。「昭和40年代
（1965〜1974年）」が全体の21.4％，「平成元年代前半（1989〜1992年）」
が全体の14.6％と「二つの山」があり，それぞれ「明治百年」記念事業
と「ふるさと創生事業」に対応している。日本に多い公立館はこうした
国の事業と対応して開館したものが多いということであり，多くの施設
がいっせいに老朽化を迎えるという問題をはらんでいる。特に前者は鉄
筋コンクリート建築の耐用年数と言われる50年に達している。

　コレクション収集保存についての実態も注目される。資料の収集，登
録・管理，保存などに冠する方針（コレクションポリシー）を明文化し
ている館は全体の25.8％に過ぎず，コレクションによって館の特徴や機
能を明確にすることが十分にできていない。また収蔵庫がほぼ満杯とい
う館が33.9％，収蔵庫に入りきらない資料があるという館を合わせると
57.2％に達し，日本の博物館の直面する大きな課題となっている。

　スタッフの勤務形態に関しては，館長が常勤している施設は全体の
59.5％で，常勤職員のいる施設は89.1％である。常勤職員の数は1館当
たりの平均で6.36人となっている。1997（平成9）年から2013（平成
25）年までの調査では，博物館経営環境の悪化に伴って減少傾向にあっ
たのだが，それに歯止めがかかったと言える。非常勤職員は1館当たり
平均2.54人で，調査開始以来の増加傾向が鈍り，常勤から非常勤へとい
う以前の傾向が収まったように見える。スタッフの中で特に学芸員に関

する動向については以下で述べる。

# 3. 学芸員の役割

## （1）学芸員の役割と現在の概況

　博物館法は，改正前も後も「学芸員は，博物館資料の収集，保管，展示および調査研究その他これと関連する事業についての専門的事項をつかさどる」（第4条第4項）と定めている。学芸員の資格を得るためには，学士の学位を持ち，博物館に関する科目（第1章参照）の単位を修得するのが一般的だが，学芸員補を3年以上務めることを要件とした取得方法もある。学芸員補は学芸員を補佐する資格で，従来は博物館に関する科目の履修は必須ではなかったが，博物館法改正によって履修が求められるようになり，もしくはそれと同等以上の学力・経験を持つ者に授与されるようになった。よっていずれの資格も，博物館に関する科目の学習内容を理解しておくことが必要であり，有資格者の質を高めるための法改正であったと言える。有資格者となったあと，博物館に勤務する場合にのみそれらの資格は有効となる。一方で，有資格者でなくても学芸員の役割の一部あるいは全部を担うスタッフも多く，博物館総合調査ではそちらまで含めて学芸系職員と呼んでいる。それと対置されるのは事務・管理系職員であるが，実際には半数近くの館で両者が明確に区分されず，同一人物が両方の役割を兼務している。

　調査の時点で学芸系職員を雇用している館は全体の約半数，49.2％であるが，その中で学芸員有資格者は67.7％にとどまっている。学芸系職員を新規に採用する際の学歴要件について，学芸員資格を「必須の要件としている」と回答した館は57.4％にすぎない。また採用に当たり「大卒以上を基準としている」と回答した館が52％にのぼるが，「学歴要件については，特に定めていない」とする館が25％と次に多い。大学院修

了以上の学歴を求める館は少ないが，国立館では47.8％ときわめて高い。博物館活動の専門家として学芸員に求められる資質は多いが，日本に多数存在する博物館において，かなり偏って配属されているという実情がうかがい知れるだろう。従来の博物館法では「文部科学大臣及び都道府県の教育委員会は，学芸員及び学芸員補に対し，その資質の向上のために必要な研修を行うよう努めるものとする」と定めていたが，改正後は館長およびその他の職員も研修対象として加えられたのには，そういった背景がある。

### （2）学芸員の仕事をめぐる課題

　「博物館総合調査」の結果から現状を見てみると，「館として力を入れている活動」についてのアンケート結果では，「最も重視する活動」として64.3％という圧倒的多数の館が「展示」を選択した。それに「教育普及活動」（18％），「収集保存活動」（8.1％），「調査研究活動」（6.8％）が続くという傾向は長らく変わらない。すなわち利用者と直接の接点のある活動が主軸となっている。

　上述のとおり博物館法は，学芸員の活動として「収集，保管，展示および調査研究」の4点を挙げていたが，同時に博物館を教育機関として位置づけており，「教育普及活動」での貢献も求められている。博物館における教育や連携については本書の第12章・第13章でも詳しく解説されるが，社会教育・学習を含む社会貢献，他館や多様な機関との連携などその内容はきわめて多様である。地域の博物館では特に，地域住民との交流，対話，連携，協働がますます重視されてきており，地域住民との連携や協働により新たな価値を創造していくという，「第三世代の博物館」（伊藤，1993／稲村，2019）としての活動が広がっている。さらには「交流の場」「フォーラムの場」としての博物館を超え，学芸員が地

域に飛び出して活動する，地域ぐるみの協働と創造が求められている。

　一方で，「調査研究活動」が十分に行えないというのは大きな問題である。欧米のミュージアムにおいては，調査研究を本務とするキュレーター，登録を担うレジストラー，保存を専門とするコンサヴェーター，教育を担当するエデュケーターといった専門職員が職務を分担することが規範とされている。アメリカのキュレーターは専攻する学問分野と併せて，博物館に関しても専門的に学んでおり，実質的な館の運営責任者の役割を果たすことも多く，その権限はきわめて高い。一方で日本における学芸員はキュレーターの訳語とされているが，実態は大きく異なる。学芸員はこういったすべての博物館活動への関与を求められ，その上に事務・管理系職員の業務まで分担することが多い。学芸員に積極的な研究活動を求める館において，彼らに研究員・調査員といった肩書きを与える例があるが，研究者としての専門性の担保をその目的としていることがある。

　日本では自然科学をテーマとする館が，数において少数派であることは先に述べた。特に，自然史系の標本を収集・保存するのみならず，例えば生物標本の解剖や遺伝子解析，鉱物の微量元素分析などの研究を推進するには，その分野を高度に専門的に学んでいる必要がある。人文科学においても，古文書の解読による歴史研究，考古遺物の分析による古代史・人類史研究など，資料研究にあたって専門的な手法を求められる分野がある。総じてこのような専門性は，大学院教育を通じて獲得するものである。しかし学芸系職員の採用の要件として，国立館の半数近くが大学院修了を求めているものの，大卒以上もしくは学歴を問わず採用する施設が多いのは先述のとおりである。また大学院で専門的な研究能力を身につけていても，博物館での経験が足りなければ即戦力とはならない。その点，アメリカやイギリスでキュレーターとなるには，修士以

上の学歴を持つことが一般的である上に，専門の学問分野において，また博物館活動の実務経験において，それまでにすでに大きな実績を挙げていることが求められる（栗原，2022，pp.204-209）。なお，高額な器具や大規模な設備，海外を含むフィールドワークを要するような分野ともなると，公的な研究資金を申請できる施設に所属しているかどうかにも大きく左右される。博物館における研究をめぐる問題は，第 8 章にて再び掘り下げる。

## 4.　博物館と学芸員の事例

　博物館における学芸員活動の実例を紹介する。対馬博物館は長崎県対馬市に2022（令和 4 ）年 4 月に開館した。日本列島とユーラシア大陸の中間の離島のため，対馬には国際交流を物語る多くの文化財が遺されていたが，従来それらを保管し効果的に情報発信する施設がなく，関心を抱いて訪れる観光客に対しても，一部の歴史民俗資料館だけでは応えることが難しかった。また古文書など傷みやすい資料を保存する環境も必要であった。そのため対馬宗家古文書等保存整備委員会が2005（平成17）年にミュージアム設置構想案を作成し，2012（平成24）年に対馬市教育委員会が博物館整備の基本計画を策定した。その過程で，独自の生態系を反映する生物標本の重要性が指摘され，人文科学と自然科学を包摂した総合博物館として開館に至った。

　館内（図 2 - 1 ）には対馬宗家関係資料の修復・研究を担ってきた長崎県対馬歴史研究センターも設置されており，また近隣に朝鮮通信使の資料を展示する対馬朝鮮通信使歴史館が分館として公開されている。平常展示（常設展示）の入口となる総合展示室は，自然環境や古代～近現代の人間の営みまで，代表的な資料と映像で対馬の全容を象徴する空間である。続いて古代，中世，近世，近現代へと展示室を進み，地域史を

40

俯瞰する構成である。また別室の自然史展示は昆虫標本を中心に，随時入れ替えながら企画される。特別展示室では朝鮮通信使や宗家資料の修理などテーマを設け，特別展を年2回ほど開催する。

　開館時点で在籍する4名の学芸員にはそれぞれ専門の研究分野がある。考古学の専門家は島内各地での調査経歴があり，遺跡の発掘・保全から博物館での成果公開まで一連の活動として手がけることもある。近世史の専門家は，長崎県対馬歴史研究センターと協働して研究成果の展示公開などに取り組んでいる。美術の専門家は対馬の作家による美術作品の収集や，住民参加型イベントによる地域社会の活性化を図っている。昆虫・保全生物学の専門家は昆虫標本の地域・年代間比較から生物

図2-1　対馬博物館のエントランスホール（上），古代展示室（左下），
　　　　中世展示室（右下）（上：対馬博物館提供）

相の変化をとらえ，環境保全の課題に貢献している。また館長の町田一仁氏も学芸員として朝鮮通信使を研究してきた経歴を持ち，「朝鮮通信使に関する記録」のユネスコ「世界の記憶」登録にも貢献した。各自が関心に従って資料の収集・保存・調査を進め，その成果を教育プログラムとして地域へ還元し，また研究成果を広く発表するという，専門的かつ幅広い学芸員活動が展開されている事例である。放送教材にて詳しく紹介する。

## 5. むすびに

　博物館法の，実態との乖離や現代的課題への対応（文化審議会博物館部会編，2021）等を背景とした2022（令和4）年の改正であったが，国立館の登録ができないといった課題は残され，特に学芸員に関する課題は大幅に留保された感がある。日本の学芸員は博物館の五つの機能に沿って活動をするのみならず，事務や広報などあらゆる業務を担当する例が多く，その専門性を十分に発揮できないことが懸念される。そこで，専門に応じた役割分担を制度化しようという意見も少なくない。例えば，従来どおり学部学生向けの養成課程で取得する「二種学芸員」と，大学院生向けにスキルアップを図った「一種学芸員」とを設置しようという提言もあった（日本学術会議史学委員会博物館・美術館等の組織運営に関する分科会編，2020）。また学芸員による研究活動をどの程度自由に認めるか，ということも広く議論されてきたが，博物館法の改正には取り組みが盛り込まれなかった。学芸員の苦境は人手不足に端を発する部分もあり，広く社会情勢を鑑みながら引き続き多面的に方策が論じられるであろう。多くの議論はインターネット上でまとめられ，公開フォーラムとして参加・聴講できる機会もある。博物館と学芸員の現在と未来に関心のある方はぜひ今後も注視していただきたい。

## 参考文献

飯田浩之「第1章　今回の調査で見えてきた日本の博物館」日本博物館協会編『令和元年度　日本の博物館総合調査報告書』pp.1-38（2020年）

伊藤寿郎『市民の中の博物館』（吉川弘文館，1993年）

稲村哲也「博物館の経営②：公立の博物館」稲村哲也・佐々木亨編『博物館経営論』pp.91-105（放送大学教育振興会，2019年）

金山喜昭「学芸員を研究職と認定する制度について」『博物館の未来を考える』pp.69-82（「博物館の未来を考える」刊行会編，2021年）

栗原祐司『基礎から学ぶ博物館法規』（同成社，2022年）

日本学術会議史学委員会　博物館・美術館等の組織運営に関する分科会編（2020年）『提言　博物館法改正へ向けてのさらなる提言～2017年提言を踏まえて～』

日本博物館協会編『令和元年度　日本の博物館総合調査報告書』（2020年）

文化審議会博物館部会編『博物館法制度の今後の在り方について（審議経過報告）』（2021年）

文部科学省ウェブサイト，社会教育調査—平成30年度結果の概要『調査結果の概要』https://www.mext.go.jp/content/20200313-mxt_chousa01-100014642_3-3.pdf（2022年10月5日最終確認）

文部科学省ウェブサイト　社会教育調査—令和3年度（中間報告）の結果の概要『令和3年度社会教育統計（中間報告）の公表について』https://www.mext.go.jp/content/20220727-mxt_chousa01-100012545_1.pdf（2022年10月5日最終確認）

文部科学省ウェブサイト『博物館の振興　1．博物館の概要』https://www.bunka.go.jp/seisaku/bijutsukan_hakubutsukan/shinko/gaiyo/（2022年10月5日最終確認）

文部科学省ウェブサイト『博物館登録制度について』　https://www.mext.go.jp/kaigisiryo/content/000091755.pdf（2022年10月5日最終確認）

# 3 | ヨーロッパと北米における 博物館の歴史

吉田憲司

≪学習のポイント≫　ヨーロッパおよびアメリカにおける博物館の歴史と現状について論じる。具体的には，17世紀ヨーロッパの驚異の部屋から，公共博物館・美術館の成立，さらには近・現代の博物館・美術館の展開まで，欧米におけるミュージアムの歴史と現状を概観し，博物館・美術館における私たちの「経験」の成り立ちを考える。
≪キーワード≫　驚異の部屋，博物学，大英博物館，ルーヴル美術館，民族学博物館，近代美術館

## 1.　ヨーロッパにおける博物館の系譜

### （1）初期のコレクション

　ミュージアムの語源になったと言われるムセイオンは，古代ギリシアにおける教育や研究の機関の名称であった。詩や音楽など，学芸を司る9人の女神（ミューズ）の恩寵を受ける場所として，その名がつけられたという。したがって，それは，必ずしも収集や展示の装置というわけではなかった。また，収集と展示という点で言えば，古くから教会における聖遺物や献納品のコレクションが存在する。しかし，現在の博物館の直接の祖型としてまず挙げなければならないのは，15世紀から17世紀にかけて，ヨーロッパの王侯貴族が，自らの邸宅内に競って設けた「珍品陳列室」（cabinets of curiosities, cabinets de curieux）や「驚異の部屋」（Wunderkammer）である。「珍品陳列室」あるいは「驚異の部屋」

は，その名のとおり，世界に存在する珍奇なもの，人の驚きを誘うもの
を一堂のもとに寄せ集めた空間であった。

　「珍品陳列室」の成立は，古典古代への回帰を標榜するルネサンス期
の人文主義が，古代遺物への関心を高めたのが一因であるが，その時期
が大航海時代の進展と重なっているのは，けっして偶然ではない。「発
見」された世界を写すものとして，「珍品陳列室」はその内容と規模を
急速に充実させていった。

　当時，こうした「異国の産物」の詳細な製作地については，ほとんど
注意が払われなかった。例えば，16世紀において，その規模の大きさで
名を知られていた，ハプスブルグ家出身のチロルの大公フェルディナン
ト2世のコレクション——インスブルックのアンブラス城内に設けられ
た——には，珊瑚や魚の化石，自動機械に交じって，ポルトガル人の注
文に応じて西アフリカのベニン王国で作られた，象牙製スプーンも含ま
れている。しかし，このスプーンについて，1596年にまとめられた資財
帳には，「トルコ風のモチーフをもつ非常に細いスプーン」という記載
がなされているのみである（Bassani, 1988, p.243）。

　自然界の産物と人間の産物，古代の遺物と異国の器物を一堂に集める
ことで，当時の「珍品陳列室」は，そのまま世界の縮図，ミクロコスモ
スを実現していたと言ってよい。そこでは，コレクションは，その持ち
主の世界に対する該博な知識を示すだけでなく，同時にその持ち主が世
界を所有する力を誇るものともなった。コレクションを構成する一つひ
とつのものは，そのものがもともと属していた文化について語るより
も，まずもって，それを集めた人物の力と地位を語るものとして用いら
れたのである。

**（2）学者のコレクションと王侯貴族のコレクション**

　17世紀も後半に近くなると，全体でひとつの世界を写し取っていたコレクションに変化が起こり始める。「巨匠」たちの手になる「美術作品」に高い価値を認める価値観の広がりに合わせて，コレクションにも，美術品のコレクションと自然の産物のコレクションとの分化が進み，王侯貴族は美術品を，一方の学者や医師は自然界の標本を集めるという流れが際立ってくる。

　17世紀のデンマーク王室で，コレクションのアドヴァイザーを務めていた，医学者オーレ・ウォルムの個人コレクションの様子を示す版画が残されている。ウォルム自身が編纂した『ウォルムのミュージアム』 *Museum Wormianum*（1655）の表紙を飾った版画である（図3-1）。ウォルムは自然界の産物や異国の産品を大量に収集していた。彼の「ミ

図3-1　ウォルムのミュージアム（Worm, O., *Museum Wormianum* より）

ュージアム」の内部には，多様な標本が所狭しと並べられ，初期の「驚
異の部屋」の様子をよく伝えている。興味深いのは，収集された標本が
素材ごとに分類され，その解説の多くに，薬としての処方が記載されて
いることである。彼は，当時の本草学の知識に基づき，薬としての使用
を念頭において，こうした自然界の標本や珍品の収集にあたっていたの
である（Shepelern, 1985, p.124）。

　ウォルムに限らず，本草学的なコレクションを築きあげた医師や学者
が，王侯貴族の美術品コレクションのアドヴァイスをするというのは，
当時のヨーロッパで広く見られる傾向であった。このため，初期の美術

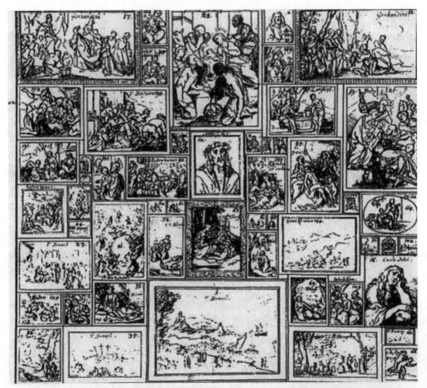

**図3-2　マンハイム選帝侯のギャラリー**（作者未詳，1731年，素描，
Bibliothèque d'art et d'archéologie, Université de Paris）

陳列室の絵画・彫刻の陳列方法には，医師や学者による自然界の標本の陳列方法との並行性がみとめられることが多い。例えば，18世紀初頭のマンハイム選帝侯の絵画のギャラリーの様子を見ると，雑多な絵が寄せ集められ，その多様性と量で見る者を圧倒するという，「ウォルムのミュージアム」と同様の感覚をそこに見てとることができる（図3-2）。

## （3）博物学の成立——18世紀

　18世紀に入り，リンネやビュフォンの手により博物学（自然史）が確立すると，こうした状況に明らかな変化が起こってくる。当時，ヨーロッパは，宗教的権威や迷信からの解放と人間の理性による世界の認知をうたう啓蒙思想の時代を迎えていた。加えて，大航海時代以降，異文化との大規模な接触が進行するにつれ，それまでの知識では語りきれない多種多様な事物がヨーロッパ世界へ大量に流入した。そうした未知の事物の出現を前にして，18世紀のヨーロッパが編み出した新たな世界認識の方法が，モノをその本来の意味から切り離し，目に見える特徴だけを基準にして分類し，並べ，整理するというものであった。それが，すなわち，博物学である。

　この時期，社会のあらゆる場面で，対象を格子状の区画の中に配列していくという，体系的な整理・分類の装置がいっせいに出現する。標本整理箱がその典型であるが，それ以外に，ミシェル・フーコーの指摘した，監獄，病院，学校，動物園，植物園，そして百科事典などが，この時期に一斉に登場してくる。

　フーコーによれば，犯罪者というカテゴリーを設けて監獄に囲い込むこと，病人を健常者から隔離して病院に収容すること，就学者を階層的に区別して学級に配分すること，生物の分類を打ち立てて植物園や動物園を整備すること，人間の持つ可能なかぎりの知識をアルファベットと

48

いう文字の恣意的秩序のうちに配列して百科事典を編むことは，雑然と
した，無益な，もしくは危険な多数の人間や事物を表（タブロー）状に
「秩序づけられた多様性へと変える」という意味で同じ操作を伴うもの
であるという。そして彼は，18世紀には，こうした表（タブロー）の構
成が「権力の技術のひとつであると同時に，知の手段のひとつ」であっ
たと明言する（フーコー，1977，p.153）。博物館もまた，こうした知の
ありかたをモノに対して適用する機関として，18世紀後半に登場してく
るのである。

### （4）博物館と美術館の成立

　ここで，先の「ウォルムのミュージアム」の内部を，18世紀中頃のパ
リの王立植物園付属「博物資料館」の内部と比べてみよう。図3-3は，
当時，王立植物園の園長をつとめていたビュフォンの大著『博物誌』
*Histoire Naturelle*（1749）第3巻の挿図からとったものである。「ウォ
ルムのミュージアム」から100年を経て，本草学から博物学に移行する

**図3-3　博物資料館**（Buffon, G.L.L.Comte de, 1749, Histoire naturelle,
générale et particulière より）

につれ，対象を格子状の区画の中に配列していくという，体系的な整理・分類が一挙に進んだ様子が見てとれるであろう。

　同様の変化は，美術品の陳列方法にもみとめられる。図3-4は，18世紀後半のデュッセルドルフ選帝侯のギャラリーの様子である。先に見たマンハイム選帝侯のギャラリーの雑然とした配置と異なり，ここでは，ルーベンスという一人の作家の手になる絵だけがひとつの区画に納められて整然と並べられている。流派（スクール）や時代による分類と

**図3-4　デュッセルドルフ選定侯のギャラリー（ルーベンスの部屋），**
（Pigage, Nicolas de, 1778, *La galerie Elecorale de Dusseldorf* より）

整理が成立してきていることがうかがえる。それは，博物学による自然界の分類原理が，美術の世界にそのまま投影されたものと言ってよい。ちなみに言えば，近代市民社会の成立とともに，主としてこの前者の自然標本のコレクションを国民に公開する目的で設立されたのがロンドンの大英博物館（1753年創設）であり，後者の美術品のコレクションを国民に解放する目的で設立されたのがパリのルーヴル美術館（1793年開館）にほかならない。

　大英博物館は，医師ハンス・スローンが自邸に集めていた動植物標本や書籍類を，彼の死後，1753年に英国議会が買い上げて，発足した。グレート・ラッセル通りに面したモンタギュー・ハウスにコレクションが収められ，一般に公開されたのは1759年のことである。開館時の大英博物館は，刊行書籍部門（版画を含む），写本部門（コインを含む），自然物・人工物部門の３部門制であった。図書が大きな比重を占めていたことが分かる。ちなみに，大英博物館の館長職の正式名称は，20世紀の末まで「司書長」（Principal Librarian）であった。

　一方のルーヴル美術館は，フランス革命によるブルボン王朝の崩壊を受けて，王室所有の絵画や彫刻，さらには亡命貴族や教会の財産を集め，1793年，国民公会の手で中央芸術博物館（Museum Central des Arts）として開館した（Williams, 1985, pp.147-149）。

　このルーヴルについて特筆すべきは，開館直後から，国ごと，流派ごとの展示区分が採用されたことである。先に触れたように，18世紀には個人の美術陳列室においても，作家別・時代別の展示が採用されるようになっていた。美術を作家ごとの時系列の展開として語ることは，すでにルネサンス期のジョルジョ・ヴァザーリの著作『建築家・画家・彫刻家列伝』（Vasari, 1550）に端を発しているが，その語りを初の公共美術館としてのルーヴルが展示の中で具体化することによって，それが以後

の美術館における美術作品の分類・配列の基本原理となっていく。

　時間軸に沿って展示室が配置された美術館の中では，部屋から部屋へ
と巡り歩くことが，そのまま「美術」の歴史をたどることを意味する。
ルーヴルを模して，その後欧米の各地に建てられた国家規模の美術
館——例えば，マドリッドのプラド美術館，ニューヨークのメトロポリ
タン美術館，ロンドンのナショナル・ギャラリーなど——でも，それぞ
れの国や時代を代表する作家の作品を集めることで，同様の歴史の物語
が再現されていった。そこでは，個々の「美術作品」は偉大な芸術上の
「天才」の産物とされると同時に，美術史上の特定の国の特定の時代を
代表するものとして受け取られるようになる。美術館における現在の
我々の経験のあり方の原型が，ここに誕生したと言ってよい。

　現在の我々の経験のあり方という点で言えば，開館当初の大英博物館
の展示場は，すでにガラスケースを多用したものだった。一方のルーヴ
ルにおいても，壁際に柵が設けられ，観客が作品に近寄れない仕掛けが
講じられていた。「展示物に手を触れないでください」という，博物館・
美術館でお決まりの制度，五感の中で視覚だけを特権化するという志向
は，博物館・美術館の成立とともに誕生していたのである。

## （5）珍品の収集から民族誌資料へ

　18世紀末から19世紀にかけての時期，欧米社会へのモノの流入もま
た，新たな局面を迎える。特に，欧米各地の博物館コレクションの内容
を，その地理的広がりの点で一気に充実させた収集行がこの時期に実施
される。ジェイムズ・クックの3次にわたる太平洋航海（1768-1780年）
における収集である。

　クックによる収集は，「異文化」の産物の科学的な収集，つまり民族
学的な収集の嚆矢と位置づけられる。とはいえ，当時「民族学」という

学は成立していない。クックの航海での収集品は，設立されたばかりの大英博物館をはじめ，ヨーロッパ各地の（多くはいまだ王室に属する）コレクションに分散して収集され，それぞれのコレクションの今でいう「民族誌資料」（ただし，その呼称もまだ存在しない）の比重を飛躍的に高めることとなった。

　大英博物館では，1778年に「南洋展示室」が設けられ，「高貴な野蛮人」の手になる儀礼用の衣装や羽毛製ケープなどがロンドン子の注目を集めた。とはいえ，少なくとも1822年まで，このクックのコレクションの展示が大英博物館における唯一の「民族誌資料」（ただし，当時まだその名称は存在しない）の展示であった（Braunholtz, 1970, p.37）。もちろん，特に19世紀に入ってからは，旅行者や行政官によって植民地からもたらされる産物の数は着実に増加し，それに対する関心も高まっていく。大英博物館では1845年に民族誌ギャラリーが初めて設置され，そこに収められる器物についても「民族誌資料」という呼称が定着する。

　この19世紀前半の収集品に見られる顕著な特徴は，手工業製品が多くを占め，しかもその多くに購入金額が記載されていることである。このことは，大英博物館のコレクションのみならず，例えば，1820年代に長崎・出島に滞在したフランツ・フォン・シーボルトの築いた日本関係のコレクション——現在では，ライデンやミュンヘンの民族学博物館に収められている——にも当てはまる。シーボルトは，とりわけ貿易の対象となりうる産品については，原材料，製作に要する道具一式，製造工程を示す図画，そして完成品を収集し，さらにその成果を大著『日本』*Nippon*（1833-58）の形で出版している。それらの収集品は帰国後，自邸での展示の形でも公開された。当時の収集品は，なによりもまず，植民地開発のための資源のサンプルとみなされていたのである。

　この時期，民族学も人類学も，まだ独立した学としては立ち現れてき

ていなかった。1849年発行の目録によれば，大英博物館の民族誌ギャラ
リーの展示は，大陸ごとのおおまかな地域区分のうえ，収集者単位でケー
スにまとめて展示されていたことが分かる（BM, 1849）。行政官や旅
行者が持ち帰る「異文化」の産物は，「民族誌資料」とは呼ばれても，
未だ前代の「珍品」と同様に収集者単位で分類される以外，明確な分類
の手法を見出されずにいたのである。

### （6）博覧会と博物館

　19世紀も半ばとなると，産業革命の進行とともに，技術の進歩は誰の
目にも明らかなものとなってくる。折りしもチャールズ・ダーウィンが
その著『種の起源』（Darwin, 1859）の中で発表した進化論は，眼前に
展開する技術の進歩を，科学的に裏づけるものとして受け止められた。
一方で，植民地支配の進展の結果，植民地からもたらされる産物の数は
着実に増加し，それに対する関心も広がっていく。そして，こうした産
業技術の達成と，植民地支配の成果を展望する祭典が開かれるようにな
る。博覧会である。

　1851年の「大博覧会」（The Great Exhibition），すなわちロンドン万
博をきっかけに，55年のパリ万博，73年のウィーン万博，89年のパリ万
博，そして93年のシカゴ万博と，欧米の政治的・経済的支配のもとに入
った世界を一望のもとに見渡そうとする国家的な祭典が，回を重ねるご
とにその規模を増しながら，欧米の各地で繰り広げられていく（吉見,
1992）。そして，そこで展示された品々を恒久的に展示する施設として，
各地に博物館が整備されていく。

　第1回のロンドン万博にあたっては，その出品物をもとにして，1852
年に産業技術教育を目的とした「産業博物館」が設立され，57年にサウ
ス・ケンジントンに移転してサウス・ケンジントン博物館と称するよう

になる。この博物館は，その後，芸術作品を収集対象に加え，世界の芸術とデザインの殿堂としての性格を強める。現在のヴィクトリア＆アルバート美術館（V&A）である。これと同様に，アメリカで有数の規模を誇るシカゴのフィールド自然史博物館のコレクションも，1893年のシカゴ万博の出品物を核に形成されている。

「異文化」を対象とした民族学博物館の多くもまた，博覧会を契機に成立している。1879年のパリ万博は，トロカデロ民族誌博物館の設立の直接の契機となった。ベルギーの王立中央アフリカ博物館（旧コンゴ博物館）は，1897年ブリュッセルでの万国博覧会を基礎に設立された。パリの植民地博物館（その後，アフリカ・オセアニア美術館となり，2006年にケ・ブランリー美術館に統合された）は，1931年のパリ国際植民地博覧会を機に公開されたものである。

もとより，民族学博物館のすべてが博覧会を機に設置されたわけではない。1864年にオランダのライデン国立民族学博物館が開設されて以降，1868年開館のミュンヘン・バイエルン州立民族学博物館，1869年設立のニューヨーク・アメリカ自然史博物館，1873年設立のベルリン民族学博物館，そして1884年にオックスフォード大学に設けられたピット・リヴァース博物館と，欧米で民族学博物館が続々と創設される。それらのコレクションもまた，それぞれの国・都市での博覧会で展示された「異文化」の産物の多くを吸収し，その規模をさらに膨らませていくことになる。

なお，1864年に開館したライデンの民族学博物館は，その創設の年をさかのぼって1837年に求めている（Avé, 1980, p.11）。シーボルトが収集し，すでに公開もされていた日本コレクションが，この年，オランダ政府に買い取られることになった。そのコレクションが後にライデン国立民族学博物館に引き継がれたために，同館はそれを創設の年とみなし

ているのである。この見解にしたがうならば，この1837年という年が，民族学博物館の歴史の幕開けの年ということになる。「異文化」の展示を目的とした民族学博物館の歴史のひとつの流れが，日本文化の展示から始まったことは記憶されてよい。

　ともあれ，このようにして各地に築かれていった民族学博物館では，当時の基調的思想となっていた進化論を参照した展示が競って作り上げられた。国家的規模で設立された博物館の場合には，大英博物館の例に見るように，広範なコレクションを活用して，地理的あるいは人種的区分に従って展示構成が採られるのが一般的であった。そして，その区分が「野蛮」から「文明」への人類の進化のいずれかの段階に位置づけられるものとして提示された。ナイジェル・バーリーの表現を借りて言うなら，当時の「博物館というものは，異文化の産物を査定し配列することを通じて，対象の文化そのものを進化論的な尺度で分類していくための，時間を超えた客観的・科学的な枠組」であった（バーリー，1999，p.26）。この時期の地域区分に基づく展示においては，モノが大量に羅列される一方で，その地域の住民の裸体に近い姿を示すマネキンや写真の添えられていることが多い。そうしたマネキンや写真もまた，身体的特徴を通じて，それぞれの地域の住民の人類史における発展段階を「客観的」に示すための装置にほかならない（Coombes, 1994, pp.136-146）。

　巨大なコレクションを活用できる国立の博物館に比べ，個人のコレクションを核に成立したような博物館の場合には，世界を俯瞰するような地域別の展示は物理的にも不可能であったし，あえて求められもしなかった。むしろ，そこでは，集められたコレクションの枠の中で，器物の形態上の比較に基づいて技術的進化の過程を示そうとする傾向が強く，それがまたより「科学的」と認識された。イギリス・オックスフォードのピット・リヴァース博物館では，19世紀の設立当初の形態論的展示が

56

図3-5　ピット・リヴァース博物館の展示場 (2011年撮影)

今日に至るまで忠実に維持されており，当時の展示を振り返ることがで
きる（図3-5）。

## （7）20世紀の民族学博物館

　20世紀に入ると，人類学の知は大きく変化していく。そこに共通の流
れがあるとするなら，それは人類学者が「安楽椅子」に座って文献から
資料を集めることをやめ，現地調査におもむき始めたことだろう。この
動きは，人類学が，社会進化論がはらんでいた植民地主義的・自文化中
心主義的な偏見に気づいていく過程とも軌を一にしている。そして，そ
うした知の変化を背景に，博物館，特に民族学博物館の展示にも変革が
見られるようになっていく。

　まず，英国の人類学は，1920年ごろから急速に進化論から離れて，特
定の社会の実証的な記述を目指す構造・機能主義へと展開を見せていっ

た。構造・機能主義人類学は社会組織の内的体系性を重視し，個々の社会をひとつの独立したまとまりとして描き出す。その影響下にあって，博物館における民族誌資料の展示においても，それぞれの資料がどの社会，どの民族によって制作されたのかの同定がまずもって重視され，展示物には必ずそれを制作した民族名が記載されるようになる。また，個々の民族のまとまりを強調するため，他の民族の手になる器物と区別が可能な独特の特徴を持ったものが好んで展示された。

　結果的に，一民族一様式，すなわち，一つの民族では一つの様式を持った器物だけが生産されているかのようなイメージが作り出されていったことは否めない。

　一方，アメリカでも，フランツ・ボアズを中心に個々の文化の全体性・内的完結性を重視し，その独自の価値を強調する「文化相対主義」が唱えられる。早くから民族誌展示の現場にもたずさわっていたボアズは，民族学博物館の理想を「文化の個別性」を示すことを通じて「文明が絶対的なものでなく，相対的なものだという考え方を広く一般に普及させることにある」と主張していた（Boas, 1974, pp.66-67）。アメリカ自然史博物館で「北西海岸インディアン諸部族」の生活を示す展示に従事することになったとき，彼はその理想を実現するために，まず民族単位にケースを設けることから始めた。それぞれのケースの中には，産業，狩猟と漁撈，家財道具，衣類・装身具，交易，武器，楽器などといった文化項目分類に従って民族誌資料が陳列された。また，各ケースには，できるだけそれぞれの民族の衣装をつけて道具を手にしたマネキンが添えられ，20分の 1 の縮尺で作られた集落模型や，等身大の人形を用いて家族やグループでの生活場面を再現した一種のジオラマも多用された。この後，より劇的な演出効果を狙ったさまざまな展示手法の開発はあったものの，こうした模型や人形，ジオラマの多用も含めて，個別文

化の体系的再現に重きをおくボアズ流の展示手法は，長くアメリカにおける民族誌展示の特徴として定着することとなった。

　大英博物館民族誌部門の元キュレーターで，その後長くカナダ・ブリティッシュ・コロンビア大学人類学博物館の館長を務めたアンソニー・シェルトンは，大英博物館の民族誌部門――1970年から2000年まで大英博物館から独立した人類博物館（Museum of Mankind）という建物で展示が行われていた――における構造・機能主義的展示の特徴を次のように指摘している。

　　「これらの展示では，物質文化がさまざまな社会の全体的描写のために用いられる。あるいは，社会の特定の側面に焦点が当てられるときでも，その側面はより広い社会全体のコンテクストの中に位置づけられる。視覚的には，環境や住居，市場，宗教的建造物が精巧に再現され，その展示が自然主義的リアリズムに基づいた真正な文化の表象であることが暗示される。……しかし，それ以上に重要なのは，構造・機能主義が他の社会を，独自の領土を持ち，独自の制度と信念の体系を持った，孤立した独特の存在として表象することである。しかも，そうした制度や信念の体系は，歴史的プロセスよりも伝統によって育まれたものと考えられている」（Shelton, 1992, p.25）

　この指摘は，おそらく人類博物館の展示のみならず，英国における構造・機能主義的展示一般，さらには，それに並行するアメリカにおける民族誌展示にもそのまま当てはまるもののように思われる。

**（8）20世紀の美術館**

　こうした動きの一方で，20世紀に入ると，前衛的芸術，すなわちモダ

ン・アートの展開を受けて，近代美術館が設立されるようになる。その
嚆矢は，1929年に設立されたニューヨークの近代美術館（The Museum
of Modern Art，略してMoMA）である（図3-6）。白い壁に囲まれた
空間の中で作品の形態を浮かび上がらせるという，美術館に特有のいわ
ゆるホワイト・キューブの展示手法は，このMoMAによって初めて導
入された。MoMAのあとを追うように，1935年にはアメリカ西海岸に
サンフランシスコ近代美術館がオープンする。アメリカにおいては，ス
ミソニアン機構(1846年創設)の博物館など一部の国立博物館を除いて，
多くの博物館・美術館が個人の資金や作品の寄付によって設立されてい
る。ニューヨーク，サンフランシスコの近代美術館もその例にもれない。
　ヨーロッパにおいても，モダン・アートの収集はなされたが，それは
主に既存の美術館の手で進められた。それらのコレクションを独立させ
る形で，第2次世界大戦後，近代美術館が整備されていく。1947年にパ
リ・国立近代美術館，1955年にイギリスのテート・ギャラリー，1958年
にストックホルムの近代美術館が開館する。さらにその後，近代の美術
と現代美術を整理して，パリでは，オルセー美術館（1986年開館）とポ

図3-6　現在のニューヨーク近代美術館（MoMA）

ンピドゥ・センター (1977年)，ロンドンでは，テート・ブリテン (2001年改称) とテート・モダン (2000年開館) の整備が進んだのは，記憶に新しい。

## 2. 博物館と美術館の現在

　現在の博物館と美術館の展示を見比べて見るとき，ジオラマに代表されるように，モノをそれがもともと属していたコンテクストに戻して展示するという博物館と，ホワイト・キューブの中で作品を浮かび上がらせようという美術館の対比とともに，キャプションのつけ方の違いに留意しておく必要がある。

　美術作品であれば，タイトル，作者，制作年，素材，所蔵者といった情報が記載されるのが常である。一方，民族誌資料や歴史資料については，資料名，制作年代，素材，所蔵者といった情報が記入される。通常，観客がこうしたキャプションの形式に疑問を持つことはない。

　しかし，実のところ，キャプションのあり方は，博物館・美術館のものの見方，あるいは世界に対する関わり方と深いつながりを持っている。近代美術館が所蔵する「作品」には必ず作者と制作年代を明記したキャプションが添えられるのに対し，民族学の博物館が所蔵する「資料」のキャプションには，作者の名前も制作年代もまったく触れられず，民族名だけが表記されていることが多い。民族学博物館が主として19世紀後半以降に生み出されたものを収集しているとすれば，実は近代美術館もまた19世紀後半以降に制作された作品を蔵している。同じ時代の同じく人間の手になる産物に対する，この扱いの違いはどこから来るのか。

　作者も制作年代も伏せたままで，民族名だけを示す民族学博物館のキャプション。それが前提としているのは，要するに，そのモノを生み出

す「当の社会」が，それだけで完結し，閉じた，変化のない社会だという考え方である。だからこそ，その社会と外部との接触の痕跡を留めるものはすべて，「伝統」文化が「変容」を受けた結果として，その「真正性」を否定される。また，個人による独創性は，その「伝統」を乱すものとして排除される。

しかしながら，それ自体で完結し，外部世界から孤立して，変化を知らぬ社会など，歴史上存在したはずもない。どの社会も，さまざまな歴史的変化の上に現在の姿にたどりついたものにほかならない。また，作者が西洋のように特権化されることはないにせよ，どの社会でも同じ共同体の中では，作者の個人名やその腕前の評判は広く認識されているものである。

だとすれば，これまで民族学博物館が好んで提示してきた「真正の民族誌資料」は，その社会で生み出されたものが本来備えているダイナミズム，歴史性，個別性をすべて捨象することでなりたっているという，きわめて逆説的な構図が浮かび上がってくる。そして，ここで重要なことは，「民族誌資料」に付与されたこのような性格が，実はほぼ同じ時代に制作され，ほぼ同じ時代に，別のタイプのミュージアムによって収集されたモノ，すなわち西洋の「モダン・アート」に付与された性格を，ちょうど反転したものになっているという事実である。

「モダン・アート」を語るのに，作家の名前を伏せて語ることはありえない。個々の作家の作品が提示されるときには，作風の展開に合わせて，制作年代順に配置される。美術館，特に近代美術館の中では，それがどの都市の近代美術館であろうと，セザンヌからキュビスムへ，そしてシュルレアリスムから抽象表現主義，ミニマル，ポップへという，「モダン・アート」の歴史が繰り返される。その歴史の語りが，限定詞なしに「近代美術館」（MoMA）といって通用する唯一の美術館，ニュ

ーヨークの近代美術館で語られた語りを反復するものであることは，当のニューヨーク近代美術館自身が誇らしげに各所で語っていることである（Duncan, 1995, p.103）。「モダン・アート」の語りの中では，すべてが変化の相に位置づけられ，歴史化され，個別化されている。

変化を否定され，没歴史的な時間に位置づけられ，作者を無視される「民族誌資料」と，すべてが変化の相に位置づけられ，歴史化され，作者が「天才」の名のもとに神に近い位置にまで持ち上げられる「モダン・アート」。そこには，結局のところ，「開かれた」自己と「閉じた」他者という図式，自己は複雑で一般化が不可能であるのに対し，他者は単純で一般化が可能だという図式，つまりは「文明」と「未開」という，植民地時代にまで遡る旧来の図式がいまだに働いているとしか思えない。

1980年代以降，特に民族学博物館の世界では，こうした異文化に対するまなざしの偏りを含めて，博物館が「研究の成果」を背景に一方的に世界の諸民族の文化を収集・展示するという従来のあり方に対する，世界の諸民族の側からの異議申し立てが激しくなった。それを受けて，現在では，収集・展示の対象となる人びととの共同作業を前提とした博物館活動が一般化してきている。また，2003年のユネスコの第32回総会において「無形文化遺産保護条約」が採択されて以降，博物館・美術館にも新たな役割が期待されるようになってきている。これまでのような，有形文化遺産の収集・研究・展示の装置というだけでなく，無形の文化遺産の継承の場として役割を果たすことが求められるようになってきているのである。

すでに1970年代に，美術史家のダンカン・キャメロンはミュージアム，つまり博物館・美術館のあり方として，テンプルとフォーラムという，二つの選択肢があると指摘した。テンプルとしてのミュージアムと

は，すでに評価の定まった「至宝」を人びとが「拝みにくる」神殿のような場所，一方，フォーラムとしてのミュージアムとは，人びとが未知なるものに出会い，そこから議論が始まる場所という意味である。キャメロンはまた，「フォーラムとは議論が戦わされる場所，テンプルは勝ち誇った者が居座る場所である。前者はプロセスであり，後者は結果である」とも述べている（Cameron, 1971, p.21）。

　博物館・美術館の区別を超えて，ミュージアムは，今，確かにフォーラムとしての性格を色濃く帯びるようになってきている。ヨーロッパ，アメリカに限らず，世界の博物館全体が，今，大きな運動を起こし始めているのである。

## 参考文献

バーリー，ナイジェル 「大英博物館民族誌ギャラリー，南アメリカとアジアの資料の展示室」吉田憲司，ジョン・マック編『異文化へのまなざし』（NHKサービスセンター，1997年）

フーコー，ミシェル 田村俶訳『監獄の誕生——監視と刑罰』（新潮社，1977年）（Foucault, Michel, 1975, *Surveiller et Punir : Naissance de la prison*, Éditions Gallimard.）

吉見俊哉 『博覧会の政治学——まなざしの近代』（中央公論社，1992年）

Avé, J.B. (1980) Ethnographical Museums in a Changing World. In W.R. Van Gulic, H.S. Van Der Straaten and G.D. Van Wengen (eds.) *From Field-Case to Show-Case : Research, Acquisition and Presentation in the National Museum of Ethnology, Leiden.* J.C. Gieben.

Bassani, Ezio and William Fagg (eds.) (1988) *Africa and the Renaissance : Art in Ivory.* The Center for African Art.

64

BM (Trustees of the British Museum) (1849) *Synopsis of the Contents of the British Museum*, The British Museum.

Boas, Franz. 1974 (1887) Museums of Ethnology and Their Classification. In G.W. Stocking (ed.) (1974) *A Franz Boas Reader: The Shaping of American Anthropology, 1883–1911*. University of Chicago Press.

Braunholtz, H.J. (1970) *Sir Hans Slone and Ethnography*, Trustees of the British Museum.

Buffon, Georges Louis Leclerc, Comte de. (1749) Histoire naturelle, générale et particulière. Paris.

Cameron, Duncan. (1971) The Museum: a Temple or the Forum'. *Curator: The Museum Journal* 14(1) : 11–24.

Coombes, Annie E. (1994) *Reinventing Africa: Museums, Material Culture and Popular Imagination In Late Victorian and Edwardian England*. Yale University Press.

Darwin, Charles. (1859) *The Origin of Species by Means of Natural Selection*. John Murray.

Duncan, Carol. (1995) *Civilizing Rituals: Inside Public Art Museums*. Routledge.

Schepelern, H. (1985) The Collection of Archduke Ferdinand II at Schloss Ambras: Its Purpose, Composition and Evolution. In Impey O. and A. MacGregor (eds.) *The Origin of Museums*, Clarendon Press.

Shelton, Anthony. (1992) The Recontextualization of Culture in UK Museums. *Anthropology Today* 8(5) : 11–16.

Vasari, Giorgio. (1550) *Le vite de'pi eccellenti púittori, scultori ed architettori Italiani*, Florence.

Williams, Elizabeth A. (1985) Art and Artifact at the Trocadero: *Ars Americana* and the Primitivist Revolution. In George W. Stocking (ed.) *Objects and Others: Essays on Museums and Material Culture*. The University of Wisconsin Press.

Worm, O. (1655) *Museum Wormianum*. Lugdunum Batavorum.

# 4 | アジア・アフリカにおける 博物館の歴史

| 吉田憲司

≪**学習のポイント**≫　アジアおよびアフリカにおける博物館の歴史と現状について論じる。アジアにおける博物館の成立も西欧諸国との関係，特に植民地支配の歴史を抜きにしては語れない。その一方で，現在，アジア，アフリカの各地で，自己の文化，自己の歴史を表象する装置としてのコミュニティ・ミュージアム建設が活発化している。この章では，アジアおよびアフリカにおける博物館の歴史を概観したうえで，博物館の現代における可能性について考える。

≪**キーワード**≫　植民地経験，世界遺産，文化遺産，文化遺産の返還，コミュニティ博物館

-------------------------------------------------------------------

## 1. アジアの博物館

### （1）インドの博物館

　ミュージアムという概念と制度が，前章で見たとおり，西欧で成立したものであるために，アジアにおける博物館の成立も西欧諸国との関係，特に植民地支配の歴史を抜きにしては語れない。

　アジアにおいて，最も早い時期に成立した博物館として，インド西ベンガル州の州都コルカタのインド博物館が挙げられる。この博物館は，1814年に創設されている。大英博物館の開館が1759年，ルーヴル美術館の開館が1793年であるから，インド博物館は，ミュージアムという制度が西欧で整った直後に非西欧地域で開館した博物館だということにな

**図4-1　現在のインド博物館**
（インド・コルカタ　2014年2月，Photo by Biswarup Ganguly,
CC BY 3. 0, via Wikimedia Commons）

る。

　当時，コルカタ（英語名カルカッタ）にはイギリス東インド会社の本
部が置かれていた。その後，1858年に東インド会社の統治地域がイギリ
ス直轄植民地となると，コルカタはその首都となり，さらに1877年にイ
ギリス領インド帝国が成立するとその帝国の首都として，1911年のニュ
ー・デリーへの首都移転まで，一貫して英領インドの政治的中心地の役
割を果たした。

　インド博物館は，そのイギリス領インドにおける人工物と天産物を集
積する拠点として，当時のベンガル・アジア協会（Asiatic Society）に
よって「アジア協会東洋博物館」として設立された。アジア協会に博物

館の必要性を強く説き，自らのコレクションを寄贈して，館を設立に導いたのはデンマーク出身の植物学者ナサニエル・ヴァリックであった。博物館はその後，コレクションの増大を受けて1878年に現在の地に移り，運営も政府の手に委ねられて「帝国博物館」と呼称されるようになる。さらにインド独立後は，この博物館はインド博物館の名で知られることとなる（図4−1）。現在，インド博物館はインド最古最大のコレクションを収蔵し，芸術，考古学，人類学，地質学，動物学，植物学のセクションを設けて展示を公開している。

### （2）シンガポール，インドネシアの博物館

　インド博物館に次いで早い時期に成立した博物館は，シンガポール国立博物館であろう。この博物館は，シンガポール自体の創設者であるトマス・スタンフォード・ラッフルズが1823年に設立した学校，ラッフルズ学院の図書館に淵源をたどり，1849年にラッフルズ図書館・博物館として出発した。スタンフォード通りに面した現在の地に開館したのは1887年のことである。設立の当初から，シンガポール並びにマレー半島，さらにイギリス領ボルネオ（現在のブルネイ，マレーシア連邦サバ州，サラワク州，ラブアン）の動植物，考古，歴史，民族誌資料の収集と展示を進めてきた。1997年には，このシンガポール国立博物館から独立する形で，アジア文明博物館が開設される。同館は，広くアジアの中の文化の交流に焦点を当てた常設展示，企画展示を展開している。

　インドネシア国立博物館も，成立の古い博物館である。この博物館はその歴史の出発点を，オランダ植民地時代の1778年に現在のジャカルタ，当時のバタヴィアに設立されたバタヴィア芸術科学協会（Batavian Society for the Arts and Sciences）の研究用資料館兼図書館に求めている。協会の創立にあたり，その創立者の一人でオランダ東インド会社の

重役であったJ. C. M. ラーダーマッヒャーが，自身の所有する建物と，自身の持つ歴史，民族誌関係資料のコレクションと書籍を協会に寄贈し，協会の活動のための資料館兼図書館としたのである。ジャワ島が，イギリスの統治下に置かれた1811年から1816年の期間には，ジャワ副知事に任命されたラッフルズが協会の理事長を務め，手狭になった協会付属の資料館兼図書館の新築移転を図っている。ラッフルズがボロブドゥール遺跡を「発見」するのは，この在任中，1814年のことである。その後，ジャワ島は再びオランダの支配下に服するが，資料館のコレクションは着実に成長し，1862年，オランダ東インド会社は資料の展示機能を備えた博物館の建設を決定する。新しい博物館が現在の地に開館し，一般に公開されたのは1868年のことである。1950年のインドネシア共和国成立後，バタヴィア芸術科学協会はインドネシア文化協会（Institute of Indonesian Culture）と名を改め，1962年に博物館をインドネシア政府に移管した。この段階で博物館は「中央博物館」と呼ばれるようになり，さらに1979年に「国立博物館」と改称されて現在に至る。

### （3）タイの博物館

19世紀の半ば以降になると，相次いでアジア各地に博物館が開館するようになる。1872（明治5）年に設置された，日本の文部省博物館，現在の東京国立博物館（東博）も，この時期に開設されたものの一つである。次章でも紹介するとおり，東博は，その創立を1872（明治5）年に湯島聖堂内の大成殿において文部省博物館が開催した「博覧会」に求めている。湯島の「博覧会」は，政府の行った初めての博覧会であった。また，正式に「博物館」を名乗った組織は，この博覧会の主催者である文部省博物館を嚆矢とする。この「博覧会」は閉会後も1と6のつく日に開館し，「博物館」として常設化された。東博がこの「博覧会」に創

立の時点を求めているのは，このためである。

　タイ，バンコクにある現在の国立博物館は，その2年後，1874年に開
設されている。タイ，チャクリー王朝の王ラーマ4世（モンクット王，
治世1851～68年）は，1855年にイギリス＝タイ友好通商条約（ボーリン
グ条約）を締結したのを契機に欧米諸国と同様の条約を結び，開国を図
るとともに，西洋文明を受容し，また洋の東西を問わない器物のコレク
ションを築き上げた。王の死後，そのあとを継いだラーマ5世（チェラ
ローンコーン王，治世1868～1910年）は，このラーマ4世のコレクショ
ンを王宮内のコンコルディア・タワーと呼ばれた建物に収め，一般に公
開した。これが，タイにおける公共博物館の創始と位置づけられる。そ
の後，1887年に博物館は旧副王宮に移され，現在に至る（図4-2）。

　ラーマ5世は，奴隷制の廃止をはじめ，西洋の制度を導入して司法行
政制度の近代化に努め，名君の呼び名が高い。西欧諸国からの圧力に対

**図4-2　タイ国立博物館**
（バンコク　2002年8月撮影）

70

しては，不平等条約の改正を進める一方，イギリスとフランスに，それぞれマレー半島の一部と，ラオス・カンボジアを割譲することで，タイの独立を保った。その治世は，明治天皇の治世とほぼ重なるが，タイと日本の間では，19世紀における近代化のプロセスに多少なりとも並行性が見られ，博物館制度の創設・整備も，そうした並行性を示す事象の一つである。

日本，タイに続いては，スリランカのコロンボ国立博物館がイギリスのセイロン総督であったウィリアム・グレゴリーの手で1877年に設立され，さらにマレーシア国立博物館がイギリスの間接統治下にあった1898年に，そしてフィリピン国立博物館がアメリカの統治下にあった1901年に開設されている。

### （4）韓国の博物館

韓国の博物館の歴史は，日本による植民地支配を抜きにしては語れない。

韓国における博物館は，大韓帝国時代（1897～1910年）の1909年，李王朝の最後の王，純宗がソウルの昌慶宮（チャンギョングン）内に設けた帝室博物館を嚆矢とする。この博物館は，王家の所蔵品を一般に公開することを目的として設置され，大韓帝国の近代化の施策の一環としての役割を担っていた。福羽逸人の設計により同じく1909年に建設された温室は，昌慶宮内に現存している。現在の国立中央博物館は，この昌慶宮の帝室博物館にその成立の起源を求めている。

韓国は翌1910年に日本に併合され，博物館の整備も，その後，日本の植民地支配のもとで進められていく。日本政府が朝鮮統治のために設立した朝鮮総督府は，1915年，景福宮（キョンボックン）で「施政5周年記念物産共進会」という博覧会を開催し，会場として設けた美術館の建

物を利用して博覧会閉幕後「総督府博物館」を開設した。そのコレクションは，総督府が進めた古跡調査や発掘による収集品が中心となった。一方で，慶州，公州，扶餘の各地域で成立した博物館が，総督府博物館の分館として整備された。

　1945年，日本の敗戦，韓国でいう光復ののち，朝鮮総督府博物館は韓国の国立博物館に改編され，慶州，公州，扶餘の分館も，国立博物館の分館として再編された。朝鮮戦争による混乱を経た後，「漢江の奇跡」と呼ばれる経済発展に合わせて，韓国国内各地に多くの博物館・美術館が開設されていった。この間，国立博物館は移転を重ね，1972年に国立中央博物館と改称，1986年から96年にかけては旧朝鮮総督府庁舎の建物を利用して開館していた。総督府の建物はその後解体されるが，国立中央博物館（韓国）は，2004年，龍山（ヨンサン）の地に，延べ床面積13万7000m$^2$の巨大な建物を得，22万点の収蔵品を擁して開館している（図4－3）。

　一方で，1945年，在朝鮮アメリカ軍政庁の下で設立された国立民族博物館は，この間，国立中央博物館所属の民俗博物館を経て1992年に韓国国立民俗博物館という現在の呼称で独立，翌93年に景福宮内の現在の建物（旧・国立中央博物館庁舎）に移転して開館した。現在，およそ10万点の所蔵品を有し，韓国の生活文化を紹介する展示を公開している。

　この博物館の開館と前後する1991年に，韓国では「博物館および美術館振興法」が制定されて，博物館・美術館の登録条件が緩和され，韓国国内で国公私立の博物館の爆発的な増加を見た。さらに2004年にソウルで国際博物館会議（ICOM）の世界大会がアジアで初めて開催されたことがこの動きに拍車をかけ，現在では博物館・美術館の総数も1000館を超えるに至っている。

図4-3　国立中央博物館（韓国）
（韓国・龍山　2010年3月，Photo by Jinah78, CC BY–SA 3.0, via
Wikimedia Commons）

## （5）中国・台湾の博物館

　中国，台湾の博物館の歴史も，日本の歴史と切り離しては論じられな
い。

　中国では，古くから歴代王朝がそれぞれに宝物のコレクションを築い
ていたが，公衆に公開される公共博物館としては，1925年に北京に開館
した故宮博物院がそのさきがけと言える。同館は，その前年の1924年に
辛亥革命による退位後も紫禁城（創建は1420年。明の第3代皇帝・朱棣
による）に残っていた溥儀が馮 玉 祥により退去させられたあと，ドイ
ツ国内の王宮博物館をモデルに，当時の政府が宮殿の内部とともに宮殿
内に残っていた宝物を一般に公開したものである。

　1931年に満州事変が勃発し，日本軍が満州国を建設して，さらに華北
地方にまで軍を進めると，蒋介石の率いる国民政府は，故宮博物院の所
蔵品を南方に避難させることを決定し，上海，さらに南京の保管庫へと
移した。しかし，1937年の盧溝橋事件を契機に日本軍が南京に迫り，南
京に保管されていた故宮の所蔵品は，中国西部，四川省の巴県，楽山，
峨嵋の3カ所に疎開することになる。

　第2次世界大戦後，3カ所に分散していた所蔵品は南京に集められた
が，国共内戦の結果，国民政府の形勢が不利になると，1948年，国民政
府は故宮博物院の所蔵品のうち「特に優れた逸品」を台湾へ移すことを
決定，49年に約60万件の文物が台湾へ移送された。台湾の中華民国政府
は，1954年に文物の点検を終え，57年に北溝の陳列室で展示を開始，さ
らに1965年には台北の外双渓に大規模な新館を建設して，以後故宮博物
院（台北）として所蔵品の公開にあたっている。

　一方，北京・紫禁城の故宮博物院（北京）にも台湾を上回る数の宝物
が残された。1949年の中華人民共和国の樹立以来，遺留された宝物のほ
かに新収のものを加えて，現在の収蔵品は180万件を超えるという。明
清工芸館，珍宝館，絵画館，陶瓷館，青銅器館に分かれて展示がなされ
ており，また宮殿や門楼の一部を用いて特別展示も実施されている。

　中華人民共和国の設立後，中国国内各地に，南京博物院（1948年当時
の中華民国中央博物院として開館），上海博物館（1952年上海市立博物
館として開館），安徽省博物館（1956年開館），湖南省博物館（1956年開
館）など多くの博物館が建設されたが，1966年から76年まで続いた文化
大革命の「破四旧（旧思想，旧文化，旧風俗，旧習慣の打破）」の波を
受け，国内の文化財の破壊とともに，多くの博物館も所蔵文化財や施設
の破壊といった被害をこうむる。これに対して，1978年の鄧小平の改革
開放政策以後，中国国内では，一転して博物館・美術館の建設ブームが

起こった。それまでの破壊の対象が，保護の対象とみなされるようにな
ったのである。とりわけ，2004年3年，ユネスコ総会で「無形文化遺産
の保護に関する条約」が採択されると，中国はいち早く2004年に同条約
に加盟し，「非物質遺産法」を制定して無形文化遺産の保護活用を促し
た。このため，中国各地で，文化遺産が地域や民族集団のシンボルとし
て見直され，また観光資源として地域の開発に活用されるという動きが
進んだ。省単位の博物館を拠点に，周辺各地にエコ・ミュージアム（生
態博物館）を整備するという動きも活発化してきている。現在では，
4000以上の博物館・美術館が中国国内に所在するようになっている。
　他方，台湾においては，故宮博物院の開館に先立って，すでに日本に
よる植民地統治時代の1908年の段階で，台湾総督府博物館が設立されて
いた（図4-4）。台湾における「学術，技芸及び産業上の所用の標本を
収集・陳列し，民衆に公開する」ことを目的とした総合博物館であった。
1949年に台湾省立博物館と改称され，さらに1999年に国立台湾博物館と
改名して現在に至るが，収蔵品・展示の構成は設立当時のものを継承し

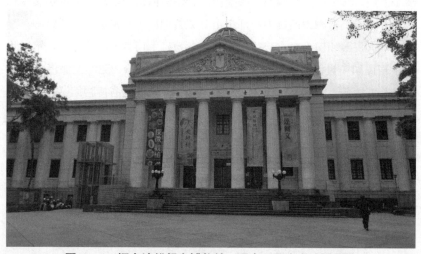

**図4-4　旧台湾総督府博物館，現在の国立台湾博物館**
（台北　2009年11月撮影）

ている。

　その後1950年代から70年代にかけて，中華民国政府は「復国」に向け
た民族意識の高揚を図るため，国立歴史博物館，国立台湾藝術教育館な
ど，中国由来の芸術・文化の保護振興に向けた博物館の建設を進めた。
さらに，80年代以降は，むしろ台湾内部の多様な文化に関わる博物館の
創設が活発になる。現在では，日本の「町並み博物館」などの例も参照
しつつ，各地でコミュニティ・ミュージアムの形成が進んでいる。

## 2. アフリカ内の博物館の歴史

### （1）19世紀に成立した博物館

　アフリカ大陸の内部でも，博物館設立の動きは，すでに植民地期から
始まっていた。アフリカで最も早い時期に開設された博物館は，1825年
に南アフリカのケープタウンに開館した南アフリカ博物館である（図
4－5）。自然史・考古学標本を中心に民族誌資料など，現在では150万
点の資料を収蔵する。200年に及ぶ歴史の中で，その収集の範囲は南ア
フリカ連邦（1910年成立）に加え，南アフリカ会社（1889年設立）が経
営したローデシア（現在のジンバブウェ，ザンビア）にまで及ぶ。この
ため，そのコレクションには，かつては，グレート・ジンバブウェの遺
跡から出土したソープ・ストーン製の鳥の像なども含まれていた。この
像は，1980年に独立を果たしたジンバブウェにとってナショナル・シン
ボルとなる像であるため，1981年にジンバブウェに返還され，現在は，
グレート・ジンバブウェのサイト・ミュージアムに収蔵されている。

　南アフリカ博物館に隣接して立つ南アフリカ国立美術館（ナショナ
ル・ギャラリー）は，アフリカの美術館には珍しく，アフリカだけでな
く，イギリス，オランダ，フランス，それにフランドルの絵画や彫刻を
含むコレクションを蔵するミュージアムである。現在の美術館の祖形と

**図4-5　南アフリカ博物館**
（南アフリカ共和国・ケープタウン　2003年10月撮影）

なる美術展はすでに1851年に開催されているが，美術館が実際に開館するのは1930年を待たなければならない。

　南アフリカ博物館に続いて，1835年には，エジプトのカイロに，エジプト考古学博物館（通称カイロ博物館）が開館している。ツタンカーメンの黄金製マスクやラムセス2世のミイラなど，古代エジプトの遺品を多く所蔵することで知られる。同博物館の建物は1902年の建設であるが，老朽化と狭隘化が進み，この館の所蔵品はギザのピラミッド近くに建設された大エジプト博物館（グランド・エジプト・ミュージアム）に引き継がれた。この博物館は，2022年の完成時において規模の上で世界最大の博物館となっている。

**（2）20世紀における博物館の展開**

　20世紀に入ると，1908年にウガンダ博物館が開館，1910年にはケニア国立博物館の前身となる東アフリカ・ウガンダ博物学協会の博物館が開設され，1930年に元ケニア総督ロバート・コリンドンの名を取ってコリンドン博物館と改称される。同館が，ケニア国立博物館に改組されるのは1963年になってからのことである。

　この間，1934年にダルエスサラーム国立博物館（タンザニア国立博物館の前身），1934年には当時の北ローデシア（現在のザンビア）にデイヴィッド・リヴィングストン記念博物館（現在のリヴィングストン博物館）が開館している（図4-6）。ナイジェリアでは，1945年にエシエに最初の博物館が設置されている。1952年には，ノクで発見されたテラコッタの遺物を収蔵するため，ジョスに最初の国立博物館が建設された。この後，ガーナ国立博物館はガーナの独立の年，1957年に開設されているが，多くの国が独立し，「アフリカの年」と言われる1960年以降，各

**図4-6　リヴィングストン博物館**
旧デイヴィッド・リヴィングストン記念博物館
（ザンビア・リヴィングストン　2005年8月撮影）

国で国立博物館が設立され，さらに国内諸地域にも博物館が設けられて，そのネットワーク化が進んでいる。

## （3）欧米に収蔵されるアフリカの文化遺産

　アフリカにおける博物館を考えるとき，アフリカ各地の重要な文化財がアフリカの中でなく，むしろ欧米の博物館に多く収蔵されているという現実を忘れてはならない。エジプトで発見されたロゼッタ・ストーンがイギリス・ロンドンの大英博物館に収蔵されていることはよく知られている。ナイジェリアに13世紀ごろから栄えたベニン王国は，1897年，イギリスの遠征隊により征服され，王宮に所蔵されていた真鍮製の頭像や壁面装飾盤，象牙製の品など，貴重な宝物が遠征軍の手で大量に接収された。それらの宝物は，現在，イギリスの大英博物館（図4-7），ドイツ・ベルリンの民族学博物館など，欧米の博物館・美術館に所蔵され，現地ベニン・シティはもとより，ナイジェリアにもわずかしか残されていない。同様の現象は，例えば，多くの作例がフランスやアメリカ

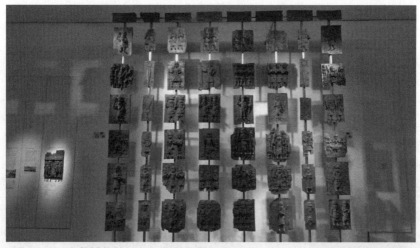

図4-7　大英博物館アフリカ展示場に展示されたベニン王宮の壁面装飾盤
（ロンドン　2017年8月撮影）

のミュージアムに蔵されている，マリ・ジェンネ出土のテラコッタ製人像にも当てはまる。そのジェンネでは，大規模な盗掘が今も後をたたない。

　こうした現象を取り上げるとき，これまでは次のような主張がよくなされた。つまり，「現地アフリカに置いておくと，盗まれたり，風化するままに置かれる。一方，それをヨーロッパやアメリカのミュージアムで保存すれば，人類共通の遺産として未来の子孫に残せるのだ」というものである。しかし，今や，そうした主張が通用しなくなりつつある。それぞれの遺産はそれぞれの国で博物館を作って，そこで保存する。外に出す必要はない。そのような状況が新たに生まれ始めている。

## （4）文化遺産の返還

　博物館が所蔵する文化遺産の返還の動きも活発化しつつある。上述のナイジェリアでも，現在，ベニン王国の都ベニン・シティの王宮内にエド西アフリカ美術館（Edo Museum of West African Art：EMOWAA）という新しい美術館を作り，世界各国に分散しているベニンの頭像や壁面装飾盤などの美術作品を収容しようという計画が開始された（Hicks, 2020）。

　この計画は，大英博物館をはじめとする欧米の博物館，ナイジェリア国内の博物館，そしてベニン王室，エド州政府，ナイジェリア政府の代表で構成する「ベニン・ダイアローグ・グループ（BDG）」というコンソーシアムの手で進められている。まずは，王宮内の発掘調査から始め，先に収蔵施設を稼働させて，美術館の完成・公開は2025年を予定しているという。大英博物館はもちろん，ベルリンの民族学博物館などドイツの博物館も，所蔵するベニンの作品の「返還」もしくは事実上の返還となる「長期貸与」を約束し，ベニン・シティの新たな美術館での作

品の収蔵と展示の実現に協力することを言明した。植民地支配の苦難の経験をのりこえ，博物館のネットワークによる協力を通じて，未来に向けた新たな関係を生み出そうという努力がようやく始まろうとしている。

　時代はさかのぼるが，実は，こうした博物館収蔵資料をその来源元の社会（ソース・コミュニティという表現が使われる）へ返還するという動きの先駆けとなったのは，カナダのグロリア・ウェブスターによる活動であった。カナダのブリティッシュ・コロンビア州北西海岸，アラート・ベイのクワクワカワクゥのコミュニティに生まれた彼女は，父親のダン・クランマーの手からカナダ政府が取り上げたポトラッチ関係の文化遺産の返還を実現した人物として知られている。アジア・アフリカの博物館の動向を論じるこの第4章ではあるが，それらの動向が世界の他の地域の動きとつながっていることを確認するためにも，ここでこのカナダでの動きに言及しておきたい。

　1921年，ダン・クランマーは，史上最大規模のポトラッチを主催した。ポトラッチとは，出産，結婚，葬儀，あるいは首長位への就任といった，人の人生の節目の機会に踊りを催し，その場で家族が所有する財産を披露するとともに，莫大な贈り物を会衆にふるまう，という儀式である。当時のカナダ政府は，ポトラッチを富を浪費するだけの「野蛮」な風習として，これを取り締まろうとしていた。ダン・クランマーは逮捕され，法廷で有罪を宣告されて，その儀式で用いられたすべての財産を政府に譲り渡すことを迫られる。クランマーは，不本意ながらも財産の放棄に同意した。こうして，仮面や彫刻，毛布等，クワクワカワクゥの貴重な文化財・文化遺産が，政府の手に渡ることになった。このとき，クランマーには，モノを手放しても，それを作る知識と技術があるかぎり，自分たちの文化は守りうるという判断があったという。政府の

手で接収された仮面や彫刻は，オタワの人類学博物館（現在のカナダ歴
史博物館）やトロントのロイヤル・オンタリオ博物館に収められること
になった。

　ダン・クランマーの娘で，ブリティッシュ・コロンビア大学の人類学
博物館での勤務経験を持つグロリア・ウェブスターは，1975年に故郷ア
ラート・ベイに戻ったのち，接収された文化財の返還運動を根気強く展
開した。そして，1990年，ついに返還を実現し，その文化財を収蔵する
施設としてウミスタ文化センターを設立した（図4-8）。このセンター
は現在地元の人たちによって運営されているが，自分たちの有形の遺産
を収蔵・展示するための機関というだけでなく，言語教育プログラムや
文化伝承のプログラムといった無形の遺産を継承するための実践を通じ
て，文字どおりの地元の「文化のセンター」として機能している。

**図4-8　返還された仮面の前で演じられる仮面舞踊**
着用されている仮面は新たに製作されたもの。
（ウミスタ文化センターにて。カナダ，アラート・ベイ　2009年9月撮影）

　グロリア・ウェブスター自身は，このセンターを中心とする活動や国内外での展覧会活動を継続する一方，1992年からはカナダ文明博物館（現・カナダ歴史博物館）の先住民族展示ホール諮問委員会委員として，同博物館の新たな先住民族文化の展示の実現にも尽力した。

　ウェブスター氏が筆者に語ってくれたことであるが，彼女は，大規模な博物館が所有する先住民の文化遺産をすべて先住民社会に返還することは非現実的であると同時に，その必要もないと言う。むしろ，それらの博物館がコレクションを維持・公開することで，先住民文化がより多くの人びとの目に触れるとともに，博物館と先住民とのあいだの意義ある共同作業の機会も増えるとして，博物館の役割を積極的に評価している。彼女らがポトラッチの文化財の返還を求めたのも，それを取り戻して使うのが目的ではなく，連邦政府の違法性を正すのが本意であったと明言する。実際のところ返還された仮面や彫像は，使用できる状態ではなかった。しかし，伝承されていた技術を用いて人びとは新たな仮面や彫像を作り，現在ではアラート・ベイのポトラッチは完全に復活を遂げている。

　このエピソードは，文化の継承のためには，有形の遺産とともに，それにまつわる知識や技術という無形の遺産の伝承がいかに重要であるかを我々に教えてくれると同時に，博物館からソース・コミュニティへの有形の遺産の返還が，それだけに留まるのでなく，両者のあいだの新たな交流の始まりであるということを示している。そしてそれから30年を経た今，その動きがカナダ国内に留まらず，ヨーロッパ・アメリカとアフリカという地球規模での新たな関係の構築の動きにつながってきているのである。

# 3. アフリカにおけるコミュニティ博物館の建設競争

## （1）コミュニティ単位の祭りの創成

　このカナダ北西海岸での例も含めて，アメリカ，そしてアジア，アフリカの各地で，1980年代以降に見られるようになった現象として，個々の民族，個々の地域での「自己の文化」「自己の歴史」に対する関心の高まりとともに，民族単位やコミュニティ単位での博物館建設競争が展開されるようになったことが挙げられる。それは，文化の展示の権利，ひいては文化遺産の管理の権利を，文化の担い手の側へ取り戻そうという動きと言ってもよい。

　ここでは，筆者が深く関わってきたアフリカの例をひこう。西アフリカ，カメルーン高地に今も残るバムン王国では，ンジョヤ王が20世紀初頭に建てたドイツ式の王宮を博物館に改修し，王国の宝物を1983年から公開し始めた。この王宮博物館は儀礼のたびに，展示されている器物を持ち出して実際に用いるという，文字どおりの生きた博物館として機能している。また隣接するバフツ王国も，植民地時代にドイツの手で築かれた王宮の正殿を博物館に改装し公開を始めている。一方，高地の中部に位置する小国バブンゴ王国では，歴代の王が手ずから彫った木彫を山積みにした一画をミュージアムと名づけ，それらの「作品」の販売に努めている。

　南部アフリカのザンビアでも同様の動きが目立ってきている。ザンビアでは1980年代，主要民族が「伝統を始めよう」をスローガンに競って民族単位の新たな祭りを生み出していった。西部州におけるロズィ王国の王宮の移動の祭典クオンボカや，北部州におけるイラ人の祭りウムトゥンボコなど，比較的古い時代からある祭礼と対抗するため，1980年に東部州の民族ンゴニの人たちがンチュワラという初穂の祭りを再興す

る。それを受けて，以後，1984年にその隣のチェワ人の祭りクランバ，1988年ンセンガ人の祭りトゥインバなど，数々の祭りが創出されていった。

　筆者は，第1回のクランバに立ち会った。「伝統を始めよう」をスローガンに，本来は葬儀の際に踊られる仮面舞踊と，女性の成人儀礼の際に踊られる女たちの踊りを，それぞれの地域のチーフが王様に奉納するという，新たな祭りが作り上げられた。一方，その隣に住むンセンガ人の祭りトゥインバは，当時の王カリンダ・ワロが，自ら調査チームを立ち上げ，雨乞いについて古老たちから歌や伝承を集めて，自分で式次第を考え出した，まったく新しい祭りである（図4-9）。興味深いのは，こうした新たな祭りが，その時期と意味合いをそれぞれ別々のものになるように，お互いで差異化している点である。ンゴニのンチュワラは，初穂の儀礼，つまりその年の初めての実りを祝う儀礼であるから雨季の

**図4-9　ンセンガ人の王カリンダ・ワロが創始した祭り，トゥインバ**
（ザンビア・ペタウケ　1993年9月撮影）

さなかに行われる。チェワのクランバは，収穫の祭りであるから，乾季の初めに行われる。そして，ンセンガのトゥインバは，雨乞いの祭りとして雨季を控えた乾季の終わりに開催される。時期をたがえるのは，さもないとテレビで大きく報道されない，大統領や関係の大臣の臨席が仰げず，重要な陳情の機会を逃すといったことが背景にあるという。政府も，直接的に資金援助をすることはなかったが，そうした大臣の隣席や，近隣の王，チーフたちの相互訪問のための交通手段を提供するといった形で，その動きを支援していった。結果として，現在ではザンビアに73あると言われる民族のほぼすべての集団が独自の祭りを持つようになっている。

## （2）コミュニティ博物館への挑戦

　こうした祭りの創生は，1990年代に入って一段落する。そして，その1990年代の後半になると，今度は，各民族がそれぞれの民族の手によるそれぞれの民族の文化の展示を目的とした博物館の建設で競い合うようになる。祭りは一時的なものなので，そこで用いるような自分たちの遺産を，祭りを開く場所の近くで恒久的に展示しようという動きが起こってきたのである。いち早く完成したのが，南部州のトンガ人の文化を対象としたチョマ博物館，そして王宮を移動する祭りを行っているロジの人びとが川岸の王宮の隣に設けたナユマ博物館である。ンゴニ人のコミュニティ博物館も，「ンスィンゴ・コミュニティ・ミュージアム」という名で，2018年の春に完成をみた（図4-10）。

　チェワでも同じような動きが見られる。先に紹介したチェワ社会に見られるニャウという仮面結社の舞踊グレワムクル——筆者が加入儀礼を受け，メンバーになっている仮面結社ニャウの踊りである——が2005年，同じザンビアのルヴァレの人たちの割礼儀礼にまつわる仮面舞踊マ

キシとともに，日本の歌舞伎などと同時に，ユネスコの「人類の口頭伝承および無形遺産に関する傑作の宣言」（現在の「人類の無形文化遺産の代表一覧表」）に記載された。それをきっかけに，このチェワでも，またルヴァレでも，それぞれ，祭りの場に博物館を作ろうという計画が動き出し，既に設計図も出来上がってきている。

　このように，世界遺産やユネスコの無形文化遺産という制度にも後押しされる形で，今，ザンビアでは民族単位の博物館の建設競争が始まっている。5，6年以内に，またすべての民族集団がそれぞれの博物館を持つという状況が生まれそうな勢いである。

　重要なことは，こうした民族単位の博物館が想定している観客は，外部の観光客というよりも，地域の住人であり，そこで住人たちのあいだにそれぞれの民族の文化に対する誇りを醸成し，さらにはそれらの文化の継承を図っていこうとしているという点である。

　とはいえ，大多数の住民にとって，また博物館の建設計画を進めようとしている当事者たちにとっても，博物館という装置はけっしてなじみ深い存在ではない。はたして，こうした博物館というのは地域に根付くのだろうか。その点が大きな課題になるのは明らかである。

　こうした問題意識から，筆者は，2019年8月に，上述のンゴニの人びとが2018年に開館にこぎつけたンスィンゴ・コミュニティ・ミュージアムの現地で，その創設に関わった村の人びとを招いて，ワークショップを実施した（図4-10）。

　ンスィンゴ・コミュニティ・ミュージアムは，ザンビアの国立博物館のキュレーターが指導しながら立ち上げた博物館であるが，村人は全員，それまで博物館というものを見たことのない人たちであった。

　ワークショップに参加してくれた村人の中で，二人の男性の老人の言葉が特に印象に残っている。「どうして，この博物館づくりに協力しよ

**図4-10　ンゴニ人のコミュニティ博物館「ンスィンゴ・コミュニティ・ミュージアム」**（現地ワークショップを終えて。ザンビア・フェニ2019年8月撮影）

うと思ったのですか」という筆者の質問に，一人の古老は，「自分が死ねば自分が持っている知識も技術も一緒に死んでしまう。けれども，ここに自分の使った道具を持ってきて，その作り方や使い方を，博物館の人に書きとっておいてもらえば，その知識や技術は孫子の世代まで生き残っていく。だから私は，自分の道具をここに持ってきて，カードに記録を書き残してもらったんだ」と答えた。

　また，筆者の「自分がいつも使っている道具を博物館に持っていって展示するということに，抵抗はありませんでしたか」という問いに，もう一人の古老は，「博物館に持っていっても，私の道具はそのまま私の道具であり続けている」という答えを返してくれた。

　博物館というものの存在，可能性を，村の人たちが的確に理解してお

られることに感動を覚えた。コミュニティに根差したミュージアム，コミュニティ博物館のこれからの可能性を教えられた貴重な機会であった。

## 参考文献

吉田憲司 「伝統の創成と開かれたアイデンティティ——中南部アフリカ・ザンビアにおける民族集団の動きから』飯田卓編『文明史の中の文化遺産』（臨川書店，2017年）

Hicks, Dan. (2020) *The Brutish Museum : The Benin Bronzes, Colonial Violence, and Cultural Restitution.* Pluto Press.

# 5 | 日本における博物館の歴史

吉田憲司

≪**学習のポイント**≫　日本における博物館の歴史と現状について論じる。具体的には，明治以前の日本におけるコレクションの様相に始まり，明治初頭における博物館の創設，そして現代の博物館・美術館まで，日本における博物館の展開を跡づける。
≪**キーワード**≫　万国博覧会，内国勧業博覧会，帝室博物館，東京国立博物館，近代数寄者，私立美術館，国立民族学博物館

## 1.　日本における初期のコレクション

　「博物館」ないし「美術館」という概念と制度は，いまさら言うまでもなく，明治以降に日本に輸入されたものである。しかし，その「博物館」「美術館」の根幹をなす収集と展示という行為そのものは，古くから日本に存在する。
　古代以来のコレクションの例として，まず想起されるのは，正倉院の御物であろう。正倉院は，聖武天皇の死後，光明皇后が追善のため天皇の遺品を東大寺に奉納したのが始まりである。その後，天皇の生前，東大寺の大仏開眼会で用いられた儀礼用具や東大寺関係の文書なども加わり，皇室の保護のもとに現代にまで伝えられた。この正倉院に限らず，日本各地の寺社には献納品が集積され，伝世されてきている。また，中世以降になると，武家の手で書画や能装束，さらに茶道具のコレクションが築かれていく。茶道具のコレクションは時代とともに，町人の間に

も浸透していった。

　もちろん，日本に博物学的なコレクションがなかったわけではない。とりわけ，江戸時代も半ばになると，古くから存在した本草学が，幕府や諸藩による国産品開発の動きに合わせて博物学的な色彩を強め，物産学として形をなしていく。その物産学の情報交流の場，物産の展示の場として開かれるようになったのが，物産会あるいは薬品会である。

　また，展示という行為そのものも，江戸期の日本にすでに広く根づいていた。社寺による出開帳や見世物の流行がそれである。出開帳とは，各地の社寺の宝物を江戸や大阪に運び，そこで一般に公開するものを言う。出開帳のほか，社寺の縁日や祭礼に合わせて繰り広げられる見世物も，江戸時代を通じて，人びとにとっての重要な娯楽のひとつとなっていた。珍獣や奇人の展示，つくりものの陳列など，意表を突く数々の見世物は，庶民の好奇心の格好の的になった。こうした出開帳や見世物を見るという慣習が，江戸期の日本にはすでに成立していた。このことが，物産学を通じた博物学的コレクションの形成とともに，明治以降の博物館創設の基礎となったのは間違いない。

## 2.　草創期の東博

　幕末の時期，条約批准のため遣米使節，遣欧使節が派遣されるが，その機会に使節団は欧米の博物館に接することになる。特に1862（文久2）年，竹内保徳遣欧使節団に同行した福沢諭吉は，その見聞をまとめた『西洋事情』（1866《慶応2》年）の中で，いち早く「博物館」という言葉とともに「博覧会」という言葉を用いて，それぞれのあり方を紹介した（福沢，1866）。

　東京国立博物館（東博）は，その創立を1872（明治5）年に湯島聖堂内の大成殿において文部省博物館が開催した「博覧会」に求めている。

湯島の「博覧会」は，政府の行った初めての博覧会であった。また，正式に「博物館」を名乗った組織は，この博覧会の主催者である文部省博物館を嚆矢とする。

折しも，その翌年，1873（明治6）年にウィーンで開かれる万国博覧会に日本政府が参加することになり，「博覧会」の展示物の収集は，このウィーン万博への出品物の収集と合わせて実施された。中心となったのは，それぞれに滞欧経験を持つ，佐賀藩出身の佐野常民，尾張藩出身の田中芳男，薩摩藩出身の町田久成らであった。

図5-1（口絵1）は，その「博覧会」の様子を描いた錦絵であるが，動植鉱物の標本以外に，書画や武具，楽器や装束など，雑多な展示物の並んでいたことがうかがえる。尾張徳川家から皇室へ献納された名古屋城天守閣の金の鯱が呼び物となり，会期中におよそ15万人の入場者を数えた。この「博覧会」は閉会後も1と6のつく日に開館し，「博物館」として常設化された。東博がこの「博覧会」に創立の時点を求めているのは，このためである。

金鯱はウィーンへも渡った（図5-2）。ウィーン万博での日本の展示

**図5-1　《古今珎物集覧元昌平坂聖堂に於て》（部分）**
（国輝（二代）1872（明治5）年　木版　個人蔵）

**図5-2　ウィーン万博日本品陳列所**
（1873（明治6）年　（『墺国博覧会参同紀要』1897年より））

物は，そのほか，鎌倉大仏の張り子をはじめ，漆器，織物，陶磁器など
工芸品を主にして構成された。工芸品を中心に据えたのは，日本の未熟
な機械産業の産品に代わって，繊細な細工の工芸品を前面に打ち出そう
としたためであるが，その狙いは当たり，日本の工芸品は高い評価を受
けた。こののち，日本政府は工芸品の生産・輸出を積極的に推し進めて
「殖産興業」を図っていく。なお，ウィーン万博はまた，その出品規約
の翻訳作業を通じて，初めて「美術」という語を日本語の中に導入した
という点でも，記憶されるべき博覧会である。

　ウィーン万博への参加ののち，1875（明治8）年3月に文部省博物館
は博物館と改称されて内務省の所管となる。一方，文部省のもとでは，

東京博物館が設置される。のちの東京教育博物館，現在の国立科学博物館（科博）である。

　博物館と同じく内務省の所管で内国勧業博覧会が実施されることになったのをステップに，恒久的な大規模博物館建設の構想が実現に向けて動き出す。上野公園で開かれた1877（明治10）年の第1回内国勧業博覧会では美術館──「美術館」という名称が用いられたのはこれが初めてである──，農業館，機械館などが設けられた。そして，1881（明治14）年3月には，新しく博物館の建物を建設し，それを会場の一つとして，第2回内国勧業博覧会が開催され，その博覧会終了後の翌1882年3月に新博物館が開館することになる（図5-3）。この段階で，博物館は新たに設けられた農商務省の所管となっている。新博物館の展示は，天産，農業山林，工芸，芸術，史伝，図書の6部から構成され，付属動物園や有用植物園，書籍室も併設された。新たな博物館は古今の天造人工の諸物を総覧する，文字どおりのユニバーサルな機構として誕生したと言っ

**図5-3　上野博物館遠景之図**
（J.コンドル筆　明治時代　東京国立博物館所蔵）

てよい。

## 3. 帝室博物館へ

　状況を大きく変えたのは，1885（明治18）年に内閣制度が発足し，政府と帝室が分離されたのを受けて，翌年3月，博物局博物館が宮内省に移管されたことである。1889（明治22）年には博物館は帝国博物館と改称され，合わせて帝国京都博物館，帝国奈良博物館も設置された。さらに，1900（明治33）年には帝室博物館と改称される。こののち，1947（昭和22）年までのほぼ半世紀にわたり，この帝室博物館という名称が維持されることになる。

　博物館の帝室への移管を機に，博物館の運営は「殖産興業」政策から完全に分離し，「宝物」の収集と保存に急速に傾いていく。帝国博物館の総長に就任した九鬼隆一が，宮内省の臨時全国宝物取調局の委員長であったことも大きな要因となった。博物館は，歴史，美術，美術工芸，工芸，天産の5部から構成されることになり，美術・工芸の比重が一挙に高まる。美術部長には，東京美術学校幹事の岡倉天心が兼任で迎えられ，全国の宝物調査も九鬼と岡倉とのコンビによって進められていく。

　九鬼と岡倉の主導のもとに帝国博物館が進めたもう一つの重要な事業が，日本美術史の編纂である。1900（明治33）年にパリで開かれる万国博覧会に古美術品とともに出品するための日本美術史の編纂の依頼が帝国博物館に対してなされた。これを受けてまとめられたのが，『稿本日本帝国美術略史』（フランス語版　*Histoirede L'art du Japon*）である（東京帝室博物館，1899）。「日本美術史」は，海外に向けて日本が訴えようとした「自文化」のイメージとして誕生したのである。

　『稿本日本帝国美術略史』は，その名のとおり，帝国の美術の変遷を説くものとして，天皇にかかわる美術を中心に各時代の権力者たちの

「宝物」によって構成された。この書の中で，仏教渡来以前・飛鳥・奈良・平安（弘仁・藤原）・鎌倉・室町・桃山・江戸という時代区分が設けられた。その区分は現在の日本美術史においても基本的に変わっていない。現在，我々が慣れ親しんでいる時代区分とそれぞれの時代の「基準作」は，このとき作り上げられたのである。

　東京帝室博物館と名を変えた東博では，すでに工芸部がなくなって，美術への傾斜がさらに進む。1909（明治42）年には皇太子（大正天皇）の成婚を記念して「表慶館」が建てられ，美術専用の陳列館とされた。

　1918（大正7）年，当時の帝室博物館総長，森林太郎（鴎外）の手で，博物館の展示全体が時代別に再編成される。創立以来，東博は基本的に品目種別による展示構成を取ってきていた（図5-4）。ドイツ留学の経験を持ち，時代別の美術館展示に親しんでいた鴎外は，従来の構成を根本的に改めたのである。図5-5はその「時代別陳列」の様子を示しているが，展示室は上古・飛鳥・奈良・平安・鎌倉・足利・豊臣・徳

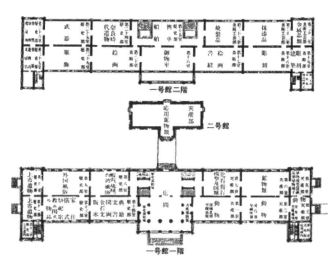

図5-4　1899（明治32）年，品種別による帝国博物館陳列室配置図（部分）
（『東京国立博物館百年史』東京国立博物館，1973年より）

96

川・明治の九つに区分されている。『稿本日本帝国美術略史』の時代区分が，具体的な展示に組み込まれたと言ってよい。そこでは，展示室から展示室へと巡っていくことは，日本の美術の歴史をたどることであり，展示されている作品は，特定の作者による傑作であるとともに，その時代を代表するものとして並んでいる。この，我々の現在の美術経験の基本的なあり方は，第3章で見たとおり，ヨーロッパ美術に関しては，ルーヴルにおいて初めて実現されたものであり，日本美術に関しては，この帝室博物館の展示場の中で初めて組み立てられたのである。

　しかし，このように拡大してきた東京帝室博物館は，1923（大正12）年の関東大震災によって大きな打撃を被る。表慶館以外は使用不能に落ち入った。これを機に，東京帝室博物館は天産部（自然史部門）を廃止して，収蔵品を文部省管轄の東京博物館（のちの国立科学博物館）に移した。また，翌大正13年の皇太子（昭和天皇）の成婚を記念して，動物

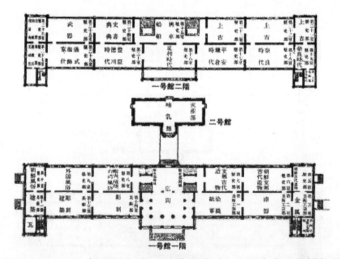

図5-5　1918（大正7）年，時代別陳列による東京帝室博物館
　　　　陳列室配置図（部分）
（『東京国立博物館百年史』東京国立博物館，1973年より）

園を含む上野公園を東京市に，京都帝室博物館を京都市に下賜した。そして昭和天皇の御大典を機に，旧本館に代わる新本館（現在の本館）の建設に着手した。「帝冠様式」の堂々とした建物は，1938（昭和13）年に開館する。

　本館完成と同時に，東京帝室博物館は考古を除いて歴史部を廃止し，「東洋古美術博物館」であると宣言する。本館建設の事業要旨にも「美術こそ一国文化の精粋である」と明記されている（東博，1973，p.458）。帝室への移管以来一貫して進められてきた美術への特化がこの段階で完成したと言ってよい。

　日本はまもなく戦争に突入し，東京帝室博物館の所蔵品も疎開を余儀なくされる。敗戦を経て，1947（昭和22）年５月の日本国憲法の施行に伴い，東京帝室博物館は国立博物館として再出発する。1952（昭和27）年には，さらに東京国立博物館（東博）と改称される。現在の東博は「日本を中心にして広く東洋諸地域にわたる美術および考古資料等の有形文化財を収集・保管して公衆の観覧に供する」ことを，その目的の第一に挙げている。「東洋古美術博物館」としての性格は基本的に維持されていると言ってよい。また，平成館が皇太子成婚を記念して建設されたことが示すように，皇室の慶事に合わせて館を充実させるという伝統もそのまま継承されている。東博はいまもって帝室の宝物館としての性格を受け継いでいる。

## 4. 公立の博物館

　日本の博物館の草創期に設立され，当時の名称を今も継承している博物館に，1882（明治15）年に靖国神社内に設けられた「遊就館」と，1891（明治24）年に伊勢神宮の神域内に設けられた「農業館」がある。「遊就館」は，内務・陸軍・海軍の３省によって運営される「古来の武

器などの展示」施設であった。同館は，第2次世界大戦後，宗教法人靖国神社の管理に移され，現在に至る。一方，「農業館」は，田中芳男が構成・収集にかかわり，農業の祖とされる神宮に農業をテーマとして設けた博物館であり，日本初の産業博物館と言ってよい。

　1897（明治30）年，「古社寺保存法」が制定されたのを受けて，明治後半には，各地の寺社で宝物館の整備が進む。鶴岡八幡宮宝物殿（1897《明治30》年開館），金毘羅宮宝物館（1905《明治38》年開館）などは，その先駆けをなすものである。

　大正期には，各地で動物園の整備が進む一方，全国で約160の博物館が開館している。山口県立教育博物館（1917《大正6》年。現在の県立山口博物館），大阪の市立市民博物館（1919《大正8》年。のちに大阪市立美術館に改組）など，公立博物館の整備とともに，この時期，日本が獲得した植民地でも博物館の建設が進む。いち早く設立されたのは，1908（明治41）年の台湾総督府博物館であるが，大正期に入って，1915（大正4）年の朝鮮総督府博物館，1917（大正6）年の樺太庁博物館，1926（大正15）年の満州資源館と開館が続く。

　昭和初期には，関東大震災からの復興と昭和天皇即位の大典を機に，全国的な規模で博物館建設の促進が図られる。運動の中心となったのは，1928（昭和3）年に結成された「博物館事業促進会」，現在の「日本博物館協会」であった。この時期，1926（大正15）年に開館した東京府美術館（現在の東京都美術館）に続いて，1933（昭和8）年に大礼記念京都市美術館（現在の京都市京セラ美術館），1936（昭和11）年に大阪市立美術館も開館している。ただ，いずれも設立当初は独自のコレクションの保存・公開施設というよりも，美術団体への貸しギャラリーとしての性格が強く，後々まで独自のコレクションの形成を課題として残すこととなる。

## 5. 個人コレクションの行方，私立の美術館

　古代以来，皇室や武家など日本の権力者が作り上げたコレクション
を，ヨーロッパの王侯貴族のコレクションと比較して気づくのは，自然
物と人工物を総覧するような性格のものがどの時代にも見当たらず，そ
の収集の対象が限定されていることである。先にも見たとおり，ヨーロ
ッパのコレクションは，王侯や貴族，後には植民地の宗主としての国家
が，自らの力を誇示するものとして形成された。したがって，それを使
うかどうかは問題ではない。むしろ，使わぬことにこそ意味があった。
それに対して，日本の権力者たちが築き上げたコレクションは，時代を
問わず，書画にしろ，能装束にしろ，茶器にしろ，いずれも使うこと，
すなわち「用」が前提になっている。また使用することが目的であるか
ら，それを広く一般に公開展示するということは想定されていない。こ
のことは，権力者が公衆の面前に出るのでなく，むしろ自らの姿を隠す
ことによって権威と権力を維持してきたという，日本の政治のあり方と
つながっているのかもしれない。

　同様の傾向は，近世以降に成立する町人のコレクションにも指摘でき
る。ヨーロッパでは，港町のあるところでは，必ずと言ってよいほど，
異国の珍品が集積され，それが民族学博物館や自然史博物館に収められ
ていった。しかし，日本では，あの堺においてすら，そうしたコレクシ
ョンは形成されなかった。コレクションは茶器に集中し，狭いサークル
の中だけで珍重されていく。

　明治維新後，茶の湯は急速に衰退した。また，廃仏毀釈の動きの中
で，日本の美術品が極めて安価に市場に出回り，大量に海外へ流出す
る。そうした状況に歯止めをかけ，茶の湯の復興と美術品の収集とを合
わせて進めていったのが，いわゆる近代数寄者たちである。近代数寄者

とは，政界や財界で活躍し，豊かな財力を背景に，趣味として茶の湯を楽しむとともに，名物道具に徹底してこだわった人びとを言う。中でも，その第一人者が，三井の総帥，益田孝（鈍翁，1848〜1938）である。

　益田鈍翁は，弘法大師筆の崔子玉座右銘十六字の断簡を入手したのを記念して1895（明治28）年に茶会を催したが，その茶会は以後「太師会」と称されて毎年開かれるようになる。鈍翁は，これに先立って1887（明治20）年，東京品川御殿山の邸内に，名古屋市郊外の明眼院の書院（1742年建立）を移築している。室内に丸山応挙の障壁画が残ることから，応挙館の名がある（図5-6）。太師会では，邸内の茶席に茶を用意するとともに，この応挙館に所蔵の名品を展示して披露した。鈍翁が入手した名品と言えば，千利休から伝わる名物「赤楽　銘一文字」，仁清作「色絵金銀菱重茶碗」など数千点に及ぶ茶器のほか，のちに国宝に指定される「源氏物語絵巻」「紫式部日記絵巻」「十一面観音画像」，手鑑「韓墨城」，のちに重要文化財に指定される「過去現在絵因果経断簡」「地獄草子断簡」など，枚挙にいとまない。莫大な財を投げうって築か

図5-6　応挙館（東京国立博物館庭園内）

れた，これら鈍翁のコレクションは，鈍翁の死後，各所に散逸する。品
川御殿山邸内の応挙館は，すでに鈍翁生前の1933（昭和8）年，宮内省
に献納され，その3年後に現在の場所，すなわち東京国立博物館の敷地
内に移築されていたが，先駆者・益田鈍翁のコレクションを擁する美術
館が築かれることはついになかった。

　1917（大正6）年には，私立の美術館第1号が開設されている。大倉
集古館である。美術品の海外流出を憂え，自ら東洋古美術の収集を進め
た大倉組（現大成建設）創業者の大倉喜八郎が，その収集品を公開した
ものである。日清・日露の2度の戦争をへて，日本社会では工業化が急
速に進展し，企業家たちの活動も活発化してきていた。それら企業家た
ちの中から，美術品の収集を進める動きが出てきたのである。松方幸次
郎（川崎造船所初代社長）がイギリス・フランスで西洋近代の美術の収
集を進め，いわゆる松方コレクションを築いたのがこの時期であるし，
大原孫三郎（倉敷紡績社長）が西洋美術の作品を集めたのも大正年間で
ある。一方，嘉納治兵衛（白鶴酒造七代）や根津嘉一郎（東武鉄道社
長），それに小林一三（阪急電鉄創業者，1873〜1957）や五島慶太（東
急社長，1882〜1959）らは，日本・東洋の古美術の収集に情熱を傾け
た。松方コレクションを除き，これらのコレクションは，昭和に入って
のち，それぞれ大原美術館（1930《昭和5》年），白鶴美術館（1934
《昭和9》年），根津美術館（1940《昭和15》年），逸翁美術館（1957
《昭和32》年），五島美術館（1960《昭和35》年）として公開されること
になる。なお，益田鈍翁旧蔵の品も，その一部がこれらの美術館に受け
継がれている。

# 6.　民具と民藝

　大正時代，こうした古美術のコレクションとは性格を異にするコレク

ションが成立する。「民具」と「民藝」のコレクションである。「民具」という言葉の淵源は，渋沢敬三（1896～1963）が作り上げたアチック・ミューゼアムに求められる。アチックとは言うまでもなく屋根裏部屋のことであるが，1921（大正10）年に，渋沢が自身で集めていた博物，すなわち動植鉱物の標本を東京・三田の自邸内の物置の屋根裏部屋に集め，博物館としたことから，この名がつけられた。博物館の設立後は，渋沢のもとに集まった研究者らの手で郷土玩具を手はじめに日本各地の生活用具が集められ，最終的には約1万点のコレクションに成長した。庶民の生活用具の意で「民具」という語が生み出されたのも，この収集と研究の過程でのことである。アチック・ミューゼアムのコレクションの大半は，その後，日本民族学会附属民族学博物館，文部省史料館を経て，現在は大阪・千里の国立民族学博物館に所蔵されている。

　「民藝」という概念も，民具という概念とほぼ同時期に成立している。1926（大正15）年に柳宗悦（1889～1961），富本憲吉，河井寛次郎，濱田庄司によってまとめられた「日本民藝美術館設立趣意書」に始まる民藝運動は，人びとの生活の中で用いられる器物に「健康な美」を見出し，そのような美を備えた器物を「民衆的工藝」の意で「民藝」と名づけて，その保存と存続を図り，その美を現代生活の中に広げようとした運動である。そして，その活動の中から1936（昭和11）年に日本民藝館が誕生する。

　「民具学」と「民藝運動」は，このように，互いに異なる方向を志向しつつも，民衆への関心，生活用具への注目という点では，相互に重なり合うものを持っている。実は，この時期，「民具」と「民藝」のみならず，「民」という言葉を冠した語彙が，日本語の一般的な語彙の中に一斉に登場してくる。「民謡」「民話」「民俗」「民俗学」などである。同じ時期に「郷土」という言葉もまた誕生している（柳田，1998，

pp.131-132)。産業革命の進展に伴う離農の増加，農村社会の解体という状況に直面し，農村の再評価・再活性化という要請がその背後にあったことは容易に想像できよう。「民具」と「民藝」のコレクションの成立も，そのような動きの一環として理解できる。

## 7. 宗教者のコレクション

　昭和に入って，宗教者による巨大コレクションが形成されている。その一つは，天理教2代真柱中山正善（1905〜1967）が主導して築き上げたコレクションである。天理教の海外への普及に熱心であった中山正善は，布教に携わる人材には，言語の習得だけでなく，現地の風俗・慣習を学ぶことも不可欠であると考え，外国語学校（天理大学の前身）を設立するとともに，現地で「日々の生活上使用するもの」の収集を始める（田中，1981，p.307）。そして，1930（昭和5）年にそれまで収集した中国の「民俗資料」を納めた「海外事情参考品室」を開設した。いまの天理大学附属天理参考館である。戦前の段階で，中国大陸のほか，台湾，朝鮮半島，東南アジア，インド，メキシコ，パプア・ニューギニア等の資料が集積されているが，戦後には考古学資料や古美術品も加わり，現在では総計30万点に及ぶ大コレクションが形成されている。

　宗教者による収集で，いまひとつ注目されるのが，岡田茂吉（1882〜1955）によるコレクションである。世界救世教を創始した岡田茂吉は，芸術は「人間の情操を高め，生活を豊かにする」として，美術作品の収集と公開をその活動の骨子に据えた。収集活動は，敗戦直前から開始され，岡田が亡くなるまでのおよそ10年の間に集中して進められた。その対象は茶道具，中国陶器の収集から始まり，最終的には広く各時代の日本美術を通覧する内容のものとなる。その中には，尾形光琳筆「紅白梅図屏風」，野々村仁清作「色絵藤花紋茶壺」，手鑑「韓墨城」の3点の国

宝も含まれる。このうち，手鑑「韓墨城」は，仁清作「色絵金銀菱重茶碗」などとともに，益田鈍翁旧蔵の品である。岡田は，こうしたコレクションの公開の場として，その生前に箱根美術館を開館させたが，同時に熱海にも美術館を建設する構想をまとめていた。熱海の美術館は，1982（昭和57）年に MOA 美術館として開館する。私立の美術館としては国内最大級の美術館となる。なお，同館では，所蔵する茶道具を茶会において実際に用いることとしている。美術館という制度の中でも，モノの本来のあり方を追求するものとして，特筆される例である。

## 8. 博物館・美術館の展開

　第2次世界大戦中に，多くの博物館・美術館が閉館を余儀なくされるが，戦後，数年のうちにその大部分が再開されている。1951（昭和26）年には博物館法が制定される。制定後，文部省が初めて博物館の実態調査を行った1953（昭和28）年段階で，動物園を含む博物館数は201館園と報告されている。

　1950年代には，近代美術館の整備が一挙に進んだ。いち早く開館したのは，1951（昭和26）年開館の神奈川県立近代美術館であるが，その後，1952（昭和27）年に国立近代美術館（1976《昭和51》年に東京国立近代美術館と京都国立近代美術館に分離）が開設され，1959（昭和34）年には，先に触れた松方コレクションを基礎に国立西洋美術館が開館する。

　高度経済成長に裏打ちされて，1960年代から1970年代には県立の博物館が競うように新設・拡充された。一方，1980年代に入ると県立の美術館，市町村立の博物館の新設が相次ぐ。

　ひるがえって，日本における民族学博物館の設立は，1935（昭和10）年に渋沢敬三と白鳥庫吉によって計画されたが，実現することはなかった。まもなく1938（昭和13）年に東京・保谷（現在の西東京市）に日本

民族学会の付属博物館が設けられ，渋沢が自邸内に設けていたアチック・ミューゼアム所蔵の日本の民具資料が移された。この博物館には，その後，第2次世界大戦中の閉鎖期を挟んで，戦後に派遣された東南アジアへの調査隊の収集資料も収められた。しかし，施設の老朽化には勝てず，この博物館の資料は，将来国立の民族学博物館が設立されたときには同館に移管するとの要望を添えて1962（昭和37）年に国に寄贈された。

　国立民族学博物館（民博）は，1970（昭和45）年大阪万博の跡地に，1977（昭和52）年になって開館する（図5-7）。民博は，万国博覧会の展示品をひとつの核として設立されるという，欧米の民族学博物館成立のパターンを踏襲したことになる。

　民博の開館は，日本において，世界の諸文化を展望する初めての場を提供することとなったが，同時にそれは，日常に用いられる生活用具が博物館における収集と展示の対象となることを示したという点で重要な意味を持つ。こののち，企業による製品の保存や展示を目的とした企業

**図5-7　国立民族学博物館**

博物館の建設が一気に進んでいく。

　1977（昭和52）年の開館以来，30年間大きな変更なく公開されてきた民博の常設展示は，諸民族の文化を序列化せず，世界の諸地域の文化の特徴を示すという視点から，主として伝統的な生活用具に焦点を当て，そのバリエーションを大量の展示物で紹介するというものであった。それは，見る者を圧倒する迫力を持ったものであったが，モノは大量に並んでいるが，それを生み出し，日々使っている人びとの実際の暮らしぶりが見えない，という批判も耳にした。この間，世界の情勢も，博物館を取り巻く環境も大きく変化した。こうした変化を受けて民博では，2008（平成20）年度から開館以来の常設展示の全面的刷新に取り掛かり，毎年二つの展示場を刷新して，2017（平成29）年３月をもってその作業を完了した。開館以来続いてきた民博の展示は，20世紀の文化人類学が標榜してきた文化相対主義的な民族誌展示を，世界で最も徹底的に実現したものと位置づけられる。しかし，それはまた，それぞれの地域があたかもそれ自体で閉じ，独特の文化だけを持っている，といったイメージを作り上げてしまったという点も否めない。実際には，世界のどこの文化も外の世界とつながりを持ち，日々変化してきた。そうした反省に立ち，新たに構築するしい展示では，世界諸地域の文化の多様性を尊重しつつ，

　・地域と世界，地域と日本のつながりがわかる展示
　・歴史的展開の結果としての現代を示す展示
　・同時代人としての共感を育む展示
　・展示する側と展示される側の共同作業による展示

を目指すことにした。展示する側と展示される側の共同作業という点で

言えば，筆者が直接担当したアフリカ展示に関しては，アフリカ8カ国の博物館や大学の研究者に展示アドバイザーになってもらい，定期的に会合を重ねて展示を作り上げた。また，アフリカ展示の「働く」のセクションでは，一人ひとりの個人に焦点を当て，顔写真とともにその人物が実際に労働に使っている道具の実物をとりつけた等身大パネルを用意し，動画やメッセージ文の中で，それぞれの人物に自分の「仕事」についての思いを語ってもらうことにした（図5-8）。具体的な名前を持った個人として私たちと同じ時代を生きているアフリカの人びとの姿を浮かび上がらせ，同時代人としての共感を育む展示を実現しようとしたのである。第3章で述べた，フォーラムとしてのミュージアムというコンセプトは，たしかに民博の新しい常設展示の中にも具現している。

　以上，この章では，日本の博物館の形成過程を概観してきた。大英博物館やルーヴル美術館の例に見るとおり，そもそも近代の公共博物館・美術館は，国民や市民を形成する装置として案出された。以後，博物館と美術館は，同じくモノの収集・展示の機関であるにもかかわらず，一

図5-8　国立民族学博物館の新しいアフリカ展示場，「働く」のコーナー

方は普遍的な科学を背景として文化を語り，もう一方は普遍的な美を背景として芸術を語る機関として，相互に排他的な制度を生み出してきた。同じ"Museum"という語を，博物館と美術館と訳し分けた日本の我々は，その区別を最も忠実に踏襲したと言わなければならない。

　2022（令和4）年現在，日本において，博物館の新設ラッシュは一応の終焉を迎えたように見受けられる。一方で，2019（令和元）年，ICOM（国際博物館会議）世界大会が京都で開催され，120の国と地域から4590名という過去最多の参加者を迎えて，日本の博物館と世界の博物館の間の関係は新たな段階を迎えた。湯島聖堂での博覧会からおよそ150年，これまでに築き上げた博物館・美術館を，未来に向けてどう活用するのかが，今問われている。

## 参考文献

梅棹忠夫　『民博誕生―館長対談』（中公新書　519）（中央公論社，1978年）

倉田公裕・矢島國雄　『博物館学』（東京堂出版，1997年）

椎名仙卓　『図解博物館史』（雄山閣，2000年）

田中日佐夫　『美術品移動史―近代日本のコレクターたち』（日本経済新聞社，1981年）

東京国立博物館　『東京国立博物館百年史』（東京国立博物館，1973年）

東京帝室博物館　『稿本日本帝国美術略史』（隆文館，1916年（1899）年）

福沢諭吉　『西洋事情』（尚古堂，1866年）

柳田国男　「郷土研究ということ」『柳田国男全集』4，（筑摩書房，1998年（1928）年）

吉田憲司　「民具と民藝・再考」熊倉功夫，吉田憲司編『柳宗悦と民藝運動』（思文閣出版，2005年）

# 6 | 博物館展示のメッセージ性

| 寺田鮎美

≪学習のポイント≫　本章では，まず，博物館という社会存在の意味がどの
ようなメッセージ性を持つのか，展示の意味の伝達と解釈にまつわるメッセ
ージ性にはどのような特性があるのかを基本的な知識として理解する。次
に，都市のランドマーク／歴史的建造物の再生，戦争・平和，震災の記録・
記憶に関して，特色ある博物館展示の事例を確認する。そのうえで，博物館
展示のメッセージ性の現代的な課題を考察する。
≪キーワード≫　メッセージ性，政治，解釈，構成主義，建築，戦争，平和，
災害，負の遺産，多様性，マイノリティー，ジェンダー，巡回展示，地域性

## 1. 博物館展示のメッセージ性とは

### （1）博物館という社会存在の意味

　18世紀後半になると，ヨーロッパ各地で教育的意味合いから，公共の
博物館が成立していく。例えばフランスでは，フランス革命後，アカデ
ミーや学術団体などが廃止されたのに対し，博物館は「展示を見せるだ
けで，知識が即座に伝えられる理想的な施設」と考えられ，「美術と原
理を学ぶユートピア的状況のもとで，この教育方法に反対する動きはほ
とんど見られなかった」（ブーロ，2003，pp.112-113）。このように，博
物館という社会存在の意味の第一義は，長らくその教育的役割にあった
と言える。
　ルーヴル美術館の例では，博物館が国民のナショナル・アイデンティ

110

ティーを効果的に育成する装置として機能したことが注目される（吉荒，2014，p.337）。王の美術コレクションの公開は象徴のパワーによって国家の正当性や威信を発信し，それを見た民衆はモノが可視化して示す歴史や自分の身体的体験から，国民という自己意識を主体的に植えつけた。このように博物館の教育的役割は，時に国民教化のメッセージを発し，政治と強く結びついてきた。この良し悪しは単純には評価できないが，博物館展示を考えるときには，そのような博物館そのもののメッセージ性の特性を理解していくことがまず重要であるだろう。

　日本の例に目を転じると，大正から昭和にかけて「皇室儀礼のモニュメント」としての性格が付与された博物館建設がみられ，戦後も明治百年（すなわち1968年）を契機とした県立レベルの博物館建設ラッシュや自治体の周年事業での建設事例が多数ある（金子，2005，pp.40-41，pp.42-43）。第5章にて言及のあるように，皇室の慶事に合わせて東京国立博物館が表慶館や現在の本館の建物を建設した事例も同様と言えよう。このように博物館の建設そのものが政治性を持ち，博物館という存在がその政治的メッセージを発し続けることがある。

　さらに，今日の博物館は，近年では地域振興や社会問題の解決に寄与する場となることなど，博物館に求められる役割は多様化する傾向にある。博物館学では，各館が定めるさまざまなミッションの下にある博物館そのもののメッセージ性がどのように読み取られ，それが展示とどう関わっているか，政治との関わりや社会的文脈から考える視点を常に持たなくてはならない。

### （2）展示の意味の伝達と解釈

　博物館展示は，誰が実施しても，展示するモノを選別し，それに解説をつけて来館者に見せるという行為にほかならず，発信者の意図によっ

て作られるメッセージを発する（稲村，2019，p.129）。展示の作り手に明確な意図がない場合にも，展示とは何らかのメッセージを生じさせる行為であることを免れない。そのため，展示の作り手は，学術的に正確な情報を用意する責任があり，ましてや捏造による意図的な展示のメッセージ操作はあってはならない。

　一方で，人のコミュニケーションは知識や経験の総体に影響を受けるため，展示に込められるメッセージは発信者の意図を離れ，受信者が持つ異なるコンテクストによって解釈される場合もある（稲村，2019，p.130）。展示の作り手が意図したメッセージが必ずしも展示の観覧者に正確に理解されないということには，情報伝達としては限界・デメリットとなるが，観覧者の自由な解釈に委ねることには創造性や能動性を育み，多様な展示の楽しみ方の可能性が広がるという利点を見出すことができる。

　博物館における構成主義は，1990年代以降議論が進んだ重要な理論であり，展示の解釈は利用者に依存すると考えるものである。例えば，ティム・コールトンは，構成主義の考えに基づく博物館では「個々の利用者が，それぞれの個人的，社会的，物的な文脈の中で，自分で知識を構成する」とし，「展示がその人にとってどんな意味を持つのかは，それぞれの利用者の結論にゆだねられている」と述べた（コールトン，2000，pp.61-62）。この構成主義の考え方については，博物館が文化を継承し，市民に正しく伝えるという役割を果たすためには，知識の正当性を完全に利用者に預けられるものではないとの批判もある（小笠原，2015，p.33）。このような構成主義に関する議論も踏まえながら，展示のメッセージ性の発信・受信の特性を理解し，博物館展示を取り扱うことが博物館学では重要となるだろう。

112

## 2. 国内外の特色ある博物館展示の事例

### （1）都市のランドマーク／歴史的建造物の転生

　メッセージ性の観点から，特色ある博物館展示の事例として，まず博物館の建築に注目することにしよう。博物館の建築とは，これまでも宮殿や大規模で豪華な邸宅の転用や大型の公共建築が多く，博物館の構成要素の中で目立つ存在であったものの，以前にもましてより強いメッセージ性を有するものとして着目されるようになった。これは，近年の注目すべき動向の一つであるだろう。

　特に近年では，都市の中でランドマークの一つとしての顕著なメッセージ性を持つケースが見られる。磯崎新の設計によるロスアンジェルス近代美術館（1986年）は，急速に発展する都市の再開発計画のシンボルであった点において，その嚆矢に挙げられるだろう（スジック，1994，pp.167-174）。

　1990年代以降は，博物館，中でも美術館の建築はそれ自体が建築家の作品として成立する例が出現する（中川・小池，2001，pp.78-93）。フランク・ゲーリーの設計によるグッゲンハイム・ビルバオ美術館（1997年）（図6-1）のような美術館建築の出現は，都市のランドマーク機能を果たすだけでなく，モダニズムの抽象的でニュートラルな空間であるホワイト・キューブからの脱却を図り，建築が展示物の背景ではないという強いメッセージ性を打ち出すものでもあった。

　2004（平成16）年に開館し，地方公立美術館の成功事例としてよく知られている金沢21世紀美術館の建物は中が見えるガラス張りとなっており，四方から自由に出入りが可能で，無料ゾーンが多く設けられていることを特徴とする（蓑，2007，pp.12-14）。建築は，国際的に活躍する妹島和代と西沢立衛による建築家ユニットSANAAが手がけた。建築的

な開放性，レストランやミュージアムショップ等の展示空間以外の機能
の積極的な併設，常設のインスタレーション作品と建築の一体化にみら
れる空間構成は，新たな「まちの広場」，そして「公園のような美術館」
を成立させており（中川，2006，pp.146-147），都市のランドマークと
しての博物館のあり方をさらに展開している事例と言える。

　博物館の建築が，歴史的建造物の転生により形づくられ，都市や地域
との関係性を決定づける個性となる例も，2000年以降にみられる特徴で
ある。テート・モダンは2000年に開館し，近代産業遺産を再生した都市
活性プロジェクトとして注目を集めている（杉浦，2015，pp.243-250）。
テートは英国を代表する美術館ネットワークで，その歴史はヘンリー・
テート卿のコレクションから生まれたテート・ギャラリー（1897年開
館）に始まる。1992年に，テート・ギャラリーは，さらに拡大する国際
的な近現代美術コレクションを展示する新ギャラリーの建設を計画

図6-1　グッゲンハイム・ビルバオ美術館外観

し，1947年に建てられたバンクサイド発電所を改装することになった。この設計には，スイス人建築家ユニットのヘルツォーク＆ド・ムーロンが選ばれ，中央を貫くタービンホールの特徴を活かしたエントランスと展示エリアが設けられている。既に都市の文脈に位置づけられた建物の再利用により，現代美術館のような先端的な活動を行う博物館であっても，その歴史的な意味を利用して博物館をその場所に応答させ，根づかせられることを示す事例であるだろう。

　2013（平成25）年に開館したJPタワー学術文化総合ミュージアム「インターメディアテク」（口絵2）は，東京駅前丸の内の旧東京中央郵便局舎の外壁空間を保存して低層部とし，高層オフィスタワーを新築したJPタワーの商業施設内に位置する博物館であり，歴史的建造物を転生して博物館とした国内事例の一つに挙げられる（松本，2013）。1931（昭和6）年に竣工した旧東京中央郵便局舎は，通信省経理局営繕課の吉田鉄郎により設計された日本の初期モダニズムを代表する建築である。東京大学総合研究博物館と日本郵便株式会社との産学連携プロジェクトとして運営されているインターメディアテクは，この歴史的建造物の大きな空間性を活かし，東京大学の創学以来140年以上に亘り蓄積されてきたさまざまな資料（学術標本）を展示している。旧東京中央郵便局舎という歴史的建造物に，東京大学の歴史を物語る資料を組み合わせた展示は，それらを見つめる現在の我々と過去とをつなぐ博物館デザインの実験となっており，そのメッセージ性に注目することができる。

### （2）戦争・平和

　続いて，戦争や平和に関する博物館展示のメッセージ性に注目する。これらのテーマは，人々が負の遺産を直視し，自己批判したうえで現代的な課題に取り組んでいくため，また和解や対話を生み出し，人類の共

生の未来に向かうために重要である（稲村，2019，pp.163-164）。

　英国から二つの事例を取り上げよう。ロンドンの帝国戦争博物館は，第1次世界大戦の記録を残す博物館として1920年に開館した。同館は，戦争で使われた戦車や戦闘機などの武器の大規模な展示を行っていることから，これを軍事博物館に分類することもできる。軍事博物館は，同じ戦争を扱っても，平和教育を主たる目的とする平和博物館に対し，一般的には展示方針として反戦平和を強く主張するものではない。しかし，帝国戦争博物館は，戦争について見学者が主体的に判断できる資料を提供し，展示物を通じて来館者に考えさせようとするという展示方法のアプローチを特徴としている（村上，2003，pp.129-130）。2021年10月，同館は，第2次世界大戦ギャラリーとホロコースト・ギャラリーを新たにオープンした。この展示の特徴は，個人の物語を中心とし，多様なコミュニティからそこに実在した人々の物語を集めている点にある（帝国戦争博物館ウェブサイト「ホロコースト・ギャラリー」を参照）。ホロコースト・ギャラリーでは，ホロコーストで殺害されたユダヤ人に関する，2000点ものさまざまな写真，書籍，美術品，手紙，宝石，衣類，玩具，楽器などを通じて，悲惨な戦争に誰もが個人的なつながりを持っていたというメッセージを伝えている。

　ロンドンのナイチンゲール博物館は1989年に設立され，世界で初めて開校した看護学校のあった聖トーマス病院の敷地内にある。2021年1月には総収入の95％となっていた入館料収入がコロナ禍により大幅減となり，英国で初めてコロナ禍を理由に無期限に閉館する博物館の一つとして報道されたが（Adams, 2021），同年4月には英国政府の文化復興資金や個人からの寄付による支援を得て，再開館された（Mills, 2021）。同館は近代看護教育の母として知られるフローレンス・ナイチンゲールの生涯と功績に関する展示を公開している。ナイチンゲールがクリミア

戦争で傷病兵の看護に尽くし，最初の看護学校設立に至るストーリーは，一人の女性の生涯から見た戦争，あるいは医学史・看護史から見た戦争を扱う展示として読み解くこともできる。最後の展示コーナーで描かれる，現在の医療に関わる人々の姿につなげる構成により，軍事博物館や平和博物館とは異なる視点で，戦争や人間の命について考えさせられる点が興味深い事例となっている。

　日本では，広島平和記念資料館と長崎原爆資料館の二つが，かつて原爆の被害を受けたその土地で戦争・平和を扱う博物館として，その存在意義やメッセージ性がきわめて大きいことは言うまでもない（稲村，2019，pp.138-141）。広島平和記念資料館は，2019（平成31）年4月に展示を大幅に変えてリニューアルオープンしている（横山，pp.128-131）。重要な変更の一つは，いわゆる「被爆再現人形」を撤去し，例えば被爆者の衣服といった実物展示を重視した点である。被爆者の名前やその人にまつわる思い出が記されたラベルとともに被爆したモノを見せる展示は，被爆者一人ひとりの物語をメッセージとして発していると言える。被爆再現人形の撤去への賛否や，今回のリニューアルで初めて言及された外国人の被害者や犠牲者の扱いが不十分ではないかという議論もあり，さまざまな立場の視点や論点を博物館展示がどのように扱うか，このリニューアル事例からはその難しさも見えてくる。

## （3）災害の記録・記憶

　日本で近年特に注目されている事例として，災害の記録・記憶を扱う博物館展示を次に取り上げる。過去の自然災害の記憶を残すモノを負の遺産として位置づけ，その教訓を後世に伝えるために保存・活用する考え方は，1995（平成7）年の阪神淡路大震災や2011（平成23）年の東日本大震災以降，博物館学でも重要な議論となっている。

　野島断層保存館は，阪神淡路大震災を引き起こした震源断層である野島断層の保存を主たる目的として1998（平成10）年に開館した。地震によって地表に露出した断層面（1998年7月に国の天然記念物に指定）を現地で保存・公開している。本館の開設に当たっては，地元住民からは負の遺産を保存することへの反発や抵抗も見られたが，見学者が多数押し寄せたことにより貴重な断層が破壊されることを憂いた研究者や自治体が開設へと動いたという経緯があった（矢守，2002，pp.348-346）。保存館の立地する北淡町震災記念公園には，ほかに断層真横で被災するも倒壊しなかった個人住宅を震災直後の室内の状態に再現したうえでメモリアル・ハウスとして1999（平成11）年に公開している。断層と被災住宅の実物展示は，「『実物』が本来の『場所』に『当時』のままの状態で存在する点が重要」（矢守，2002，pp.345）であり，来館者に震災の記録・記憶の強いメッセージ性を伝える事例となっている。

　東日本大震災で大きな被害を受けた仙台市では，2017（平成29）年に宮城県内で初の内覧可能な震災遺構として，震災遺構仙台市立荒浜小学校を公開した（門倉ほか，2019，p.192）（図6-2）。荒浜海岸から約700メートルの位置にある荒浜小学校には震災当時，児童や教職員，地域住民ら320人が避難し，2階まで津波が押し寄せた。そのときの被災したままの姿の校舎や被災直後の写真や映像の展示を公開している。そのほか，防災グッズや非常食の展示等により，災害の備えについて学ぶことができ，震災を経た未来に向けたメッセージ性も展示に取り入れている。また，荒浜地区の歴史や文化，荒浜小学校の思い出なども紹介し，震災前の記録・記憶を保存している。このように，震災以前，震災時，震災以降の三つの時間を見る人に意識させる展示構成が特徴として際立つ。東日本大震災の記録・記憶を扱った博物館展示の事例は，第7章でも取り上げている。

図6-2 震災遺構仙台市立荒浜小学校展示風景

# 3. 博物館展示のメッセージ性の現代的な課題

## (1) 博物館に展示されていないものを考える

　以上のように，博物館展示のメッセージ性の観点から，特色ある博物館展示の事例を確認した。次に，博物館展示のメッセージ性の現代的な課題について考察したい。まず，既に展示されているものだけではなく，むしろ展示されていないものを考えることが重要となる点に注目してみよう。博物館に展示されていないものは，見る人にそれが世の中に存在しないもの，あるいは重要ではないものというメッセージとして受

け止められてしまう恐れがあるからである。横山佐紀は，例えば，これまで博物館に展示されてこなかったものとして，女性・エスニックマイノリティー・性的少数者などを挙げている（横山，2020，p.149）。

　ここでは，国立歴史民俗博物館（1983年開館，以下，歴博）の事例からこの課題を考えてみよう。歴博では開館10周年のころより，常設の総合展示の更新（第二期展示）が検討され始め，2004（平成16）年に「国立歴史民俗博物館総合展示リニューアル基本計画」がまとめられた（国立歴史民俗博物館三十年史編纂委員会編，2014，pp.195-196）。この中で，リニューアル事業の内容の統一化と具体化を図るために，「三つの基調テーマ」（「生活史」「環境史」「国際交流」）と「二つの視点」（「多様性（マイノリティーの視点）」「現代的視点」）が設定された。「多様性（マイノリティーの視点）」に着目すると，2019（平成31）年３月にリニューアル展示が公開された第１室（先史・古代）では，第一期展示の課題の一つに「日本列島の北（北海道）と南（沖縄）の展示が欠落していること」が挙がっていた（渋谷，2014，p.286）。この課題に対して，弥生時代の展示コーナーでは1999（平成11）年度企画展示『新弥生紀行：北の森から南の森へ』の成果を活かし，北海道と沖縄が地域として展示に取り込まれ，展示に多様性が反映された。古代以降の時代のアイヌや琉球という民族・文化がマイノリティーであったため，北海道と沖縄という地域の歴史研究は先史・古代についても本州に比べて遅れるところがあったと言えよう。第１室に北海道と沖縄の展示が加わったことは，間接的にマイノリティーが展示に表され，第２室以降の古代より後の時代のアイヌや琉球の展示につながっていく点に注目することができる。このように，歴博では，展示室の間でどうつながりを持たせるかの検討をしながら北と南を総合展示に組み込む作業を順次進めてきている。なお，マイノリティーの展示は，これまでに国内外のさまざまな博物館で

地道な努力が続けられてきており，第7章では，アイヌ民族文化の博物館の事例を紹介している。

　2020（令和2）年には，歴博の企画展示で初めてジェンダーを主題とした『性差の日本史』が開催された。一般にこれまでの博物館の歴史展示では，政治を中心とした全体史には男性のみが登場し，風俗史や文化史では性差で分業された女性がわずかに扱われ，絵画や大衆広告等に描かれる女性は見られる対象として前景でクローズアップされるといった偏りがあることが多かった。本展示を企画した横山百合子は，国際的にはジェンダー主流化が重要課題となり，ジェンダー視点に基づく歴史研究や博物館展示に大きな変化が生じている中，日本ではその動きが鈍いという深刻な問題に目を向けなくてはならないという課題認識を明らかにしていた（横山，2020，p.420）。このようにジェンダーを意識した展示事例が少ない日本において，『性差の日本史』展は，「政治空間における男女」「仕事とくらしのなかのジェンダー」「性の売買と社会」の三つのテーマに沿って，古代から現代までの多種多様な展示資料を公開する意欲的な取り組みであった。この企画展示では，特に，次の二つの点に着目できるだろう。一つは，日本史の中で男女の区分がどのように生まれたか，その区分の目的とそれにより生まれた意識の変化を全体史として扱い，さまざまなモノから明らかにした点である。もう一つは，それぞれの時代におけるジェンダー構造とその変化を，各時代を生きた人々（女性）という主体の声を文字資料からあぶり出し，展示として可視化して伝えた点である。本展示で使用された資料は，大部分がジェンダー資料として収集されたものではなく，ジェンダーの視点で再評価されたものであるという（国立歴史民俗博物館監修，2021，p.205）。このことが示すように，ジェンダーとは，そのテーマで展示を企画する場合だけでなく，博物館展示全体のメッセージを検討する常なる視点として

考えていく必要があるだろう。

## （2）メッセージの効果的な伝達と創造的な解釈を生むための工夫

　次に，博物館展示のメッセージの効果的な伝達と創造的な解釈のための工夫について考えてみたい。本章第1節で述べたように，博物館展示は博物館そのものが持つメッセージ性の影響抜きに成立しないのと同時に，展示のメッセージの特性には，正確な情報伝達の限界というデメリットおよび観覧者の自由な解釈による創造性・能動性というメリットの二つがある。これを踏まえ，今日の博物館展示はどのような課題意識をもってメッセージ性を扱うことができるのか，巡回展示の新たな潮流に注目してみよう。

　博物館展示の分類（第7章を参照）には，常設展示と期間限定の特別展示（企画展示と呼ばれることもある），また期間限定の特別展示を館外で行う，あるいは複数館で順番に行う形態の展覧会である巡回展示がある。特別展示は，一貫したメッセージ性を伝える常設展示に対し，テーマの選択や新しさによって，人々を惹きつける効果が見込まれる。このような特別展示の効果に加え，巡回展示は見学者を迎えに行くという点において，この効果を一歩前進させることができる（ブノワ，2002，pp.136-137）。しかし，従来の巡回展示は，パッケージ化された同じコンテンツで構成されることが多く，同じメッセージを繰り返すことには寄与するものの，巡回先の開催館や地元来館者の地域性はほとんど考慮されることがなかった。

　国立民族学博物館では，世界各地で人間の想像力が生み出してきた不思議な生きものたちを比較する特別展『驚異と怪異：想像界の生きものたち』（実行委員長：山中由里子）を2019（令和元）年に開催した。この展示は，副題を変えて，兵庫県立歴史博物館（『驚異と怪異：モンス

ターたちは告げる』2020年），高知県立歴史民俗資料館（『驚異と怪異：
世界の幻獣と霊獣たち』2022年）など，日本各地の博物館へと巡回して
いる。その際に，2019年の本展で展示した国立民族学博物館所蔵資料に，
巡回先の地域の民俗学資料を連結させ，展示内容を一部組み替え，地域
性を取り込んでいる。このように，博物館同士が連携し，新たに各地で
作り出された，地域によって特有の意義を持つ展示のメッセージ性は，
地域の人々にとって大きなインパクトを持ち，効果的に伝わることにな
る。そして，このようなメッセージ性は，各地で巡回展示を見る人にと
って，自分に親しいものと受け止められ，それを主体的に読み解き，創
造的に解釈をしようという意欲を掻き立てるものともなる。この事例が
示すように，巡回展示という枠組みは保ちつつ，一方で，地域性を重視
した，柔軟で創造的な展示作りは，博物館展示のメッセージ性の捉え方
や扱い方に新たな可能性を示唆していると言える。

**（3）今日の博物館のさまざまな動きをめぐって**

　最後に，博物館をめぐる考え方の変化も，博物館展示のメッセージ性
に大きく影響を与える点に注目したい。2016年以降，ICOM（国際博物
館会議）では，2007年のICOMウィーン大会にて採択された博物館定
義の改正の議論が本格的に始まった。第1章で紹介した現在の博物館の
定義（2022年ICOMプラハ大会にて採択）以前に，2019（令和元）年
のICOM京都大会にて提出された定義案は，博物館がこれまでの伝統
的な役割を果たすだけでなく，さまざまなグローバル課題に対応してい
かねばならないことを示していた。これは，近年の博物館学では主流と
なる考え方，すなわち，「博物館は現代社会が抱えるさまざまな課
題——多文化共生，移民，ジェンダー，LGBTQ，貧困，犯罪，戦争や
紛争，環境破壊や気候変動など——に積極的に関与していくべきだ」と

いう考え方を反映したものであった（松田，2020，p.26）。この定義案は結果として採択には至らなかったものの，これに対する反対意見は，これを「間違っている」とするものではなかった点から，博物館展示のメッセージ性において，こういった問題関心が現代社会で重要性を増しているという事実は疑いないと言えるだろう。

　世界ではこれを象徴するようないくつかの新しい博物館が生まれている。例えば，2020年には，米ワシントンのスミソニアン博物館の一つとしてアメリカの女性史を扱う「Smithsonian American Women's History Museum」の建設が発表され，10年の間に開館する見込みとなっている。2021年には，米ニューヨークに LGBTQ＋の歴史をアーカイヴする「The American LGBTQ＋Museum」が，2022年には英ロンドンに国立の LGBTQ＋を専門とした国立美術館である「Queer Britain」が開館した。これらの博物館の動きに注目していくことも，今後の博物館展示のメッセージ性の現代的課題を考察する上で重要となると考えられる。

　さらに，コロナ禍以降では，博物館のデジタル対応が急速に進んだが，オンライン博物館やオンライン展示は，これからもさらなる検討が必要であることは間違いない。今後，博物館展示が社会に発するメッセージ性はどのように発信・受信されていくべきか，博物館学の広い意味でのデザイン力が問われていくことになるだろう。

124

## 参考文献

稲村哲也「第7章 博物館展示のメッセージ性：イデオロギーと戦争・平和」稲村哲也編著『博物館概論』（放送大学教育振興会，2019年，pp.128-148）

稲村哲也「第1章 メディアとしての博物館」稲村哲也・近藤智嗣編『博物館情報・メディア論』（放送大学教育振興会，2018年，pp.11-28）

小笠原喜康『ハンズ・オン考：博物館教育認識論』（東京堂出版，2015年）

門倉七海，佐藤翔輔，今村文彦「仙台市震災復興メモリアル施設の利用実態と利用評価に関する調査分析：せんだい3.11メモリアル交流館と震災遺構仙台市立荒浜小学校」『地域安全学会論文集』35号（2019年11月，pp.191-198）

国立民族学博物館監修，山中由里子編『驚異と怪異：想像界の生きものたち』（河出書房新社，2019年）

国立歴史民俗博物館編『新弥生紀行：北の森から南の森へ』（朝日新聞社，1999年）

国立歴史民俗学博物館編『性差の日本史』（歴史民俗博物館振興会，2020年）

国立歴史民俗博物館監修，「性差の日本史」展示プロジェクト編『新書版　性差の日本史』（集英社インターナショナル，2021年）

国立歴史民俗博物館三十年史編纂委員会編『国立歴史民俗博物館三十年史』（大学共同利用機関法人　人間文化研究機構　国立歴史民俗博物館，2014年）

コールトン，ティム著，染川香澄・芦谷美奈子・井島真知・竹内有理・徳永喜昭訳『ハンズ・オンとこれからの博物館：インタラクティブ系博物館・科学館に学ぶ理念と経営』（東海大学出版会，2000年）

渋谷綾子「国立歴史民俗博物館総合展示第1室（原始・古代）の新構築事業　2012年度活動報告」『国立歴史民俗博物館研究報告』第186集（2014年3月，pp.277-293）

スジック，ディヤン著，植野糾訳『新世紀末都市』（鹿島出版会，1994年）

杉浦幸子「第7章　ミュージアム紹介　世界のミュージアム」新見隆編『ミュゼオロジーへの招待』（武蔵野美術大学出版局，2015年，pp.242-263）

中川理・小池志保子「変貌する美術館建築：制度から場所へ」加藤哲弘・喜多村明里・並木誠士・原久子・吉中光代『変貌する美術館：現代美術館学Ⅱ』（昭和堂，2001年，pp.78-93）

中川理「美術館は建築表現の課題か」並木誠士・中川理『美術館の可能性』（学芸
　出版社，2006年，pp.139-176）

ブノワ，リュック著，水嶋英治訳『博物館学への招待』（白水社，2002年）

松田陽「ICOM 博物館定義の再考」『博物館研究』55巻別冊（日本博物館協会，2020
　年 6 月，pp.22-26）

松本文夫「歴史的空間のミュージアムへの転生」『東京大学総合研究博物館ニュー
　ス Ouroboros インターメディアテク特集号』17巻 3 号（2013年 1 月，pp.6-7）

蓑豊『超・美術館革命：金沢21世紀美術館の挑戦』（角川書店，2007年）

矢守克也「博物館における震災体験の記憶と伝達：「北淡町震災記念公園（野島断
　層保存館）」をめぐって」『奈良大学大学院研究年報』 7 号（2002年 3 月，pp.331-
　358）

横山佐紀『ミュージアムを知ろう：中高生からの美術館・博物館入門』（ぺりかん
　社，2020年）

横山百合子「国際研究集会『歴史展示におけるジェンダーを問う How is Gender
　Represented in Historical Exhibitions?』を開催して」『国立歴史民俗博物館研究報
　告』第219集（2020年 3 月，pp.417-428）

吉荒夕記『美術館とナショナル・アイデンティティー』（玉川大学出版部，2014年）

ロンドン帝国戦争博物館ウェブサイト「ホロコースト・ギャラリー」https://www.
　iwm.org.uk/events/the-holocaust-galleries（2022年11月20日最終確認）

Mills, Eleanor.（30 April 2021）*'Thrilled and grateful' : Florence Nightingale Museum
　to reopen*, Museum Association.　https://www.museumsassociation.org/museums-
　journal/news/2021/04/thrilled-and-grateful-florence-nightingale-museum-to-re-
　open/（2022年11月20日最終確認）

Adams, Geraldine Kendall.（8 January 2021）*Florence Nightingale Museum closes in-
　definitely to safeguard its future*, Museum Association.　https://www.museumsasso-
　ciation.org/museums-journal/news/2021/01/florence-nightingale-museum-
　closes-indefinitely-to-safeguard-its-future/（2022年11月20日最終確認）

# 7 | 博物館展示の手法・技術

鶴見英成

≪学習のポイント≫　博物館の展示について，どのようにメッセージを表現
しているのかという点から理解を深める。まず展示の分類を通じて，メッセ
ージを効果的に伝えられるように展示を構築する手法や，展示場において使
用されるさまざまな技術について概観する。それを踏まえて，同じ対象を扱
う複数の館によって発信するメッセージが異なる事例，美術館において強く
来館者に訴えかける手法など，展示の事例を紹介する。
≪キーワード≫　常設展示，特別展示，展示意図，解説，照明，資料配列，
動線，マイノリティー，減災

---

## 1. はじめに

　展示という活動自体は，企業の広告活動などのように博物館に限らず
広く行われているが，単なるモノの羅列ではなく，博物館の発するメッ
セージは社会に対して大きな影響力を持ちうる。そして博物館に対し
て，現代社会における諸問題により積極的に関与することが求められる
ようになった現在，そのメッセージ性がどのように伝わるのかを理解す
ることが重要である。第6章ではまた，来館者による情報の受け取り方
は一様ではないという了解の上で，展示においてメッセージを効果的に
発信するようさまざまな工夫がなされていることも述べられていた。本
章ではメッセージがどのように展示として具体的な形を得るのか，その
手法や技術に焦点を当てる。

　館の収蔵品にせよ，借用した品を並べるにせよ，社会教育機関たる博物館の展示には，社会に対してメッセージを伝えるための物語性が必要である。ここで「手法」と呼ぶのは，メッセージから具体的な展示プラン全体を企画・構築する方法のことである。また「技術」というのは，来館者の歩く動線の設計や効果的な照明の使い方といった展示場での工夫のことで，ある程度の汎用性があり多くのノウハウが蓄積されている。本章ではまず展示をさまざまな観点から類型化しつつ，そのような手法や技術を概観していく。そして具体的な事例を見ながら，展示設計におけるポイントを指摘していくことにする。

## 2. 展示の手法・技術

### （1）常設展示と特別展示

　博物館の展示はさまざまな基準で分類されうる。その一つに，恒常的に開催されているか，期間限定かという大きな分類がある。恒常的な展示は常設展示（平常展示とも）と呼ばれる。基本的に他の機関から借用する資料を織り交ぜず，その館の固有のコレクションを中心として構成するため，館の顔とも言える展示である。『令和元年度　日本の博物館総合調査報告書』によれば，動物園等の生物飼育館を除けば，美術館で約7割，それ以外の館の約9割が常設展示を開催している。一般に開催期間は何年もの長期間に及ぶが，部分的な展示替えは随時実施されることが多い。必要と判断されれば大規模に更新されるが，その頻度は国立館が最も高く，設置者規模が小さくなるほど低い傾向にある。

　期間限定の展示は特別展示（企画展示とも）と呼ばれ，一定のサイクルで更新される仕組みなら季節展示，会場を変えながら継続される場合は巡回展示とも呼ぶ。特別展示は必要に応じて他の施設や個人の所蔵品を借用することがある。しばしば大規模な広報がなされ，大勢の来館者

で賑わう。常設展示が無料もしくは手頃な入場料であるのに対し，特別展示は比較的高額な設定になることが多い。特に巡回展示の場合は他の館や機関（例えば海外の考古学の展示であれば，現地や日本の政府・博物館・大学など）が主導的に構想した企画が回ってくることも多い。展示物だけでなく解説文や展示ケースまでパッケージとなっている場合などは，開催館はむしろ場所を貸すギャラリー（画廊）に近い役割にも見えるが，その中でも館としての独自性は求められる。特に開催地の地域性を積極的に企画に取り入れる事例は第6章でも紹介された。先述のように，ギャラリーの伝統が長い美術の世界では，特別展示開催に注力する美術館が多い。国立新美術館のように，コレクションを持たない大規模館の事例もあるが，「首都・東京において美術に関する情報や資料の収集・公開・提供，教育普及などアートセンターとしての役割を果たす」という理念をメッセージとして発信している。

　常設展示と特別展示を並行して開催する多くの館において，コレクションの奥深さと一貫したメッセージ性を打ち出すのが常設展示であり，積極的かつ継続的な発信の意欲が現れるのが特別展示，と言うことができるだろう。一般的に，話題に上りやすいのは特別展示であるが，常設展示もいつ観ても同じというわけではなく常にアップデートが図られており，いずれにも関心を払うべきであろう。

## （2）展示の構想に関わる分類と展示の手法
　博物館関係者の間でも，展示の類型化の基準について統一的な見解は共有されていない。実際の展示企画には複数の要素が組み合わされるのが常であり，しかも博物館展示の新たなテーマや手法は次々と生まれてくるためである。いくつかの分類案（青木，2000／稲村，2019／里見，2014）を横断しながら大づかみに紹介しよう。

　まず，タイトルのついた単一の展示企画の，構想の全体に大きく影響するような特徴について，以下のような分類基準が挙げられる（とは言え展示には，複数の展示空間を巡る大きな企画から，ケース一つで完結する小さな企画まであるのだが）。

　①**展示期間**　これについては常設展示／特別展示という区分で先述した。実際には新たな調査研究の成果や，メッセージの発信方法の見直しなど，館の最新の動向にしたがって常設展示の一部をアップデートするリニューアルは多く行われている。

　②**展示意図**　モノに語らせる「鑑賞型展示」と，モノでコトを語る「説明（解説）型展示」というのが両極的な対比である。前者は例えば国宝級の美術品や，考古学史上有名なミイラ，地球外で採取された物質など，1点だけで強い訴求力を持つモノは単体でも雄弁なメッセージを持っており，それだけでもストーリー性のある展示が成立しうることを意味する。後者は多数のモノを効果的に組み合わせ，パネルや映像など適切な解説を補いつつ配列することで，コト（ストーリー性）を持たせてメッセージを伝える展示を指す。すなわち展示意図には，展示企画の中心となるメッセージが直結しており，それによって企画の大筋が決まっていく。

　③**展示場所**　館内で開催される一般的な屋内展示に対し，意図的に館外の開放空間で行う屋外展示がある。また野外を主体に展示するのが，エコミュージアムに代表される野外展示である。展示の意図，展示物の性質（サイズ，耐久性など），そして展示場所を考え合わせながら，展示企画が具体的になっていく。

　④**他施設との連携や結合による展示**　博物館どうしだけでなく，学校，図書館といったさまざまな施設との連携から展示の可能性が広がる。またその連携自体が企画の趣旨となるほどの，強いメッセージを帯

びうる。

　ある展示をこれらの基準に照らしながら分類すると，展示を開催する
上での基本方針を構想する時点において，どのようにメッセージを発信
しようとしたのかが見て取れる。すなわち，どのような開催方法をとる
かということ自体が，展示の手法の一端なのである。さらに以下で述べ
るように，展示が設営された空間においては，汎用的なさまざまな技術
を応用・併用することで，メッセージを効果的に伝える手法が駆使され
ることになる。

## （3）展示空間における手法・技術による分類

　個々の展示室・展示ケース・展示物（および支持する演示具）のレベ
ルにおいて，いかなる手法・いかなる技術によっていかなるメッセージ
が発信されるのか，類型化しながら概観していく。表現技術に注目した
類型化である。

　まず，情報の伝達形式の違いによる分類が可能である。パネル（グラ
フィック，文字解説），模型，ジオラマ，照明（投影），映像，音響，ロ
ボット，演示（人によるデモンストレーション）など多様な情報伝達の
技術がある。展示品や展示空間全体に対して，文字による解説を添える
のは一般的な手法だが，その分量や配置によっては，展示物を見るより
も解説を読むことに来館者の意識が向いてしまう。近年は展示解説の多
言語対応が進んでいるが，個々の解説文は簡潔であるとしても，それが
多数の言語で連なると展示が雑然としてしまう。これらのことから会場
内に過剰に文字を並べず，音声ガイドや解説アプリを導入する展示もあ
る。照明については，会場全体の照明に加えて展示物やケースにスポッ
トライトを当てるといった使い方が想起されるが，単に対象を照らして
見やすくするだけがその目的ではない。投写する方向や光量や色調によ

って展示物の印象が大きく変わるため，メッセージを表現する手法と密接な技術である。

　展示する形態についても分類できる。資料を固定して配置する一般的な方法を静態展示と呼ぶのに対して，機械や生体構造模型などを動かして機能を理解させる方法は動態展示として区別される。また資料に触れることで理解を促すハンズオン展示などの参加・体験展示や，動植物の飼育・栽培展示なども形態による分類である。

　実物資料をどのように扱うかによっても分類される。一般来館者に対して資料群と解説によって企画者の考えを示す総合展示，研究者など専門的関心の高い来館者向けに資料を整理分類して示す分類展示，収蔵庫（展示用に設計されたものも）の一部を閲覧可能なゾーンにする収蔵展示などがある。

　来館者が歩く動線を設定し，鑑賞体験が単調にならないよう，動線にそってストーリー展開を持たせることが一般的である。動線上に配置された各ゾーンは，導入展示，分節点展示，エンディング展示等と，与えられた役割により分類できる。なおあえて順路を設けず，来館者の感性にまかせるという手法もある。

　時間軸にそって並べる，地域ごとに集めて並べる，石器などの人工物の製作手順のようにプロセスに従って並べる，自然環境の生態系を切り取ってきたように生物標本を並べる，といった資料配列の仕方による分類も可能である。

　展示企画はこのようなさまざまな技術の選択肢の中から，効果的な手法となるように組み合わせて設計される。第8章では展示における情報伝達についてさらに掘り下げる。なお，振動や過剰な露光など資料を傷めうる要素を低減する工夫も展示の技術であり，第10章と第11章で詳しく学習することになる。

　以上，ごく大づかみであるがメッセージ性を具体化する展示の手法と技術について概観してきた。続いて具体例を見ていこう。

# 3．アイヌ民族の文化の博物館

## （1）二風谷コタンの3館

　アイヌ民族の文化や歴史に関する博物館は北海道の各地にあり，それぞれに特徴があり，全体に補い合っているとされている（稲村，2016）。ここでは平取町，札幌市，白老町の3地域の館群について，特に展示を中心として比較してみる。設立の背景，コレクションの内容，アイヌ民族への焦点の当て方によってそれぞれ特徴的な展示内容・手法となっている。

　平取町を流れる沙流川の流域には，旧石器時代に始まる居住者の遺跡が多数発見され，近世においてはアイヌ民族のコタン（集落）が数多く分布していた。沙流川に設けられたダムの東岸，二風谷の地は平取町のアイヌ文化継承の拠点として，「二風谷コタン」の名で2019（令和元）年に整備された。平取町立二風谷アイヌ文化博物館は1992（平成4）年に創設され，二風谷コタンの中核部の，チセ（伝統家屋）などを再現した屋外展示ゾーンと連結している。メインの広い展示室は三つのゾーンに区切られ，それぞれ生活用具，祭具や芸能（映像資料含む），生業の用具を中心に工芸品を展示している（図7-1）。また，隣接する第4のゾーンに現代のアイヌ工芸作家たちの作品が配されている。所蔵する約4000点の民具資料は二風谷を中心に1950～70年代に収集された由来の古いものが中心である。

　それらを収集し，また数々の再現資料の制作も手がけたのが，この地の出身であり，アイヌ民族初の参議院議員として「アイヌ文化の振興並びにアイヌの伝統等に関する知識の普及及び啓発に関する法律」の成立

**図7-1　平取町立二風谷アイヌ博物館**

を推進したことで知られる萱野茂氏（故人）であった。1972（昭和47）年に私立の資料館を設立し，後にそのコレクションが平取町立二風谷アイヌ文化博物館へ移管されたあと，萱野氏は自身の資料館を萱野茂二風谷アイヌ資料館と改名し，1階にはさらに収集した民具を，2階には氏が関心を寄せた世界の先住民族の資料を展示した。内部にチセの一部を再現し，建物自体が民家のたたずまいを見せるこの館では，広くはない展示室に密に配置された資料群の迫力と，手書きを交えた温かみのある解説が特徴である。アイヌの伝統文化に親しむ場所であると同時に，現代を生きたアイヌの一人物の姿が展示を通じて表現されている。

　沙流川歴史館は沙流川を展望する川岸にあり，地域の自然史，古代か

らの人間の営みを提示する点で，人文系と自然系を架橋した総合博物館の性格を持つ。二風谷ダムの建設を契機とする発掘調査によって明らかになった，近世アイヌの遺物や遺跡ジオラマが充実しており，開発だけでなく地域の自然・文化遺産を伝承するというメッセージがある。

　沙流川流域はアイヌ民族の文化を強く残し，明治時代以降はアイヌ研究の拠点として国際的にも知られている。二風谷コタンには現代のアイヌ工芸作家たちが活動する工房もあり，町民や来訪者に制作体験を提供するなど，アイヌ文化の継承と発信の拠点となっている。その中において，セットにした入館チケットも発売されている三つの博物館は，それぞれの異なる切り口から，地域の主要テーマとしてのアイヌ文化を展示している。

### （2）北海道立北海道博物館

　札幌市に位置する北海道立の北海道博物館の展示は，これまで2度にわたり大きくリニューアルされてきたが，アイヌ民族に関する展示がどのように変更されてきたのかを概観する（出利葉，2016）。

　北海道開拓記念館として1971（昭和46）年に設立された当初から，開拓事業だけではなく，北海道の文化史を示す地方博物館として構想された。アイヌ民族および北方民族は本土から和人が到来する前の文脈で登場し，今では消滅しつつあると紹介された。それに対する批判として，アイヌ文化の文物の年代が示されておらず，今も昔と変わらぬ暮らしをしていると誤解され差別を招くと危惧する声があった。また，アイヌ文化の成立までの考古学的な説明や，現在の日本社会になじんでいる様相が紹介されないため，アイヌ民族の実像が来館者に伝わりにくい点が問題であった。

　1992（平成4）年からの展示は，時系列に沿った8つのテーマで構成

され，アイヌ文化の成立背景や，今日に至るまで北海道に彼らが常に存在していたことを明示した。また中央の政治権力に対し，交易という経済活動で関わりを持つ周辺地域として解説された。これにより以前の展示の問題は解消されたが，北海道史の中にちりばめられたアイヌ関連情報は散漫で分かりづらいという意見が出た。また，過去や現在に移住した人々も含めて「北海道民」であり，アイヌ民族だけに光を当ててそれ以外の人と対比させてしまうことは博物館として避けなければならず，結果として博物館の「立ち位置」が見えにくいと批判された。

　2015（平成27）年，歴史博物館から総合博物館へと趣旨を切り替え，現在の館名とともに展示が公開された。自然史系の展示物を加えて，通史ではない5つのテーマが設定されたが，そのうち「北海道120万年物語」と「アイヌ文化の世界」にアイヌ民族の歴史や文化が含まれている。前者は人類史の中で，また，松前藩や明治政府との関わりでアイヌ文化の成立と変遷を紹介している。後者はアイヌ民族の立場，アイヌ史の観点から構成されており，これまで無形文化財の研究を蓄積してきた道立アイヌ民族文化研究センターとの統合の成果が結実している。冒頭は，アイヌ民族が自らのルーツだと知った現代の小学生が，親や祖父母に尋ねて5世代前までの家族史と重ね合わせながらアイヌの近現代史を知るという，物語性のある構成になっている（図7-2）。また，伝統的な技術が継承されていることを示す現在の工芸品を示したり，口承伝統や芸能などの無形文化を若い世代が受け継いでいる様子を展示することで，現代のアイヌのあり方が提示されている。

　この展示の変遷の過程は，同じアイヌ文化という対象をめぐっても，社会状況によって求められるメッセージが変化し，ときに意図せぬ受け取られ方をされることを示している。第6章にて述べられたように，マイノリティーと目されてきた先住民族について展示する（あるいはしな

図7-2　北海道立北海道博物館

い）ことのメッセージ性は，強い政治性を帯びうるため，その展示手法
は十分な検討を要する。アイヌ文化を地域の主要テーマとして打ち出す
二風谷と異なり，北海道全体を対象にする本館は，社会的な要請にこた
えるべく，長い期間をかけて展示手法を工夫してきたのである。

## （3）国立アイヌ民族博物館

　2019（平成31）年より施行された「アイヌの人々の誇りが尊重される
社会を実現するための施策の推進に関する法律」により，アイヌ文化の
振興を総合的・継続的に支えるための施策が打ち出された。その拠点と
して整備されたのが，白老町に2021（令和3）年に開館した民族共生空

間（愛称「ウポポイ」）であり，その中核施設エリアの中に国立アイヌ民族博物館がある。伝統を受け継ぎつつも，アイヌは今この時代に生きており，それを国際的な視点で見つめようというメッセージを積極的に発信しており，展示ゾーンのテーマ設定や展示品の選択などにそのための展示手法が見られる（田村，2020）。

　常設展示会場（基本展示室）に入る前の導入展示として，アイヌや和人のほかにさまざまな国の人々が登場する映像が提示される。日本もまた多民族からなる国際社会の一部だというメッセージを受けて，来館者はマイノリティーとは，という問題に向き合うことになる。展示室は，視界を遮る高い構造物のないホール状の空間で，ケースで円形に囲まれた中央部から放射状に六つの展示ゾーンが展開しており，来館者は関心を寄せるテーマに従って各ゾーンへと進む。例えば「私たちのしごと」のゾーンは，サラリーマンや測量技師といった現代のアイヌたちを紹介している（図7-3）。展示物は必ずしも「伝統的」なものに限らず，海外から輸入された鉄製のナイフなども含みうるし，復元品や，現代の作家が創作した品もある。アイヌ文化は外来の要素を取り入れることもあったし，今も伝承され発展を続けている，というメッセージの表れである。一方で「伝統」を期待する来館者からの疑問の声も多いなど，展示手法も含めて，議論されていくであろう（立石，2022）。

　新たなアイヌ文化の発信地としての町作りの中，それぞれ異なる側面から地域史を展示する二風谷の3館。北海道の自然と歴史という文脈の中にアイヌ民族の今昔を位置づけた北海道博物館。現代の／世界のアイヌという視点を前面に打ち出した国立アイヌ民族博物館。アイヌ民族という同じ対象であっても，目的意識や時代ごとの社会的要請に応じて展示手法が工夫されているのである。

図7-3　国立アイヌ民族博物館

# 4. リアス・アーク美術館における減災のメッセージ

### （1）リアス・アーク美術館

　宮城県気仙沼市，三陸海岸の内奥部に1994（平成6）年に創立された
リアス・アーク美術館は，東北・北海道の美術，および特に漁村を中心
とした歴史・民俗資料を調査・収集・展示公開する「総合博物館的な公
立美術館」である。2001（平成13）年より始まった常設展示「方舟日
記―海と山を生きるリアスなくらし―」は，三陸地域の文化を説明する
にあたり，歴史民俗資料を中心的に展示し，内容は食文化を軸として構

成されている。歴史系博物館が収集するような資料を美術館が展示する理由は，先史時代から食糧資源に恵まれ，現代でも第一次産業で支えられているこの地は，生活の基礎たる食の豊かさが芸術文化の基礎にもなっている，というメッセージのためである（萱岡・山内編，2019）。また北海道・東北の作家の企画展示を継続的に開催し，それを通じて収集した現代美術作品が常設展示のもう一つの軸となっている。

　「人間とは何か」という我々のかかえる根源的な問いに，さまざまな作家が向き合って解釈したのが美術であり，集められたさまざまな価値観に触れる場が美術館である，と館としての見解が表明されている（山内，2013）。「人間とは何か」というのは人文科学全般における問いであり，さらに人間を取り巻く環境についての自然科学分野とも接しているため，総合博物館的な美術館という自己定義にはうなずける。同時に人文系・自然系の博物館との違いとして，客観的な科学的事実ではなく「人類史上の多種多様な主観的情報が持つ普遍性の提供，その普遍性の確認と共有」が美術館の役割だと位置づけ（山内編，2022），学芸員が主観を表現し，来館者がそれを感覚的に共有するという展示のあり方を基本方針としている。その方針からさまざまな手法が展開されている。例えば機械で長文が印字された解説パネルをしばしば読み流す来館者であっても，ところどころの展示物に手描きイラスト・手書き文字のパネルを添えると，注意を惹かれて熟読し，それを話題にして同伴者との対話が誘発される，という強い伝達効果があるという。

　以下きわめて特徴的な手法として，減災のメッセージの展示を詳しく紹介する。

　2011（平成23）年の東日本大震災では，気仙沼市街は津波と火災で壊滅的な被害を受けた。津波を免れた美術館では，学芸員たちが震災直後より被災した町の様子を詳細に撮影し，また散乱する物品を収集した。

2013（平成25）年にオープンしたもう一つの常設展示「東日本大震災の
記録と津波の災害史」では，不要物と同義のガレキという語ではなく，
被災物と呼んでそれらの物品を展示している．漁船の断片，熱で膨れ上
がったドラム缶（図7-4），携帯電話などの被災物に，学芸員たちが自
身の主観的な被災体験をもとにして創作した「物語」を印刷したハガキ
状のカードが添えられている．以下は一例である．

「ノートパソコン　2012.3.29　気仙沼市唐桑町鮪立」
　パソコンを流されてしまって。相当やばいです。いやぁー…相当やば

図7-4　リアス・アーク美術館

い…仕事関係から，個人のものまで，とにかく自分の分身みたいなものじゃないですか。もう，正直，お手上げですね。バックアップは取ってましたよ。でもね，同じ場所に，家に置いてましたからねぇ…自営業でしょう…家と仕事場が一緒だから。全部流されてダメですわ。せめて，データだけでも残ればね，仕事も再開しやすかっただろうけど，ほとんどゼロからですよ…
（山内編，2017：83）

　通常は展示物に過剰に文字情報を添えることは避けるし，まして架空の主観に基づく物語を添えることは考えられないが，あえて「タブーを犯した」（山内編，2017，150-151）という。収集した被災物は日用雑貨のように，普及率が高く普遍的なものを選んであり，物語を読んだ来館者に無意識のうちに当事者性が生み出され，震災という出来事を自分自身の身に置き換えて感じる，という効果を狙ったのである。三陸海岸は数十年周期で大きな津波が記録されており，2011年の津波も決して未曾有のものではない。気仙沼という土地は津波常襲地帯という自然環境なのに，それに適応した街や生活文化が作られてこなかった。それはなぜなのか，今後あるべき復旧とは何か，という課題を地元住民や来館者に強く問いかけて減災の意識を高める，そのための戦略として冒険的な展示手法を採ったのである。

### （2）気仙沼市東日本大震災遺構・伝承館と伝承彫刻

　リアス・アーク美術館は，震災資料展示の設置と管理運営という課題を研究課題に位置づけ，さまざまな企画展示を通じて，復旧復興事業の成果と残された課題の検証や「伝承すべきこと」の再確認，「震災記憶再生のための表現」の考察を提示し続けている。また市による災害資料

展示の新たな試みである気仙沼市東日本大震災遺構・伝承館や気仙沼市
復興祈念公園の設置にあたり，美術展示の観点から館長の山内宏泰氏は
アドバイザーとして参画した。前者は4階にまで達する津波の破壊の痕
跡をとどめた気仙沼向洋高校の校舎をそのまま保存した震災遺構と，映
像やパネル展示を核とした伝承館から構成される。視覚的に圧倒的なイ
ンパクトを持つ震災遺構と，映像や文字情報が多い伝承館という，異質
な展示空間どうしを接続する展示室は白い通路状の空間となっており，
一方で体験した強い視覚情報をリセットした上で，もう一方の鑑賞に移
れるようにデザインされた。後者の復興祈念公園は，復興を遂げつつあ
る市街を一望する丘の上に建設されており，そこに震災の記憶をアート
として表現した「伝承彫刻」が配置された。人物彫刻の表情や仕草に引
き込まれながら傍らのQRコードをスマートフォンで読むと，彫刻の情
景にまつわる，震災についての短い物語を閲覧できる。これらは美術作
品の制作者の主観を鑑賞者が共有し，表現された震災の記憶を自分のこ
ととして体感するという，美術館で培われた手法を応用した例である。

# 5. おわりに

　このように博物館の展示企画ではさまざまな手法・技術を組み合わ
せ，メッセージが伝わりやすいよう工夫が重ねられている。改正博物館
法に見るように，博物館に求められる社会的な役割が拡張し，また資料
のデジタルアーカイブの作成・公開という新たな事業が明確に加わった
ことなどにより，博物館が発信しうる・発信すべきメッセージはさらに
多様化していくが，展示の手法・技術はそれに呼応して今後もさまざま
に試行されていくであろう。

## 参考文献

青木豊「Ⅱ　展示の分類と形態」加藤有次，鷹野光行，西源二郎，山田英徳，米田耕司（編）『新版・博物館講義　第 9 巻　博物館展示法』pp.31-100（雄山閣，2000年）

稲村哲也「アイヌ民族を展示する博物館」稲村哲也編『博物館展示論』pp.203-208（放送大学教育振興会，2016年）

稲村哲也編『博物館展示論』（放送大学教育振興会，2016年）

萱岡雅光・山内宏泰編『リアス・アーク美術館　歴史・民俗資料常設展示「方舟日記」図録』（リアス・アーク美術館，2019年）

里見親幸「2．2　展示の諸類型」黒沢浩編『博物館展示論』pp.18-23（講談社，2014年）

田村将人「国立アイヌ民族博物館の基本展示で伝えたいこと」『アートスケープ』2020年12月15日号（https://artscape.jp/report/curator/10165945_1634.html　2022年10月25日最終確認）

立石信一「『議論の場』としての博物館の構築に向けて—国立アイヌ民族博物館での展示における試み—」『境界研究』12：107-125（2022年）

出利葉浩司「第10章　アイヌ民族と北海道の博物館—展示をめぐる立場と視点」稲村哲也編『博物館展示論』pp.186-202（放送大学教育振興会，2016年）

日本博物館協会編『令和元年度　日本の博物館総合調査報告書』（2020年）

山内宏泰「博物館展示における震災資料展示の課題と可能性」『国立歴史民俗博物館研究報告』214：13-44（2019年）

山内宏泰『読む美術館　リアス・アーク美術館収蔵作品による美術資料集（第 2 版)』（リアス・アーク美術館，2013年）

山内宏泰編『リアス・アーク美術館東日本大震災発生10年特別企画展　あの時，現在　そしてこれから　参考資料集』（リアス・アーク美術館，2022年）

山内宏泰編『リアス・アーク美術館常設展示図録　東日本大震災の記録と津波の災害史（第 3 版)』（リアス・アーク美術館，2017年）

# 8 | 博物館と研究活動

鶴見英成

≪学習のポイント≫　貴重な標本資料や専門的な設備を活用する博物館は，先端的研究を発信することが期待されている。調査研究活動や成果公開をめぐる問題を概観し，また大学博物館の事例を紹介して，博物館ならではの学問的貢献について考える。
≪キーワード≫　標本，資料，調査，研究，研究機関，大学博物館，X線CT，鐙型ボトル，笛吹きボトル

---

## 1. はじめに

　博物館の果たすさまざまな役割のうち，展示や，ワークショップなどの教育・普及活動は外部から見えやすい。またコレクションの背景には収集や保存の機能が見てとれるだろう。それに対して，博物館が調査研究機関である，という側面はしばしば見えにくい。第1章・第2章にて，日本や世界における博物館の定義，期待されている役割を概観した際，調査研究はその役割の一つに挙げられていた。本章では特に，コレクションをめぐる研究について事例とともに紹介する。コレクションを整理・調査しながら新たな知見を引き出す研究もあれば，館独自の研究テーマを深める中で新たな資料を収集することもあり，さらには研究の過程で重要な学術資料が集積されることもある。

　なお，コレクションを良好な状態で長期保管する（第10章，第11章），展示の手法や情報発信方法を工夫して博物館の有用性を高める（第9

章)，といったことも博物館に課せられた重要な研究課題である。これについても各章を参照されたい。

## 2.　資料の調査と研究

　資料そのものを一次資料と呼び，それを説明するために付随する言語情報や非言語情報（複製，模型，写真・映像など）による記録を二次資料と呼ぶ。一次資料はもちろん最優先で慎重に保存されるべきであるが，二次資料，特に資料の来歴などの記録が失われると，一次資料の持つ学術的な意義も損なわれてしまう。例えば考古学の分野では，見事なできばえの土器が博物館にあっても，出土地や出土状況といった情報が抜け落ちていたら，古代社会を復元する手がかりになるような，研究上の価値がほぼなくなってしまう。来歴が分からないということは，それはことによると良くできた贋作かもしれないのである。埋蔵文化財の盗掘がさかんな国や地域では深刻かつありふれた問題である。博物館は一次資料を収集しながら，そこに付随する二次資料を遺漏なく集め，必要な情報は新たに記録する必要がある。

　第15章でも述べるように，次々に増えていく資料を保存するのは，博物館にとって大変難しい課題であるが，それでも研究という目的のためには必要なことである。新種の生物の発見という，研究成果として分かりやすい事例で考えてみよう。野外調査を通じて新種が採集される場合にも，確証がないものの既知の種とは何かが違うという直感を信じて持ち帰り，博物館でさまざまな標本と比較して調査することでようやく，細部に固有の特徴があると指摘できるようになる，ということがある。また博物館のコレクションを調査するうち，一つの種とされていた標本群が2種に分けられるようになり，片方が新種として登録される，ということもある。種の同定の根拠とされた標本はタイプ標本と呼ばれ，さ

らなる比較研究に備えて厳重に保存される。種の同定以外にも，その形態や遺伝子などの調査がなされ，研究成果が発表された標本は，その研究成果を検証し直す必要が将来生じた場合に備え，証拠標本として保存される。こうして研究にまつわる二次情報を加えながら，一次資料は次々と累積されていく宿命にある。液浸標本の生物遺体を解剖したり，遺伝子解析のサンプルを採るために生物標本の一部を採取するなど，研究のために必要であれば一次資料を破壊する調査すら選択肢に入る。博物館法では調査研究という語が用いられるが，例えば収蔵資料の名称やサイズなど，登録のために最低限の観察をして目的達成とする場合は，調査ではあるが研究ではない。事実や理論など何か新しい知識を見つける目的のために，必要な調査を重ねるのが研究である―と定義した上で，日本の博物館での実情を概観する。

## 3. 「研究機関」とされる博物館

　先端的な研究には人員や設備の充実が必要であり，実現するには学術貢献の意識が高いだけではなく，博物館が研究予算として外部から資金を獲得できるかどうかが大きな分かれ目になる。第2章で触れたとおり，代表的な競争的研究資金である科学研究費補助金を申請できる館は法律で定められており，そこに所属する常勤の研究者に申請資格がある。

　科学研究費補助金の申請窓口となっている日本学術振興会[1] によれば，申請可能な機関の中でも大学・短期大学は圧倒的に多く，1100を越す。後述するような大学博物館の常勤の教員・研究職員は，博物館で研究する可能性が開ける。それに次ぐ約20例の大学共同利用機関等に含まれる国文学資料館，国立民族学博物館，国立歴史民俗博物館などの人文系の国立館は，総合研究大学院大学として博士課程教育を行っており，教授職の研究者と大学院生の研究拠点である。

---

1) 日本学術振興会ホームページ　https://www-kaken.jsps.go.jp/kaken1/kikanList.do

　また，博物館を含むカテゴリとしては「文部科学大臣が指定する機関」がある。300以上もの，さまざまな研究所・観測所・医療機関などが名を連ねる中，博物館を名乗る機関は30，ミュージアムは１，資料館は２，動物園は１，美術館は10数えられる（2021年現在）。さらに下位区分があるが，例えば「地方公共団体の設置する研究所その他の機関」には神奈川県立生命の星・地球博物館という自然史博物館や，北九州市立自然史・歴史博物館や滋賀県立琵琶湖博物館などの地域研究の総合博物館がある。また奈良県立橿原考古学研究所は奈良県内の考古学調査を担当する機関だが，附属博物館や保存科学研究室が附設されている。次に「法律により直接設立された法人」というカテゴリには国立科学博物館や，国立博物館３館（東京・京都・奈良），国立美術館４館（京都国立近代美術館，国立国際美術館，国立西洋美術館，東京国立近代美術館）などが含まれる。そして「民法第34条の規定により設立された法人」には公益財団法人の古代オリエント博物館などがある。

　ここに挙がった博物館・美術館は知名度の高い館が多い。大規模であったり歴史が長かったり，というのも要因であるが，研究を推し進め，その成果を館内のみならず学界で発表し，報道される機会が多い，という点も大きいであろう。国立科学博物館は東京・上野公園にて大規模な常設展示を展開し，国際的な特別展示も多く手がけ，広く親しまれている。しかし上野本館という名のとおり，茨城県つくば市などにも研究施設を持っており，一部を除いて一般公開していない。そして自然科学分野の研究者が多数在籍しており，その成果を活かして展示や教育普及活動を充実させている。第５章にて沿革と活動について紹介された国立民族学博物館は，文化人類学・民俗学の分野において学界の拠点となっている組織で，海外での研究プロジェクトと連動した国際支援など，国際社会を舞台にして存在感を発揮している。研究職の職員が学芸員ではな

く，研究員，調査員といった役職名をとる館が多い中，神奈川県立生命の星・地球博物館では学芸員という肩書きの研究者たちが国際学術誌に論文を投稿している。公益財団法人古代オリエント博物館はシリア，トルコ，ウズベキスタンなどでの考古学調査の実績を持っている。

　第2章で述べたように，博物館における調査研究は学芸員の役割である。例えば考古資料の土器片を接合して本来の形を復元したり，三角定規や方眼紙を使って正確に実測したり，といった調査は学芸員養成の内容に含まれうる。しかし復元した土器から製作年代や地域の特徴を見出したり，焦げ付いた内容物を化学分析して古代の食生活を復元したり，と研究の専門性を高めるには考古学への理解と意欲が前提となる。昆虫標本の遺伝子を解析をしたり，ミイラをX線CTでスキャンして生前の健康状態を解明したり，海外で調査を計画したりといった先端的な研究は，大学院で当該分野の修士，多くは博士まで履修した研究者が，研究を続けられる環境の博物館に奉職できた場合に実現される，というのが実態である。成果の学術的レベルは最終的には個人の動機と能力に求められる。学芸員に高度な研究の機会を与えるために，科学研究費補助金への申請資格をより多くの館に広げる制度改革も提案されている（日本学術会議史学委員会　博物館・美術館等の組織運営に関する分科会編，2020）。実現した場合には館の方針とは別に，個人の関心にそった研究の自由を認めようという意見がある一方，博物館の本務が果たされないと懸念する意見もある（金山，2021）。2022（令和4）年の博物館法にこの内容は反映されず，議論は今後に持ち越された。

## 4.　大学博物館における研究

　大学内に設立された博物館は明治時代，現在の東京大学や北海道大学など，旧帝国大学に設置された植物園や資料室・陳列室に起源を持ち，

　私立大学も含めて各大学に学術標本の収集・保管の場が形成されていた。しかし1996年，学術審議会学術情報資料分科会がとりまとめた「ユニバーシティ・ミュージアムの設置について（中間報告）―学術標本の収集，保存・活用体制の在り方について」が契機となり，大学博物館は大きく性質を変え，またより多くの大学で整備・開設された（学術審議会学術情報資料分科会，1996／西野，1996）。この報告において強調されたのは，大学の研究においてさまざまな学術標本が生み出され，あるいは収集されてきたが，研究手法の目覚ましい発展によってそれらが新たに情報を生み出すようになったこと，大学はそれを研究・教育に有効に活用できる制度を作るべきである，ということであった。本章の趣旨に従い，研究を目的とした博物館活動のあり方に着目して，二つの大学博物館を紹介する。

　東京大学は「ユニバーシティ・ミュージアムの設置について（中間報告）」の作成に当たって中心的な役割を果たした大学の一つである。国内でも特に古い歴史を持つ総合大学であるが，各学部はもともと別の学校機関だったのが統合されたという経緯があり，現在に至るまで縦割りの気風が強い。そのため学内の学術標本を総合的に俯瞰できる施設が求められていた。それまでの資料館を東京大学総合研究博物館（UMUT）と改め，多分野を架橋する総合博物館であり，また研究を本務とする研究博物館として，その役割を担っている。

　本館の常設展示「UMUTオープンラボ―太陽系から人類へ」はその題目のとおり，東京大学および博物館が手がけてきた幅広い学問分野の成果を標本とともに提示し，研究者が研究に取り組む姿そのものを研究現場展示というコンセプトで公開している。その象徴的な事例が放射性炭素年代測定室で，考古学や古気候学のために炭化物サンプルの年代を測定するタンデム加速器を公開している。大規模な装置がガラス張りの

室内いっぱいに収められており，年代測定や多様な理科学分析を行う研究者たちの様子まで来館者に提示されている（図8-1）。

　なお，先端的な研究成果を発信するにあたり，展示空間，ケース，キャプション，演示具，広報物などのデザインを吟味している。重要な学術標本は，それに見合った美しい見せ方をすることで，その重要性が表現されるためである。そのため研究部と並列に，ミュージアム・テクノロジー寄付研究部門，インターメディアテク寄付研究部門（第6章を参照），国際デザイン学寄付研究部門といった専門的なセクションの教員たちが，博物館学的な実験を推進している点でも先駆的である。

　もう一例として北海道大学総合博物館を紹介しよう。札幌キャンパス内の，築90年以上の風格を持つ旧理学部本館が博物館本館となっている。1階は北大歴史展示と学術テーマ展示，2階は学術テーマ展示とユ

図8-1　放射性炭素年代測定室展示『クロノスフィア　時を刻む先端研究』
（©Forward Stroke Inc.）

ニバーシティ・ラボと銘打たれている。大学の歴史，および各学部・学科や研究グループを紹介する展示コーナーの集合であり，大学の活動と貢献の幅広さを来館者にアピールする内容となっている。総合博物館としての独自の活動を示すのは3階の学術資料展示および企画展示室である。教室ごとにさまざまな部門が標本とともに研究成果を提示している。当館の特色として指摘したいのは，北海道という地域と強く連携している点である。例えば，むかわ町立穂別博物館には北大総合博物館の古生物学研究分室が置かれており，両館は共同研究として大型恐竜の全身骨格を発掘し，カムイサウルス・ジャポニクスと命名した。人文科学研究では，例えば考古学分野は続縄文文化やオホーツク文化といった北海道独自の地域文化を研究対象としているし，人類学におけるアイヌ民族研究，北方民族研究の拠点である。そして日本最北端の独自の生態系をフィールドとすることもあって，生物種の定義する際の基準となるタイプ標本を，約1万3000点という膨大な数量保有している。ボランティアの数も250人と多く，また館のコンセプトの一つに「札幌の町を文化の香りあふれる街とするよう努力する」とあるとおり，大学と地元との連携が非常に深い。

　大学博物館の役割について一つ付言しておくと，社会への学術知の還元としての展示公開・教育普及活動の他に，大学の構成員，特に学生が重要な発信対象である点が特徴的である。学生が自身の所属大学の沿革と学術的な業績を見つめ直し，今そこで学ぶ当事者として，将来の展望を持てるようにすることは大学博物館ならではの大きな役割と言えよう。

## 5. 博物館資料から研究・教育へ

### (1) アンデス考古学，ボトル型土器の研究

　博物館資料からの研究の展開として，筆者が関わっているアンデス考古学の事例を紹介する。大学博物館や私立博物館の収蔵する土器資料の研究が，組織間の連携によって分析対象資料を拡大し，また分析の精度を向上させ，展示や教育へと展開し続けているケースである。

　アンデス文明は南米大陸の現在のペルーからボリビアを中心に展開した古代文明である。陶芸作品が巧みで，特に液体を運ぶボトル型土器の数，精巧さ，表現のユニークさは傑出している。筆者は1990年代後半に，鐙型ボトルという複雑な注口を持つ土器がどのように製作されたのかを研究した。いくつもの粘土の部品を指でつなぎ合わせて形作ったはずだが，丁寧にならされた外面に指の跡は残っていない。ペルーで発掘調査に参加した際，割れた土器の接合を担当し，形成期（形成期中期〜後期，紀元前1200〜紀元前500年頃）の何点もの鐙型ボトルの内部を観察する機会を得た。そして，外面から識別できないが，もともと胴の上部中央に指1本通せるほどの穴があり，それが製作の過程で内側から塞がれた，という例が多数見つかった。検討の結果，製作の途中でその「中央穴」から内部に指を通し，内側から壁面をつついて器の形を整え，その後は注口用の穴から指を通して塞ぐ，という手順を解明した（図8-2）。他の地域・遺跡の資料と比較するため，ペルーや日本で多くの博物館を尋ねて鐙型ボトルを見学したが，適度に破損していないと内部は見えないし，破損した土器は強度と見栄えを優先して石膏で塞がれていることが多かった。それでもいくつかの館で有意義な観察ができ，「中央穴を塞ぐ」という手順は同時代の多くの地域で一般的な作り方であったと結論づけた。外見だけでは模倣できない製作手順が，各地

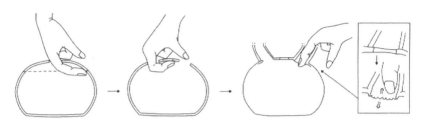

工程①：胴下半部と蓋部と合わせる。蓋部には中央穴一つだけがあけてあり，そこから指を差し入れて，蓋部と胴部の内面を撫でてなじませる。

工程②：二つの鐙用穴を開け，そこから指を通して中央穴を塞ぐ際にあてがう。

工程③：鐙部は複数の短いチューブを継ぐなどして，胴部との接続部分から立ち上げられていく。チューブの外径は鐙用穴より大きく，上に載せるように据え付けられる。チューブの上方から指を差し入れ，チューブと平行方向に指を動かし，鐙用穴の内面と一体化させる。

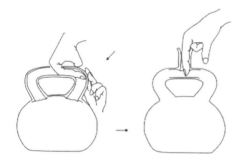

工程④：注口部を除く鐙部を仕上げる。

工程⑤：最後に，鐙部に注口部を据え付ける。

**図8-2　形成期の鐙型ボトルの製作手順**（鶴見ほか，2001より）

で発見された土器に共通するということは，完成品を見よう見まねで作ったのではなく，陶工から陶工へとマンツーマンで製作技術が直接伝達されたことを意味する。誰でもボトルを作れたのではなく，専門的な陶工がいたということが分かり，分業によって複雑になっていく古代社会の姿が垣間見えたのである。

　さらに数年後，東京大学総合研究博物館において，X線CTで土器を

154

スキャンする機会を得た。割れていないボトルであっても内部の形状は十分にとらえられ、塞がれた中央穴も確認できた。また同時に、よくできた贋作という疑いのあった2点のボトルも分析し、製作技法がまったく違うため、後世の贋作であると判断できるようになった。先端技術の導入によって研究成果をより普遍的にし、真贋判定の手がかりまで得られたのは大きな成果であった（鶴見ほか、2001）。

　土器は外見だけでなく、内部からも重要な情報が得られるという知見をもとに、筆者は新たな土器の接合方法を提唱・実践した。破損箇所は石膏で塞がず、必要に応じて内部を観察できるようにする、なおかつ安定して保管でき、展示するにも美しく見えるよう、土器それぞれの割れ方に応じた専用の台座を作成したのである（図8-3）。台座の表面は土

図8-3　割れた土器の専用台座
（クントゥル・ワシ博物館蔵）

器片の形のとおりにくぼんでおり，土器片をはめ込めば固定できるし，内部を観察する際には取り外せる。また展示の際には，破損したままでは来館者に伝わりにくい本来の器形を示すことができる（鶴見，2016 a ／2016 b）。このように研究成果は博物館活動のさまざまな局面に還元しうるのである。

## （2）笛吹きボトル研究の展開

　2018（平成30）年，岡山県の BIZEN 中南米美術館より共同研究の相談を受けた。BIZEN 中南米美術館は前身を森下美術館と言い，漁網生産業の森下精一氏（故人）がペルーでの商用の際に古代の造形美に感銘を受け，地元の日生町に中南米古代美術の一大コレクションを作り，1975（昭和50）年に私立博物館としたものである。コレクションの中にエクアドルとペルーで製作された，笛吹きボトルという土器が多数ある。息を吹き込む，液体を出し入れするなどで器内の空気が動くと，仕込まれた笛が鳴るという精妙な作品群である。東京大学総合研究博物館の資料とあわせて X 線 CT で調べ，その構造を解明するという研究の提案であった（図 8-4）。得られたデータを参照して，岡山県立大学デザイン学部にて陶土でレプリカが作成され，さまざまな時代・地域の笛吹きボトルの製作技法や鳴る仕組みを類型化することができた。共同研究の成果は学会で発表され，また筆者が特別展示を企画・公開した（『文字なき文明の名もなき名工たち』展，2019年，東京大学駒場博物館）。

　研究はさらに東海大学との連携へと発展した。博物館相当施設として創立者の理念と建学の精神を伝える松前記念館（東海大学歴史と未来の博物館）は，文明研究や理文融合のテーマのもと，学内の資料と研究成果を展示している。学内の部局の一つである文明研究所は，エジプトとアンデスの考古遺物コレクションを所蔵しており，それぞれを専門とす

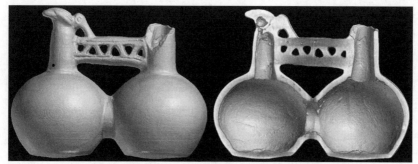

図8-4　笛吹きボトルのX線CT画像，外観と断面
（東京大学総合研究博物館蔵）

る教員らを中心に資料の調査を進めている。学内のマイクロ・ナノ研究
開発センターと共同研究体制にあり，最新鋭のX線CTで土器の内部を
解析する，土製の楽器が鳴るメカニズムを音響解析の側面から探究す
る，といった研究に着手していた。筆者は先述の展示の際に文明研究所
と接点を持ち，特に笛吹きボトルを中心とする共同研究に参画し，翌年
にはそちらの資料も加えた新たな研究成果を展示公開した（『ボトルビ
ルダーズ—古代アンデス，壺中のラビリンス』展，東京大学総合研究博
物館小石川分館）。

　2021（令和3）年に松前記念館と文明研究所は，神奈川県の「ともい
きアートサポート事業」と共同で，神奈川県立平塚盲学校にてワークシ
ョップ「笛吹ボトルの音色〜呼吸　いのちのかたち〜」を行った。視覚
障害を持つ生徒たちが古代アンデスの土器に手で触れ，音を聴き，受け
とった感覚をもとに陶土を捏ねて自分なりに笛吹きボトルを制作する，
という体験学習である。大阪府立堺支援学校の講師を中心に学習計画を
検討し，障害の有無を問わず誰もが参加できる，ユニバーサル・ミュー
ジアム（第9章を参照）の研究実績のある国立民族学博物館も参画し

た。東海大学で博物館学を履修する大学生たちは，貴重な土器の安全を図りつつ，生徒たちのハンズオン体験を補助するなどの実習をした。生徒たちのボトルは，岡山県立大学の協力により焼成され，松前記念館において展示された（「水・呼吸・いのちのかたち　手の世界制作-2」，展，2022年，松前記念館）（篠原編，2022）。

　このように大学には，研究への注力に応じた資料が蓄積されており，また学内外の連携によりさらなる研究の展開が望める。松前記念館はこれら一連の活動を通じて，学内外のさまざまな部署との連携や学内コレクションの活用を進めてきたが，2022年11月に企画展示「古代アンデスの音とカタチ——先端科学で解き明かす東海大学コレクション」公開とともにリニューアルし，今後は大学博物館としての役割や機能を強化していくと表明した。天理大学附属天理参考館も，所蔵する笛吹きボトルについて筆者らと意見交換し，国立民族学博物館と共同でX線 CT 分析を実施した。これら博物館・大学関係者は，大学コレクション研究の学際的ネットワークを構築しており，定期的に研究成果を発表し，体験学習ワークショップを発展的に継続し，また博物館展示を展開している。

## 6.　おわりに

　価値があるとされながらも時代遅れのモノや人を，「博物館行き」と表現する慣用句がある。博物館に収蔵された標本資料は，過去の遺物として展示されるか死蔵されるか，その程度の価値しかなくなるという想定で揶揄しているわけである。実際には，収蔵品は調査によって情報量を増し，先端的研究に供されれば世界レベルの学術的成果を上げる可能性を持っているのである。また収蔵品が中核となって，さまざまな館や大学や研究機関を巻き込み，新たな研究や教育のプログラムが成立しうる，ということも理解できたことと思う。

## 参考文献

金山喜昭「学芸員を研究職と認定する制度について」『博物館の未来を考える』
　pp.67-82（「博物館の未来を考える」刊行会編，2021年）

篠原聰編『水，呼吸，いのちのかたち（手の世界制作-2）』（松前記念館，2022年）

鶴見英成「アンデス文明の黄金・織物・土器・建築」矢野興人編『見る目が変わる
　博物館の楽しみ方：地球・生物・人類を知る』pp.376-398（ベレ出版，2016年 a ）

鶴見英成「12　南米の博物館—ペルーにおける考古学と博物館」　稲村哲也編『新
　訂　博物館展示論』pp.229-251（放送大学教育振興会，2016年 b ）

鶴見英成，丑野毅，諏訪元，吉田邦夫「断層の画像で真贋がわかる」西野嘉章編
　『真贋のはざま・デュシャンから遺伝子まで』pp.316-325（東京大学出版会，2001
　年）

西野嘉章『大学博物館—理念と実践と将来と』（東京大学出版会，1996年）

学術審議会学術情報資料分科会『ユニバーシティ・ミュージアムの設置について
　（中間報告）—学術標本の収集，保存・活用体制の在り方について』（1996年）

日本学術会議史学委員会　博物館・美術館等の組織運営に関する分科会編『提言
　博物館法改正へ向けてのさらなる提言〜2017年提言を踏まえて〜』（2020年）

日本学術振興会ウェブサイト「電子申請のご案内」内『機関番号一覧』
　（https://www-kaken.jsps.go.jp/kaken1/kikanList.do　2022年12月15日最終確認）

# 9 | 博物館の情報・メディア

鶴見英成

≪**学習のポイント**≫　メディアとは情報を伝える媒体の意味である。博物館はモノ（コレクション）というメディアを持ち，それを展示して情報を伝えるべくアナログやデジタルの多様なメディアを使い，そして博物館それ自体がメッセージを発するという，重層的な情報発信メディアである。特に展示と情報発信について実例を紹介し，今後の可能性や検討すべき課題を示す。
≪**キーワード**≫　メディア，「メディアとしての博物館」，アナログ的メディア，デジタル技術，ICT（情報コミュニケーション技術），3D プリンタ，双方向，情報検索，演出，SNS，バーチャルツアー，ユニバーサル・ミュージアム

## 1. はじめに―博物館とメディアの関係

　メディアという言葉は，日常的にマス・メディアすなわち報道機関の意で使われることが多く，コンピュータ関連では USB メモリや DVD などデジタル情報を記録する道具を指すが，本質的な意味としては情報を保存し，必要に応じて人から人へとそれを伝達する「媒体」である。博物館はさまざまなモノを所蔵しているが，モノ自体が情報を帯びたメディアである。そしてそれを展示で，教育プログラムで，インターネット上のコンテンツで表現するために，展示解説や演出のメディアをさまざまに工夫している。そして，それらが組み合わさった博物館という組織・施設そのものが，これまで学んだように，メッセージを社会に発信

するメディアである。このように博物館には，情報を発信するメディア
としての役割が幾重にも重なっている，と言える。

　展示に使うメディアというと，タブレット端末による展示解説装置な
ど，IT（情報技術）やICT（情報コミュニケーション技術）の応用が思
い浮かぶだろう。音声ガイドやスマートフォン用の解説アプリなどの電
子的な展示補助メディアは，常に最先端の技術を視野に入れながら，数
十年にわたって開発されてきた。しかし，なにも最先端のデジタル技術
の応用だけでなく，従来から培われてきたアナログの手法も展示のメデ
ィアである。すなわち文字解説，音声解説，イラスト，写真，映像など
で，依然として展示解説の基本である。実物の一次資料を補足説明する
二次資料，すなわちレプリカ（複製品）やミニチュア模型，ジオラマ
（生態展示）などもアナログのメディアである。さらに，展示物に映像
を投影する，展示場を再現したバーチャル空間に映像など多様な情報を
重ね合わせるなど，デジタル技術によって現実の展示の情報を補足・拡
張する手法が発展してきた。

　そして一方で博物館の展示，さらに博物館全体が社会に情報を発信す
るメディアそのものだというのが，「メディアとしての博物館」という
考え方である。この概念を最初に提唱したのは，国立民族学博物館の初
代館長で民族学（文化人類学）研究者の梅棹忠夫（故人）である。彼は
博物館の最も重要な活動として研究に基づいた情報の発信を挙げ，博
「物」館から博「情」館へという課題を設定し，そのためにデジタル技
術を活用することも重視した（稲村・近藤編，2018，pp.11-28）。

　情報とメディアというテーマは，博物館活動のさまざまな局面に見出
されるが，本章では内容を絞って紹介する。まず展示において用いられ
るメディアの多様性と拡張性について概観し，続いて今日急速に発展し
ているICTを活用した博物館の情報発信について実例を見ていく。そ

して，現状を踏まえた上で，今後の可能性と課題について考える。

## 2. 展示とメディア，メディアとしての展示

### （1）モノでコトを語る展示

　第7章において，展示による情報の発信にかかわる基本的な枠組みとして，モノに語らせる「鑑賞型展示」と，モノでコトを語る「説明（解説）型展示」という類型化について述べた。歴史的な経緯からすると，第3章で紹介されたヨーロッパ王侯貴族の「驚異の部屋」のように，陳列した価値あるコレクションに語らせる「鑑賞型展示」のほうが先行している。モノでコトを語る「説明（解説）型展示」は，先述の梅棹忠夫が「情報発信型」もしくは「学習型」として重視した展示で，展示物そのものだけでなく，それによって伝える情報を重視する展示である。歴史的には，情報の発信がより重視されていく方向，すなわち鑑賞型から情報発信型へと展開してきたと言える。もっともこれは展示の考え方を対極的に示す理念型であり，多くの展示は展示物そのものと，発するメッセージの両方に配慮して設計されている。また現代においても，鑑賞者の自由な感動や想像・創造を重視して意図的に「モノに語らせる展示」に特化させたり，提示する情報を最低限の事実関係にとどめて観覧者の解釈や想像力に委ねるという手法もある。情報の正確な伝達には自ずと限界があるが，逆に観覧者の創造性・能動性を喚起するというメリットが生じうるためである（第6章を参照）。

　なお，第3章で解説されたとおり，博物館・美術館はその成り立ちの中で視覚による鑑賞が奨励され，展示物に手を触れないことが一般化してきた。しかし博物館資料や美術作品を前にして，視覚以外の感覚を駆使すればさらに情報を引き出し，深い理解を得られるという可能性がある。そのために資料の安全を図りつつ，触れることで学ぶハンズオン展

示もさまざまに提案されてきた。特に視覚に障害を持ち，日常的に触覚を活用して生活している人にとっては，展示に触れることこそが本質的な鑑賞方法である。誰でも安心して楽しめる博物館，という意味で日本では「ユニバーサル・ミュージアム」という語が定着してきている。これは，バリアフリー化によって障害を持った人も安全に利用できる，という意味にとどまらず，視覚という特定の感覚に傾倒することなく，さまざまな鑑賞のあり方を認め，誰もが楽しみ学べる博物館のあり方を意味する。それをどのように構築していくか，博物館の情報・メディアを考える上で，大きな課題と言えよう。本章の最後で事例とともに再びこのことに触れる。なお第13章でも注目すべき取り組みが紹介されている。

## （2）アナログ的メディアを用いた展示

　博物館の情報やメディアというと，高度な情報技術の応用が注目されがちだが，従来からのアナログ的メディアは展示解説の基本である。アナログ的メディアとして最も典型的なのは手描きイラスト・手書き文字の解説パネルであろう。館内のパネルのデザインを高度に規格化しようとせず，展示担当の学芸員がフリーハンドで作成するならば費用や制作期間が抑えられる可能性があり，またその人柄の垣間見える展示解説として，鑑賞に楽しみを付加することもある。ただし現在，純然たる手書きの解説パネルを設置している館はまれであろう。紙やスチレンボードの上に表現している点ではアナログだが，原版を PC で作成しプリンタで印刷するのが通例である。読みやすい文字のサイズ，フォント，色，改行幅や文字間隔などのデザインを PC の補助によって突き詰め，紙やボードの上に正確に再現しているのである。写真パネルも同様で，フィルムから現像・紙焼きした写真を貼り付ける展示は次第に消えていき，

古い写真であろうともデジタル化したデータを印刷して使うことが一般化し，画像処理による鮮明化やサイズの拡大・縮小など，デジタル技術の恩恵を受けている。写真スライドや映像を上映するというのはアナログ展示の範疇だが，上映する写真や映像自体はPCで編集し，PCと接続したプロジェクタやディスプレイで表示するのが常態化している。さらに2次元の印刷物だけでなく，3次元データを立体物として3Dプリンタで出力し，アナログ展示の一部とする事例も広まりつつある。このように手段としてのデジタル技術は，すでにアナログ展示に深く入り込んでいることには注意すべきである。その上で，アナログ展示の広がりについて概観していこう。

　第7章で紹介したリアス・アーク美術館には，多様なアナログ展示の事例が見られた。手描きイラスト・手書き文字の解説パネルは来館者の関心を強く捉えると述べたが，それ以外にもイラストにはメディアとして優れた点として，複雑な情報を的確に抽象化できる，ということが指摘できる。例えば海上の舟から長い漁具を延ばし，海面下の生物をとらえる漁の様子は，水平に表現された海面の上下に両者を配置して描けば一目瞭然である。現実に海面の上下を写真・映像で撮影するのは困難であるし，水泡や色彩などを捨象して，人や道具や獲物だけを描写したほうが漁法を理解しやすい。多様な海産物や農作物，森林さえもカゴの中に詰め込んだイラストは，人々が利用できる天然資源の豊かさを的確に表現している。立体物を使って現実に再現することはできない描写であり，視覚情報の取捨選択に基づくイラストの強みである。

　パネル展示は一般的に言語による解説と密接であるが，言語で表現し尽くせないような情報を伝えるアナログ展示もある。例えば福島県の宮畑遺跡は，縄文時代中期・後期・晩期と約2000年に及んで居住の続いた集落遺跡であるが，現在は宮畑遺跡史跡公園・じょーもぴあ宮畑として

図9-1　宮畑遺跡。捨てられた土器片群の展示

図9-2　宮畑遺跡。じょーもぴあ宮畑内に復元された掘立柱建物群

整備され，展示場を含む体験学習施設のほかに，屋外展示を展開している。例えば，縄文人が使い終わった土器をあの世に返す場だと考えられている，土器片の集積遺構を建造物で覆い，温湿度管理のされた露出展示棟（図9-1）として公開している。これは，土器片などの遺物や土壌の堆積というモノ自体が，きわめて多くの視覚的情報を含み，また古代人の活動した空間を比較的大規模に切り取った展示メディアである。見学者は言語以上に，観察や歩行などの行為を通じて，体感的に情報を受け取ることになる。また復元された掘立柱建物が立ち並んで，かつての集落の姿をイメージさせる屋外展示（図9-2）では，レプリカという二次資料がメディアとして機能している。第6章と第7章で取り上げた震災遺構は，壊れた建物そのものを雄弁な展示メディアとして活かしていると言える。

　福井県年縞博物館は，水月湖における古気候研究の成果を展示している。湖底には1年に1枚，薄い層が堆積し，断面を見ると年縞という縞模様をなしている。これをボーリング調査したところ，45mという長大なボーリングコア（円柱状にくり抜いた土壌サンプル）から，7万年

という世界最長の年縞の堆積が観察された。それぞれの年縞の内容を調べることで，環境の変化を年単位で解明できる。これは年代科学・古気候学の画期的な成果として世界的に評価された研究である。展示室「水月湖年縞7万年ギャラリー」は壁面にそのボーリングコアを横たえ，ステンドグラス展示としており，そのために館全体が細長く設計されている。ボーリングコアを見ながらこの長い展示室を歩く体験こそが，復元された環境史の長さを学ぶことなのである。このように，デジタル技術の発展が目覚ましい今日においても，工夫を凝らしたアナログ的メディアの雄弁さは色あせることがない。

### （3）デジタル技術を活用した展示解説メディア

　デジタル技術活用のメディアの用途は大きく二つに分けられる（以下，高橋，2013）。一つはデータの「情報検索」のタイプである。後述のように資料のデータベース化は，博物館におけるデジタル技術の活用の重要な領域であるが，それを展示会場内で閲覧できるようにする方法である。もう一つはアトラクション的な「演出」のタイプであり，大型スクリーン，マルチスクリーンなどのシアター・タイプが典型的である。

　情報検索タイプの解説装置は，固定型端末（KIOSK端末等とも呼ばれる）と携帯端末型とがある。固定型端末は展示場内に設置されたタッチパネル式のものが多く，観覧者が自身の関心に応じて展示物の情報を探すと，端末から情報が提供される。ただし展示物を鑑賞する行為と，情報を得る行為とに時間差ができてしまう（伏見，2021）。携帯端末型は発展が目覚ましい。2013（平成25）年に発売された「ニンテンドー3DS ガイド ルーヴル美術館」は，ゲームメーカーが開発した携帯ゲーム機用のシステムの例で，作品の説明や部分映像や3Dモデルの表示に

加え，見学したい作品群を指定すると，広大なルーヴル美術館内を効率的に回るアクセス・ルートを提案する機能も持っている。携帯ゲーム機の利便性は高く評価され，例えば早くから「みんぱく電子ガイド」という展示解説システムを導入していた国立民族学博物館も，長らく携帯ゲーム機を貸し出して映像と音声による解説を提供してきた。ただし2017（平成29）年からは展示のリニューアルに呼応し，スマートフォンによるシステムに切り替えた。多言語への対応や，館内ナビゲーション機能や，展示物とそれに対応する映像資料を分かりやすく示すといった鑑賞補助機能が充実するとともに，さまざまなテーマにそった展示物鑑賞のツアーを案内する，閲覧した展示情報を登録して次の来館時に参照できるようにする，などと展示鑑賞の方法を拡張するさまざまな機能が加わった。普及の進んだスマートフォンを携帯型端末として用いるシステムを，館のテーマに合わせて独自に開発する事例は多く見られる。インターメディアテクが開発した「onIMT」は，展示物自体の解説だけでなく，展示デザインや特別展のコンセプトなど，館の探求するテーマに関する音声コンテンツを聞くことができる。また特定の館ではなく，汎用的な解説ツールとして開発されたスマートフォン用アプリ「ポケット学芸員」を導入する館も多い（第12章を参照）。また視覚に障害のある人に向けた音声案内システム「ナビレンス（NaviLens）」（ナビレンズ，とも）を導入し，館内移動の補助と解説に役立てる美術館・博物館もある（第13章を参照）。

　このように携帯型端末の解説メディアは，蓄えた大量の情報の中から個人のニーズに応じた種類と情報量を提供できること，言語や視覚の壁を取り払って幅広い来館者の鑑賞を補助できることなど，多くの利点がある。ただし，まだ一方向的な情報提供である場合が多いため，鑑賞者がより積極的に展示に関わっていくような，双方向的な鑑賞を促す手法

はまだ検討の余地がある（伏見，2021）。

　演出タイプのメディアとしては，大型スクリーン，マルチスクリーンに加え，大型の展示物や立体的な壁面や球面に映像を投影するインスタレーションも普及したほか，近年では観覧者の動きに映像シーンが反応し，驚きを与える映像展示が多くなっている。ジャンルを超えたミュージアムを標榜するニフレルの球体ディスプレイ WONDER MOMENTS はその一例で，大きな球体に映し出される体験型映像と音楽によるインスタレーションである（稲村・近藤編，2018）。これは球体と床面に12台のプロジェクタで映像を投影しているもので，床面への投影には，人の動きに反応する「ボディ・マッピング」を装備している。より複合的な球体ディスプレイの展示の例として，日本科学未来館の「つながり」プロジェクトのジオ・コスモスがある。こちらはプロジェクタからの投影ではなく，約1万枚の有機 EL パネルを継ぎ合わせて直径約 6m の球体ディスプレイにしたもので，1000万画素を超える高解像度で宇宙空間に輝く地球の姿を表現している。個別の固定型端末であるジオ・プリズムでは，このジオ・コスモスに，AR（拡張現実）を用いてデータやシミュレーションを重ねて表示し，CG と複数のカメラからの映像を織り交ぜたデータが，地球上に映されているのを360度の方向から見ることができる。他方，巨大な球体の中に観覧者が入るタイプもある。科博の全球型映像施設「シアター36○」では，内部壁面に映写される映像によって，観覧者は頭上から足の下まで包み込まれ，宇宙が生まれるスペクタクルのただ中に身を置いたり，人類の拡散過程を探る人類学者の舟に同乗して実験航海の旅をすることになる。

　いずれも展示の目的，発するメッセージに応じて最適なメディアが選択されるべきである。ただし大規模なアナログ的メディアも，最先端のデジタル技術メディアも，相応の予算を要するのが現実である。

## 3. 博物館のデジタル技術

### （1）博物館におけるデジタル技術活用の現状

　全国の博物館におけるデジタル技術の活用の状況は，2019（令和元）年に実施された『令和元年度　日本の博物館総合調査研究報告書』（日本博物館協会編，2020）からある程度把握できる。ただし，調査対象とした4000館あまりのうち回答したのは2314館で，小規模な博物館類似施設の回答率が低いと推測される。

　「タブレット等による鑑賞支援」を行っている博物館は全体の11.2%で，2013（平成25）年の調査で4.9%であったのに比べると，大きく増加している。ただしアナログ的解説にあたる「解説シート」を作成している館は41.7%，「出品目録」41.2%，「有料の展示解説書」40.0%となっており，従来型の印刷メディアが主流であることが分かる。

　デジタル技術は，展示に関連するものだけではなく，収蔵資料台帳の電子化と検索，ウェブサイト，広報など多方面に活用されている。収蔵資料の電子化（データベース）は，膨大な資料情報の整理と集積が可能になるというだけでなく，検索や，情報共有，公開などそのメリットは大きい。またデジタルアーカイブを構築して情報公開を進めることは，2022（令和4）年の博物館法改正にあたって新たに博物館の役割として明記された（第1章，第2章を参照）。ただし博物館にとって人員・予算・設備の確保を要する一大事業である。調査の結果によれば回答した2314館のうち，51.1%が収蔵資料情報の電子化を進めていることが分かった。館内の端末や館のウェブサイトで，資料のデジタル画像を公開している館は24.8%で，増加傾向にある。また今回の調査には含まれていないが，立体物を3Dデータとして公開する館の例が増えている。後述のとおり，スマートフォンの機能などにも組み込まれ，今や

3Dデータ作成は身近な技術となっており，多くの館が少なくとも部分的に導入していくであろう。なお，1990年代の後半頃からのデジタルカメラの普及に対応して，画像データ公開を早めに導入した先進的な事例ほど，目覚ましい技術進歩に取り残され，今となっては情報量の低い画像になってしまっている，ということが多い。また，コンピュータのOSや，普及したファイル形式などが時間と共に移り変わり，かつて作成した情報を活用できなくなるという事例もある。デジタル技術は導入した後も，常に検討が求められる分野なのである。

### （2）インターネットによる双方向的な情報伝達

『令和元年度　日本の博物館総合調査研究報告書』によれば，ウェブサイトで広報活動を行う館は86.6％にのぼる。その中の87.3％が開館日・入館料など館の基本情報を伝える機能を，74.5％が展示を紹介する機能を持たせているなど，きわめて多機能なメディアとして活用されている。ただし，データベースの公開は14.6％と多くはない。

同時に，52.8％の館がTwitterやFacebookなどのSNS（Social Networking Service）を何らかの形で利用しており，41.2％は館の公式なアカウントを取得して運用している。通常のウェブサイトに比べるとSNSはユーザーとの双方向のやりとりや，ユーザー層に合わせた使い分けなどが容易である。ただし，情報管理が難しいという課題もある。上記の館の9割以上は一方的な広報メディアとして使用しており，質問を受け付けるなどの双方向的な例は限られる。しかし，博物館の日常風景，資料や学芸員活動の紹介など，短文と写真だけの気軽で即応的な情報発信ならではの訴求力がある。また，展示場内に撮影スポットを設け，記念写真による情報拡散を促すなど，多様な活用方法が試行されている。

　各館が作成・公開したデータベース同士を双方向に連携させ，世界規模のネットワークとして利用可能にする動きも進行している。その例として，全国の自然史系博物館などがコレクションの内容を登録するサイエンスミュージアムネット（S-Net）が挙げられる。その英語版が GBIF（Global Biodiversity Information Facility）にもアップロードされ，全世界的な生物多様性データベースに貢献している（真鍋，2019）。このデータベースにより，重要なコレクションの存在を可視化することで，知らないうちに散逸・紛失する事態を防止できる。別の例として IIIF（International Image Interoperability Framework）という，画像を中心とするデジタル化資料の相互運用プラットフォームも活躍している。博物館・美術館などがデータベースを公開して所蔵資料のデジタル画像をネット上にアップロードする際，IIIF 対応の登録をしておくと，全世界で横断的に検索可能となる。ネット上の情報は，こういった統一的規格によってより網羅的に利用しやすくなっていくであろう。

### （3）展示空間の情報化

　2018年，ブラジル国立博物館が火災で全焼し，自然史標本，人類学・考古学資料など2000万点もの貴重な資料が大幅に失われた。現在，博物館展示場のかつての姿を，Google Art & Culture というサービスによって，バーチャルツアーとして閲覧可能である。Google 社はストリートビューというサービスで世界各地を網羅的に撮影し，インターネット上で情景を3次元的に閲覧可能にしているが，Art & Culture はその機能を拡張し，世界の文化遺産や博物館を撮影したものである。日本の館も多く参画しており，例えば東京国立博物館の場合は，3次元的に再現された館内で展示物の解説を見ることができる。バーチャルツアーは，博物館を訪問できないユーザーに擬似的な鑑賞体験を提供するだけでな

く，消失前に撮影を終えていたブラジル国立博物館のように，現実には閲覧できない情報にアクセスするという利点を持ちうる。

東京大学総合研究博物館小石川分館の事例を挙げよう。小石川植物園（東京大学大学院理学系研究科附属植物園）の敷地内に立つ旧東京医学校本館は，明治時代における東京大学医学部の前身の学校建築を移築したもので，国指定重要文化財である。2001（平成13）年より総合研究博物館が分館として活用し，2013（平成25）年からは建築ミュージアムというテーマを掲げて展示を開催し，建造物そのものも展示物として紹介されてきた。しかし2020（令和2）年より，耐震改修が実施されるまで無期限の休館に移行した。この展示空間をバーチャルツアーの形で閲覧可能にすべく，3DVRが作成された。三脚にセットした専用の測量機材を館内・館外の多数の地点に据え，赤外線による距離測定と，水平回転するカメラでの360度の情景写真とを取得し（図9-3），Matterportと

**図9-3　小石川分館における Matterport カメラによる 3DVR 作成**
（製作：ARCHIHATCH）

**図9-4　3DVRとなった小石川分館の展示空間**（製作：ARCHIHATCH）

いうインターネット上のプラットフォームで合成して，実寸に従った館
内外の３Dモデルに，カラー写真を貼り付けた3DVRが作成された[1]。
展示物の解説キャプションを見られる上に（図9-4），現実には来館者
が到達できない屋根の上や屋根裏の形状も閲覧できる，という付加価値
も生じた。Matterportを用いた測量と公開は新型コロナウイルス流行下
で急速に普及し，国立科学博物館の「かはくVR」など，博物館が導入
した例も多い。

　写真と合成された３次元情報を取得する他の代表的な方法には，対象
の写真をさまざまな角度から多数撮って専用のプログラムで合成する
SfM（Structure from Motion）と，レーザーを照射して対象の形を直接
測定するLiDARがある。前者は光量などの撮影条件をなるべく均質に
する必要があるため，大きなものの形状を計測するのが難しいが，後者
はMatterportと同様に空間の形状把握に適した手法で，近年はスマー
トフォンに搭載されるほど一般化してきた。ある展示企画において，展
示物は配置を換えて展示されたり，公開終了後に収蔵庫に移されたりす

---

1) 東京大学総合研究博物館ホームページ　http://www.um.u-tokyo.ac.jp/3dvr/
koishikawa_annex.html

るが，メディアとして重要な役割を果たした「展示空間そのもの」は解体されてしまい，写真か映像しか残らない。展示図録は多くの場合，展示会場の設営よりはるか以前に編集されるため，会場写真が載っていないことが多い。展示空間の情報化・記録は，次第に成熟しつつある新たなジャンルの博物館情報と言える。

## （4）博物館の情報・メディアの可能性

　昨今，博物館の新たな発信として注目を集めた，2020（令和2）年発売の任天堂の家庭用ゲーム機用ゲームソフト「あつまれ　どうぶつの森」をめぐる展開について言及しておきたい。プレイヤーは仮想世界の中で一つの島を所有し，住人である動物たちと交流しながら，資材を集めて自分好みの町を作っていく。またマイデザインという機能によって，32ピクセル四方のドット絵を作成すると，ゲーム内においてインテリアや衣服などの図柄として楽しむことができるのだが，その画像情報をインターネットを通じて他のユーザーと共有することもできる（所持できる上限数は定められている）。これを用いて，世界中の多くの美術館・博物館が収蔵品の画像データを公開し，ユーザーが好きなものを収集するという楽しみ方が始まった。特に数十万点以上の収蔵品のデジタルデータを公開している，米国のメトロポリタン美術館の参加は大きく報道された。他にも米国のJ・ポール・ゲティ美術館，英国のアシュモレアン美術・考古学博物館，台湾の国立故宮博物院，日本からは太田記念美術館，ポーラ美術館，国立歴史民俗博物館など，多くの館がこのような楽しみ方を提供した。この動きに弾みをつけたのが，J・ポール・ゲティ美術館が開発・頒布した Animal Crossing Art Generator というアプリケーションである。J・ポール・ゲティ美術館のデータベースの中から，ユーザーが希望する作品を選択すると，マイデザインとして作成さ

れた画像とダウンロード用の QR コードが生成されるという仕組みで，データの入手が容易になった。またこのアプリケーションは先述の，デジタル画像資料の横断的運用システム，IIIF に対応しているため，IIIF 対応の画像データベースを公開している，世界各地の博物館・美術館の収蔵品がマイデザインとして楽しめるようになったのである。共有できる画像データは精細なものではなく，あくまでもゲーム内で楽しむためのドット絵であるため，著作物の無軌道な複製という問題が避けられていると言えよう。また任天堂は，原則としてゲーム機を個人に対して提供する立場をとり，企業・団体による利用を禁じているが，このようなマイデザインの提供についてはガイドラインを設定した上で，例外的に認めたという経緯がある[2]。つまり，博物館群によるこのような情報発信は，今後さまざまなゲームを通じて一般的になっていくとは限らない。しかし，博物館のデジタルデータの公開と統一企画化を背景に，家庭用ゲーム機を通じて，思わぬ形で双方向的な博物館利用の形が広まったこの事例は，博物館の情報・メディアの大きな可能性をうかがわせる出来事であったと言えよう。

## 4. おわりに

　2020（令和2）年，新型コロナウイルスの世界的流行により日本の博物館も岐路に立たされた。多くの館が入場を制限し，入場できた人も「三密」を避けることを最優先に誘導された。結果として，インターネットをメディアとした博物館情報の双方向的なやりとりが加速した点は注目に値する。休校や行事の中止が相次ぐ子供たちのためにと，北海道博物館が提唱した「おうちミュージアム」は，博物館展示の中からテーマを探し，塗り絵，工作，クイズなどの遊びをオンラインで提供する試みであった。全国で約230館が参加し，開催中の展示の解説シートを配布す

---

2）https://www.nintendo.co.jp/animalcrossing_announcement/ja/（2022年11月20日最終確認）

る，など館ごとにさまざまな試行が行われた。一方で展示場内でも慎重に検討が行われ，接触を前提とするハンズオン展示を一時中止するなどの現場対応が取られたほか，この機会に長期休館し，施設の大規模改修を進める館もあった。そのような状況の下，博物館の抱える本質的な課題の数々が浮き彫りとなり，またそれらに対する積極的な取り組みが見られた。本章の結びとして二つの例について述べたい。

　第一に，生体展示をめぐる課題である。政府の指示に従って，何カ月でも自粛してやり過ごす，というわけにいかないのが生物を抱える動物園・水族館であった。日本各地の館園でテーマを決めて動物たちの様子をライブ中継し，実費を除いたチケット代を寄付金とするという「KIFUZOO」の主催者の田井基文氏は，「動物たちの命を預かり，そこで彼らの生涯を請け負い続ける動物園としては，施設の健全性とあらゆる持続可能性を考える必要があります」「リアルとオンラインの両立，同時並行でそれぞれのよさを追求する」「KIFUZOO が，今回のコロナ禍以降も安定的かつ永続的な存在になることを目指したい」と表明している（田井，2020）。一時しのぎではなく，博物館施設の長期的な変革の提言である。本章で見てきたように，急速に発達を遂げているデジタルメディアを背景とした，双方向的な連携の構築にその期待がかけられている。

　第二に博物館のメディアの大部分が，視覚情報の伝達に偏っているという課題が改めて浮き彫りになったことである。感染症対策としてハンズオン展示が制限される中，視覚に障害を持つ人の展示鑑賞について博物館は深く問い直すことになった。この困難を逆手にとって，国立民族学博物館では特別展示「ユニバーサル・ミュージアム　さわる！"触"の大博覧会」が開催された（国立民族学博物館・広瀬浩二郎編，2021）。障害の存在を前提とした「障害者／健常者」という区分にとらわれず，

「触る」感覚において誰もが参加できるユニバーサル・ミュージアムを通じて，その二項対立を超えようという意図のもとで，展示物や展示場などのメディアが設計された。照明を暗く調整した展示会場において，日常的に視覚に頼っている人も視覚以外の感覚を研ぎ澄まし，多様な展示物を触ることによって，「触る」ことの意味，「見る」こととの違いを自ら問い直す機会となったのである。感染拡大防止策を徹底しながらも，多くの来館者を迎えたこの展示は，博物館の情報とメディアについて，我々はまだ考えるべき多くの課題を抱えていることを示している。

## 参考文献

稲村哲也・近藤智嗣編『博物館情報・メディア論』（放送大学教育振興会，2018年）
　インターメディアテクウェブサイト『サウンドレイヤーアプリ「onIMT」公開のお知らせ』　http://www.intermediatheque.jp/ja/press/view/id/PR046/year/2018（2018年）（2022年12月16日最終確認）
国立民族学博物館・広瀬浩二郎編『ユニバーサル・ミュージアム―さわる！"触"の大博覧会』（小さ子社，2021年）
田井基文　「主催者からのコメント」KIFUZOO 公式サイト
　https://kifuzoo.com/1（2020年）（2022年12月16日最終確認）
高橋伸裕「第7章　モノが語る・メディアが語る」日本教育メディア学会編『博物館情報・メディア論』pp.85-111（ぎょうせい，2013年）
日本博物館協会編『令和元年度　日本の博物館総合調査報告書』（2020年）
伏見清香「第11章［展開］ミュージアムの鑑賞支援」伏見清香・茂登山清文編『情報デザイン』pp.193-215（放送大学教育振興会，2021年）
真鍋真「博物館コレクションを未来に継承する」『日本地質学会学術大会講演要旨』（2019年）

# 10 | 博物館資料の保存と修復

日髙真吾

≪**学習のポイント**≫　博物館資料は，博物館の財産であると同時に，先人たちの築いてきた文化を表象する人類の財産である。さまざまな役割を担う博物館において，博物館資料を適切に保存し，次の時代へ継承することは，博物館活動の中核をなすものである。こうした博物館資料の保存について，近年は，予防保存の概念を取り入れた博物館資料の保存と修復が実践されている。ここでは，予防保存の考え方を整理し，具体的な要点を明らかにする。
≪**キーワード**≫　予防保存，博物館の環境づくり，温度湿度，光，空気質，照明，文化財 IPM，生物被害対策，殺虫処理方法，科学調査，修復技術

---

## 1.　はじめに―博物館における保存環境作りと修復

　博物館における資料保存の活動は，予防保存の考え方に基づいた取り組みが世界的な主流となっている。「予防保存」とは，英語の Preventive Conservation を日本語に訳したものであり，その成立過程や背景については，『文化財保存環境学』（三浦・佐野・木川，2016）に詳しく述べられている。ここでは，三浦定俊が紹介した予防保存の成立過程やその背景についての記述をもとに，予防保存の考え方を整理しておきたい。
　博物館における予防保存の考え方は，ICCROM（文化財保存修復研究国際センター）で行われていた「博物館の防犯と環境」という研修を「結局は予防が一番良い保存方法である」という理由から，「Preventive Conservation in Museums」に名称を変更したことが初出となる。その

後，博物館における予防保存に関する研究が活発に行われ，1994年にオタワで開催されたIIC（国際文化財保存学会）では，Preventive Conservation-Practice, Theory and Research がテーマとなった。また，1996年のICOM-CC（国際博物館会議保存国際委員会）の大会では，博物館資料の保存について，照明，空調，生物劣化，輸送等について個別に議論されていた分科会がPreventive Conservation として統合された。こうした動向の中で，予防保存が博物館における資料保存の考え方の主流となっていった。

一方，日本では予防保存の考え方を受け入れるための土壌となる研究が既に行われていた。例えば，東京文化財研究所（現，独立行政法人東京文化財研究所）の登石健三や見城敏子は，1960年代から世界に先駆けて，コンクリートから放出されるアルカリ因子が絵画材料に与える影響を指摘した。また，1970年代頃からは，建築資材の合板から放出される揮発性有機物質による金属や顔料への被害が起きるようになり，温度湿度や照明だけが保存環境の問題ではないことが周知されるようになった。さらに，修復を行った資料を悪い環境に戻せば，再び劣化が進み，また修復を行うという修復の繰り返しによって，オリジナルの博物館資料の姿や材質が失われてしまうことが反省されるようになった。このような背景から日本においても，修復優先の考え方から，環境整備を優先させるPreventive Conservation，日本語では予防保存と訳された考え方が博物館の資料保存で重要視されていくようになったのである。

三浦はこうした予防保存の考え方が整理されていく過程を踏まえ，「予防保存という直訳よりも，『保存環境作り』という言葉が適切である」と指摘している。こうした「保存環境作り」を実践するために必要な項目には，温度湿度・光・空気中の汚染物質・生物被害対策が挙げられる。

　そこで本章では，博物館における温度湿度・空気中の汚染物質・光の
管理について，その概要を示していく。また，博物館資料の多くは，有
機物を素材としているものが大半を占める。こうした有機物の素材を著
しく劣化させる大きな要因が生物被害である。したがって，「保存環境
作り」では，生物被害対策が重要な課題となる。こうした課題を解決す
る方法論として，近年，文化財 IPM の導入が提唱されていることから，
博物館における文化財 IPM の導入方法を示す。

　また，博物館資料の保存活動では，「保存環境作り」の視点に加え
て，劣化が進行した博物館資料に対して，次世代へ継承していくための
「修復」が必要となってくる。博物館資料は，植物素材や動物素材をは
じめとする有機物や，鉄や銅，あるいは陶器や石などをはじめとする無
機物の単体素材で構成されるもののほか，有機物と無機物を組み合わせ
た複合素材で構成されるものがある。これらの博物館資料は，保管され
てきた環境，あるいは伝承されてきた長い年月の中で，素材ごとに特徴
的な劣化が生じる。博物館資料の修復では，こうした素材ごとに生じる
劣化に個別に対応するための修復に加えて，博物館資料全体に生じてい
るさまざまな劣化に対して全体的なバランスをみながら修復を行う必要
がある。また，博物館資料の修復を行う場合，劣化の状況を把握したう
えで，修復方針を立案する必要がある。そのためには，修復対象となる
博物館資料に対して丁寧な肉眼観察を行ったうえで，さらに詳細な情報
を得るための科学調査が行われる。

　博物館資料を対象とした修復技術は，二つの資料群に大別できる。一
つは，出土遺物に関する修復技術である。土中から出土する遺物はすで
に劣化した状態で発掘される。出土遺物を博物館資料として扱うために
は，化学的な素材を用いた修復がなされ，「保存処理」という表現が用
いられる。もう一つの資料群は，地上で伝世してきた資料群で，伝世品

という名称が用いられる。伝世品の修復（修理）では，例えば，掛け軸やふすま絵などの日本画の修復については，伝統的な装潢技術が確立している。また，日本人の日常の暮らしの中で育まれてきた民俗資料には，さまざまな修復技術を応用する，あるいは複数の修復技術を組み合わせる修復が行われている。

　こうした博物館資料の修復について，本章では，劣化状態を把握するための科学調査の手法を示す。また，博物館資料の修復技術の概要について紹介する。

## 2. 博物館における保存環境作りに必要な基本的要件

### （1）温度湿度の管理

　博物館資料は温度が高くなるほど化学反応が早く起こり，劣化が進む。また，湿度が高いほど，化学反応が促進され，同様に劣化が進む。したがって，博物館における保存環境作りの管理項目の中でも，温度湿度の制御は重要な項目となる。温度と湿度の関係は，温度によって，空気が水蒸気の形で含むことができる水分量が違ってくるため，温度と相対湿度が密接に関係する。相対湿度とは，空気中に含まれている水蒸気の量を，同じ温度における，その空気が飽和したときに含むことのできる水蒸気量（飽和水蒸気量）と比べ，どの程度空気が湿っているのか，乾燥しているのかを示したものであり，パーセント（％）で表される。

　温度湿度の動きによって博物館資料の状態は変化するが，湿度による物理的変化の方が大きいため，博物館では湿度の変化に対してより注意が必要である。なかでも，木材や，紙，皮革，布，接着剤など吸湿性の高い材料で作られている博物館資料は，湿度が上がると膨張し，下がると収縮する。このことで変形や破損などの劣化が生じる。また，これらの材料を組み合わせて作られている博物館資料は，材質による膨張率や

収縮率が異なるため，異なる材質の境界面で破損が生じやすい。

　温度湿度を制御するため，多くの博物館では空調機を利用している。ここで制御される温度湿度の目安としては，例えば日本では文化庁が1996（平成８）年（2018《平成30》年に改定）に「国宝・重要文化財の公開に関する取扱要項」を定めており，温度を22℃±１℃，湿度を55％±５％（ただし，金工品については50％以下）と定めている。また，欧米の博物館・美術館から資料を借用する際，温度20℃±２℃，相対湿度50％±５％という展示条件がつくことがある。しかしながら，夏と冬の気温の差が大きい日本では，外気温の動きに留意する必要がある。欧米の博物館・美術館が示す条件を日本で適用するためには，博物館が設置されている場所の気候を十分に考慮しなければならない。近年の日本は，夏場の気温が35℃を超える日が珍しくなくなってきている。こうした気温の動きに応じて，相対湿度の設定を一定にしながら，無理のない温度に設定するといった工夫を行うことが，省エネルギー化をはじめとする環境問題への取り組みと合わせて，今後はより求められる。なお，温度湿度の制御で重要なことは，急激な温度湿度の変化を生じさせない環境作りである。そのために，空調機に設置されている温度湿度センサーだけではなく，温度湿度のデジタルデータをメモリーに記録するデータロガーや自記温湿度計を収蔵庫や展示場に設置する。そのうえで，空間内の複数の場所の温度湿度の推移をこまめに点検し，把握しながら，安定した温度湿度環境を作っていかなければならない。

## （2）空気中の汚染物質の管理

　空気は窒素と酸素を主成分とし，そのほか炭酸ガスなどを含んでいる。空気に含まれている物質のうち，博物館資料を劣化させる要因となるものとして，屋外の空気由来のものでは，二酸化炭素や光化学オキシ

ダント，二酸化硫黄，一酸化炭素，浮遊粒子状物質がある。また，屋内由来のものとしては，ホルムアルデヒドや揮発性有機化合物があり，加えて，カビ類などが含まれる。

　これらの汚染物質のうち屋外由来のものは，館内に外気を取り入れる場合，適切なフィルターを使用して取り除いている。例えば，九州国立博物館では，取り入れた外気を水で洗うエアワッシャーという装置を組み込み，屋外の汚染物質を除去している。また，国立民族学博物館では，空調機にプレフィルターや中性能フィルターなどを組み合わせて取り付けることで，空気中に浮遊している花粉やカビなどをはじめとする粉塵を除去している。

　屋内由来の汚染物質は，内装や展示ケースに用いられた木材，塗料，接着剤などから発生する物質であり，資料の劣化要因となることが指摘されている。したがって，新しい内装や展示ケースは，汚染物質の発生が収まるまでの期間，いわゆる「枯らし」の期間を十分にとった後に，博物館資料を配架や展示することが必要となる。例えば国立民族学博物館では，展示台の躯体となる合板をアルミシートで養生し，その上にクロス貼りを施し，合板から汚染物質が空気中に出てくることを防ぐ処置を施している。

　空気中の汚染物質を調べる方法として，変色試験紙や有機酸やアンモニアの検知に特化したインジケータが市販され，利用されている。変色試験紙は，試験液を染み込ませたろ紙の色の変化を24時間後に観察するもので，空気環境の雰囲気を簡便に把握でき，その変遷が観察しやすい。また，インジケータは，有機酸やアンモニアのそれぞれの濃度が，基準あるいは推奨濃度の範囲であるかどうかを変色の程度で読み取ることができる。

## （3）光の管理

　人がものを見るには光が必要である。一方，博物館資料への過剰な光の照射は劣化要因となる。したがって，博物館資料を保管するための収蔵庫では，博物館資料に照射される光を最小限に留めることが重要であり，人の出入りがない場合は，消灯しておくことが望ましい。

　一方，展示場では観覧者の観覧環境を整えるとともに，光による博物館資料の劣化を最小限に留めることが求められる。こうした展示場の照明は，従来はハロゲンランプなどが用いられていたが，近年はLED照明が積極的に用いられている。LED照明は，博物館資料の劣化を促進する赤外線や紫外線の波長成分が少ない特徴を持っている。また，消費電力も少なく，照明としての寿命も長いことから，省エネルギー効果が高い。

　博物館資料に照射される光の管理では，照度が指標となる。照度とは，光源から照らされる博物館資料表面の明るさを示すもので，単位はルクス（lx）で表される。博物館資料に対する国際的な照度基準として，例えば，ICOM（国際博物館会議）では，衣類，染織品，水彩画，カラー写真など，光に脆弱なものは50lx以下，油絵，漆製品，彩色のある彫刻などは150lx程度，光の影響をほとんど受けない石，金属，ガラス，陶器類などは800lx以下としている。日本では，2018（平成30）年に改定された，「国宝・重要文化財の公開に関する取扱要項」に個別の文化財への照度の基準が示されている。また，照明の与える影響は積算されるため，照度のコントロールとともに，照射時間である積算照度も博物館資料の保存では大事な要素となる。年間の積算照度は，lx×時間／年で表される。特に光に脆弱な資料の展示では，照度を変化させたり，観覧者がいないときは消灯したりするなど，積算照度を許容範囲内にコントロールするための工夫が必要である。

## 3. 生物被害対策としての文化財 IPM

### （1）文化財 IPM

　高温多湿の気候にある日本の博物館では，害虫やカビによる生物被害の危険性が高く，その対策は博物館における保存環境作りの中でも重要な項目となる。また，前述した温度湿度の管理，空気中の汚染物質の管理とも密接に関連する。こうした生物被害対策として提唱されているのが文化財 IPM である。IPM とは，Integrated Pest Management の略語であり，日本語では「総合的有害生物管理」と訳される。1950年代に過剰な農薬を利用し，食料の増産を優先させ，人体や環境に大きな影響を与えた反省をもとに農業分野から提唱された考え方である。IPM では農薬だけに頼らず，複数の方法を用いて病害虫を予防・管理し，自然との共生を目指している。こうした IPM の考え方を日本の文化財の保存に応用し，博物館における資料保存に活かすことを目的に提唱されたのが文化財 IPM である。

　文化財 IPM は，生物被害の発生要因を洗い出し，取り除くことから始まる。また，生物被害が発生した場合でも早期に発見し，生物被害を最小限にとどめる体制作り，あるいは生物被害に対処できる防虫処理，殺虫処理のシステムを整えることが求められる。

### （2）生物被害を発生させないための博物館の環境作り

　生物被害を発生させないためには，被害をもたらす生物と博物館資料が接触する機会を避ける対策を講じることが重要である。具体的には，収蔵庫に入る場合は，外履きの靴から内履きの靴に履き替える，あるいは収蔵庫の入り口に粘着剤付きの防塵マットを敷くなどの対策がある。こうした簡単な対策でも，外履きの靴についている虫やホコリ，汚れを

収蔵庫に持ち込むことを大幅に減らすことができる。

　次に展示場や収蔵庫の定期清掃が挙げられる。清掃は，博物館資料が置かれている空間を清浄に保つことができ，生物被害の危険性を低減させることができる。一般的に展示場の清掃は外部に委託している博物館が多いが，収蔵庫の清掃は博物館資料のコンディションをよく理解している博物館の職員が行うことが望ましい。収蔵庫の清掃は，基本的に高い所から低い所に向かって作業を進める。まず，棚の天井面，照明のシェード，ダクト上部の埃を取り除き，最後に床面の清掃を行う。このとき，HEPAフィルター付きの掃除機を使用することが望ましい。また，掃除機を使用する際は，掃除機のノズルを持って清掃をする人と，掃除機本体を持つ人の二人体制で行い，掃除機本体やコードなどを博物館資料にぶつけることを防ぎ，掃除機から噴出される排気を博物館資料に直接当てないようにする。さらに，収蔵庫清掃を行う際，清掃した棚に配架されている博物館資料を目視観察すると，生物被害の早期発見につながる。収蔵棚には，数多くの博物館資料が配架されている。そのため，空気の滞留が生じやすく，生物被害が発生する危険性が高い。そうした危険性を低減するために，収蔵庫清掃を定期的に行うことで空気を対流させる効果を得ることができる。

## （3）生物被害の早期発見

　生物被害を早期発見するためには，博物館資料を点検する機会をなるべく多く設けることが重要である。そのため

図10-1　国立民族学博物館での収蔵庫清掃の様子

に，国立民族学博物館では，
開館前に博物館資料の管理を
行う部門の職員が，展示場動
線の安全性を確認するととも
に，全展示資料に生物被害が
発生していないかを点検する
ための展示場点検を行ってい
る。また，他館への貸し出し
や特別展や企画展での展示活
用の際には，その前後に活用

図10-2　国立民族学博物館での展示場
点検の様子

する資料のコンディションチェックを行っている。さらに，展示場を巡
回する警備員や来館者への問い合わせに対応するスタッフが異常を発見
した際には，必ず資料管理部門に報告する体制を整え，生物被害の早期
発見につなげている。加えて，捕虫トラップを年4回一定期間設置し，
捕獲された虫の種類と数を調査し，その結果を過去の結果と比較するこ
とで，防虫対策の方針を立案している。こうした活動も博物館資料の管
理業務に加えることで，生物被害の早期発見につなげることができる。

## （4）生物被害が発生した場合の対処方法

　文化財 IPM では，生物被害の発生を未然に防ぐこと，生物被害の早
期発見に努めることが重要であるとともに，生物被害が発生した場合の
対処方法も考えておかなければならない。具体的には，防虫・殺虫処理
の体制を構築することである。博物館における防虫・殺虫処理では，博
物館資料に悪影響を与えないことはもちろん，人への安全性，環境への
配慮が必要である。博物館では，古くから衣類や動物標本への防虫剤と
して樟脳を用いてきた。また，ペレット状の薬剤としてナフタレンやパ

ラジクロロベンゼンを利用してきた。ただし，これらの臭いの強い薬剤
同士は混用してはならない。薬剤同士が反応して溶け出し，博物館資料
そのものにシミをつけてしまうことがある。そのほか，薬剤を樹脂に含
侵させたプレート型の防虫剤の利用もよく見られる。この製品の成分で
あるジクロルボス（DDVP）は，速効性はあるものの，毒性が高い。し
たがって，人の往来が頻繁な場所での使用は避けることが望ましい。こ
うした防虫剤について，近年は，民俗（族）資料などを対象として，ピ
レスロイド系の薬剤の使用が広まっている。ピレスロイド系の薬剤は除
虫菊（蚊取り線香の原料）の殺虫成分から製造されたものである。この
ピレスロイド系の薬剤のうち，蒸散性が早く，殺虫力の強いタイプは，
速効性があるが効果は長続きしない。対して，持続性の長いタイプは，
殺虫力はやや劣るが忌避効果に優れている。また，ピレスロイド系の薬
剤は人に対する毒性が低いという利点がある。しかし，浸透性はないの
で博物館資料の奥深くに潜んでいる害虫には効果がないことを理解して
おかなければならない。

　博物館資料への殺虫方法には，化学薬剤を利用するガス燻蒸と化学薬
剤を使用しない殺虫処理方法がある。いずれの殺虫処理においても，成
虫のほか，卵，幼虫，蛹も死滅させる効果が求められている。

　日本の博物館で行われるガス燻蒸は，以前は，臭化メチルと酸化エチ
レンの混合ガスが燻蒸剤として汎用的に用いられていた。しかし，臭化
メチルがオゾン層破壊物質として規制の対象となり，2004（平成16）年
末に日本を含む先進国で生産が全廃されたことを受け，代替の薬剤開発
が進められた。代替の薬剤としては，フッ化スルフリル，酸化エチレ
ン，酸化プロピレンなどが挙げられる。このうち，酸化エチレン，酸化
プロピレンは殺菌効果も得ることができる。なお，燻蒸で用いられる薬
剤には，それぞれ長所短所があり，博物館資料への材質に影響を与える

ものがある。そのため，公益財団法人文化財虫菌害研究所が認定している薬剤を用いることを推奨する。また，燻蒸剤は施工後，すぐに致死作用が得られ，高い効果を発揮するが，人体への毒性や環境への影響が高い。したがって，ガス燻蒸は，ほかの手段ではどうしても対処できない場合に選択するといった，最後の手段として位置づけておきたい。

こうした観点から，安全面での利点が高い方法は，化学薬剤を使用しない殺虫処理となる。これらの殺虫処理には，低酸素濃度処理，二酸化炭素処理，温度処理の方法がある。

低酸素濃度処理とは，脱酸素剤や不活性ガスである窒素などを用いた方法である。処理条件は，酸素濃度0.3％未満にした処理空間において，温度が30℃の場合は，3週間の処理期間となる。処理空間を酸欠状態にすることで致死効果を得ることができる。

二酸化炭素処理は，処理空間の二酸化炭素濃度を60％から75％程度で封入し，二酸化炭素の毒性を利用して殺虫する方法である。処理空間の温度が25℃の場合，14日間の処理期間で致死効果を得ることができる。

温度処理には高温処理，低温処理の2種類がある。高温処理は，処理温度を50℃から60℃に設定し，数時間から1日で致死効果が得られる方法である。低温処理は，処理温度を−20℃から−30℃に設定し，1週間から2週間で致死効果が得られる方法である。

これらの化学薬剤を使用しない殺虫処理方法は，処理の

図10-3　国立民族学博物館に設置されている二酸化炭素処理システム

対象となる博物館資料の材質や駆除の対象となる害虫によって，処理期間や処理温度が変わってくる。こうした点を理解しながら，適切な処理方法，処理計画を策定する必要がある。

## 4. 博物館資料の修復

### （1）博物館資料の劣化状況の把握とクリーニング

　本章冒頭で述べたように，博物館資料の保存では，博物館における「保存環境作り」の視点に加えて，劣化が進行した博物館資料を修復し，次世代へ継承していくための「修復」の視点が必要である。こうした博物館資料の修復では，まず，博物館資料にどのような劣化が生じているかを把握し，修復計画を策定することから始まる。

　最初に行う作業が肉眼観察である。文字どおり，自身の目で博物館資料を丁寧に観察し，博物館資料のどの部分に，どの材質に，どのような劣化が生じているかを丁寧に観察し，調書を取っていく作業である。そのうえで，まずは資料表面のホコリなどを除去することを目的としたクリーニングを行う。クリーニングは，博物館資料の個々の状態や材質に応じた方法で行う。主な方法としては，刷毛や筆を使った乾式のクリーニングと，紙や布に水を含ませて汚れを吸着させる湿式のクリーニングがある。

### （2）博物館資料の科学調査

　博物館資料の修復を行う前の肉眼観察は必須であるが，肉眼観察だけでは発見できない情報もある。特に修復計画を策定する際には，博物館資料のより詳細な表面情報や内部構造，使用されている材質の特定は，肉眼観察だけでは得ることが難しい大きな情報源となる場合がある。こうした情報の取得に効果的な方法が科学調査である。

博物館資料の詳細な表面情報を得るための科学調査の手法として，顕微鏡を用いた調査がある。近年は，可搬型で1000倍程度の拡大が可能なマイクロスコープを用いた観察によって，肉眼観察よりも詳細な情報を得ることができるようになっている。また，赤外線撮影や紫外線撮影，あるいはさまざまな偏光フィルターを用いた撮影によって，肉眼観察だけでは得られない詳細な表面情報を取得することができる。

博物館資料の構造，特に内部構造の情報を得るために有効な科学調査の方法として，X線透過撮影がある。現在は，X線フィルムを用いた撮影から，イメージングプレートなどによるデジタル撮影方式が主流となっている。さらに近年では，X線CTを用いた3次元構造の観察が大きな成果を上げている。

博物館資料の材質の情報を得るための科学調査の方法には，蛍光X線分析がある。蛍光X線分析は，博物館資料に用いられている材質の元素を定性，あるいは定量する方法である。近年，可搬型やハンドヘルド型の機器が普及し，大きな成果を上げている。

なお，これらの科学調査で用いられる方法は，博物館資料に対して，非破壊・非接触を原則としている。すなわち，科学調査といえども，博物館資料に対して，破損等のダメージを与えないことを原則としているのである。しかし，非破壊・非接触を原則としているとはいえ，こうした科学調査は，装置から何かしらのエネルギーを博物館資料に与え，その反応の結果から情報を得ている。そのためミクロレベルの観点からは，厳密には非破壊であるとは言い切れない。そうした点を理解しながら，科学調査を行う目的を明確にし，ミクロレベルでの破壊をも最小限にすることを意識しながら調査を実施しなければならない。確かにこうした科学調査は，博物館資料のこれまで知られてこなかった新たな情報を提供してくれる。そのことで，博物館資料の新たな文化的な価値が見

出されることも少なくない。しかしながら，何かしらのストレスを博物
館資料に与えていることはしっかり認識しておくべきだろう。無目的で
やみくもな博物館資料への科学調査は，避けるべきであることをここで
示しておきたい。

### （3）博物館資料の修復

　博物館資料の保存修復は，前述した肉眼観察や科学調査の結果をもと
に修復方法が検討されることから始まる。そのうえで，博物館資料に用
いられている材質の劣化状況に応じた修復が行われる。

　出土遺物の保存処理では，出土木製品の場合，形状を維持することを
目的として，木材内の水分を代替の成分に置き換える修復が行われてい
る。日本ではポリエチレングリコールや高級アルコール，糖アルコール
等を用いた保存処理事例が報告されている。また，出土金属製品のう
ち，鉄製の出土遺物については，錆の要因となる塩化物イオンをはじめ
とする無機系イオンや土中に含まれる有機酸などの除去を目指した脱塩
処理が行われる。また，空気層を遮断し，錆化を防止するため，合成樹
脂を樹脂含浸したり，塗布したりする処理が行われる。

　掛け軸や巻子，襖，屏風など，日本の伝統的な美術作品には，古来よ
り受け継がれてきた装潢技術による修復が行われている。また，油彩画
などの美術作品の修復方法も確立している。これらの美術作品の修復で
は，剥離が生じた彩色面の顔料層の剥落止めが重要な修復内容になる。
一方，これらの絵画作品は，支持体から顔料層まで複数の材料を用い
て，複数の工程を経て制作されている。そこで，各工程で用いられてい
る材料の劣化に応じた修復が行われる。

　仏像の修復では，虫害などで欠損した箇所への充填処置や強化処置が
行われる。ただし，劣化が著しい場合は，すべての部材を解体して修復

が行われる。漆工品の修復では，剥離した漆塗膜の剥落止めや，欠損箇所の充填処置が行われる。これらの仏像彫刻や漆工品の修復では，基本的に制作あるいは製作された際に使用された材料を用いた修復が行われる。ただし，より可逆性が求められる修復等については，合成樹脂などと組み合わせた修復が行われる場合がある。

図10-4　民俗資料の修復—欠損箇所へのエポキシ樹脂の補填

　書籍などの修復では，製本の劣化のみならば，本紙には手を付けず，あらためて製本を整えることのみに留めるが，本紙の劣化が著しい場合は，解体し，本紙を補修する。また，酸性化が進んでいれば脱酸性化処理を施し，もとの製本に戻すことを基本としている。ただし，もとの製本方式に問題がある場合は，記録したうえで，製本方法を改変する場合がある。

　民俗資料の保存処理は，道具として使用されてきた履歴である使用痕が残されている場合が多く，こうした使用痕の保存も含めた保存処理が必要である。基本的な保存処理方法としては，金属面の保存を目指した脱塩処理や錆止め処理，あるいは部材の破損，欠損箇所への補填が行われる。また，掛け軸や屏風，衣類や油彩画，仏像や漆器製品，古文書や書籍などさまざまな種類の資料が一括して民俗資料として扱われることが多い。したがって，民俗資料の保存処理では，それぞれの修復の専門家から助言や技術支援を受けながら，保存処理を行うことが求められる。

# 5．まとめ

　博物館資料の保存と修復の目的は，長い歴史の中で育まれてきた貴重な文化財を後世に伝えることである。その観点から考えると，博物館資料の保存と修復は，博物館活動の中でも重要な活動であると位置づけられる。

　また，博物館資料の保存と修復では，それぞれの博物館が担っている使命や予算規模，人員といった環境の中で，何ができるのか，何から始めるのかといった問いから活動を行うことが重要である。さまざまな活動を展開する博物館活動の中で，一度にすべての保存活動を行うことはほぼ不可能である。したがって，それぞれの博物館の環境の中で，行うべき保存活動を洗い出し，優先順位をつけながら，段階的に博物館資料の保存環境作りや修復を行う活動が求められる。

　この際，博物館資料の保存に関わるさまざまな専門家とのネットワークを構築することが望ましい。多岐にわたる科学的な知識や修復技術の知識が必要とされる博物館資料の保存と修復では，博物館資料の保存担当者がすべての事項について精通することは難しい。一方，我が国の博物館資料の保存に関する知識や技術をもった研究者や技術者は充実している。こうした利点を生かすためにも，博物館資料の保存と修復を対象とした一般社団法人文化財保存修復学会や日本文化財科学会などの学会に積極的に参加し，新たな知識の取得と専門家ネットワークの構築に取り組むことが重要であろう。

## 参考文献

石崎武志編『博物館資料保存論』(講談社, 2012年)

京都造形芸術大学編『文化財のための保存科学入門』(角川書店, 2002年)

公益財団法人文化財虫菌害研究所『文化財 IPM の手引き』(公益財団法人文化財虫菌害研究所, 2014年)

独立行政法人東京文化財研究所『文化財の生物被害防止ガイドブック―臭化メチル代替法の手引き(平成15年度版)』(独立行政法人東京文化財研究所, 2003年) https://www.tobunken.go.jp/ccr/pub/guidecolorsmall.pdf (2022年1月12日最終確認)

独立行政法人東京文化財研究所『文化財の生物被害防止ガイドチャート(平成22年度版)』(独立行政法人東京文化財研究所, 2010年) https://www.tobunken.go.jp/ccr/pub/antibiochart.pdf (2022年1月12日最終確認)

早川泰弘・高妻洋成『文化財科学(分析化学実技シリーズ応用分析編7)』(共立出版, 2018年)

三浦定俊・佐野千絵・木川りか『文化財保存環境学(第2版)』(朝倉書店, 2016年)

# 11 | 文化財の保存と活用

日髙真吾

≪**学習のポイント**≫　日本では，1950（昭和25）年に文化財保護法が制定されて以来，文化財の保存と活用を目的とした保護活動が実践されてきた。その後，文化財保護法はいくつかの改訂を経て，文化財の対象を拡大させてきた。また，2018（平成30）年には，文化財の保存と活用のあり方として，地域主体の計画的な保存と活用を打ち出した改定が行われ，新たな文化財の保存と活用のあり方が求められている。ここでは，文化財の保存と活用の両立を目指す我が国の文化財保護行政の展開と，多発する災害，あるいは新型コロナウイルスの感染が蔓延した2020年から2022年の中で求められた安全な博物館づくりについて述べる。
≪**キーワード**≫　文化財保護法，古器旧物保存方，古社寺保存法，国宝保存法，梱包，輸送，演示，展示照明，被災文化財，新型コロナウイルス

## 1．はじめに

　文化財は，我が国の歴史の中で生み出され，育まれ，現在まで伝えられてきた貴重な国民の財産である。私たちは，文化財からより豊かな社会のあり方について学び，次世代へと継承していかなければならない。そのためには文化財を適切に保存し，学びを得るために活用していく必要がある。

　文化財の保存と活用の両立を図るため，我が国では文化財保護法が制定されている。そして，文化財の保存と活用を両立するため，さまざまな技術開発が日進月歩で進められている。また，多発する災害から文化

財を守るための文化財防災に関する議論が，近年高まりをみせている。さらには，2020年から始まった新型コロナウイルス感染症の蔓延は，博物館の運営にも大きな影響を与え，安全に来館者を博物館に迎え入れるための工夫が求められている。

　本章では，まず，文化財の保存と活用の両立を目指してきた我が国の文化財保護行政の展開を概観する。次に，文化財の保存と活用を両立させる技術として，梱包・輸送・演示，展示照明，清浄な展示環境の維持について述べる。さらに，災害から文化財を守るための文化財防災の動向と，博物館における新型コロナウイルス感染症対策について紹介する。

## 2. 文化財の保存と活用の両立を図る法制度

### （1）文化財保護法が制定されるまでの我が国の文化財保護行政の展開

　我が国の文化財保護行政で最初の転機となったのが，1871（明治4）年の「古器旧物保存方」の太政官布告である。これは，文明開化の気運が高まる中，古いものを軽んじ破壊していく社会風潮に対して，政府が日本の文化に対するさまざまな弊害を危惧して出したもので，我が国の文化財保護行政の出発点として位置づけられる。

　そして，次の転機となるのが，1897（明治30）年に公布された「古社寺保存法」である。「古社寺保存法」は，アメリカ人のアーネスト・フェノロサをはじめとする明治政府のお雇い外国人による文化財の保存調査に端を発している。その影響は岡倉天心の活動や，1888（明治21）年に設置された臨時全国宝物取調局が実施した文化財の悉皆調査へと展開した。こうした動向を受けて制定されたのが，「古社寺保存法」であり，日本初の本格的な文化財保護制度と位置づけることができる。

　一方，「古社寺保存法」で保存の対象とされた文化財は，古社寺が所

有する文化財に限定されていた。つまり，国や公共団体，あるいは個人所有の文化財は保存の対象から除外されており，散逸の危険性が懸念されるとともに，保存や修理の実施が難しいという問題を抱えていた。そこで，1919（大正8）年に「史跡名勝天然記念物保存法」が制定され，次いで1929（昭和4）年に「国宝保存法」が制定された。

　「国宝保存法」では，これまでの「古社寺保存法」における指定文化財がすべて国宝となり，文化財全般が指定対象となった。また，国宝の輸出や現状変更が許可制となった。特に現状変更への制限は，指定当時の形状を維持することを目的としたもので，現在の文化財の修復方針の根幹である「現状維持」の根拠となっている。また，「国宝保存法」でもう一つ注目すべきは，国宝に対して博物館への出陳，つまり展示を義務づけていることである。「古器旧物保存方」や「古社寺保存法」はその目的を，文化財の保存に特化していた。対して「国宝保存法」は，文化財の保存に加えて，活用を視野にいれた法制度となったのである。しかし，「国宝保存法」が制定されても，多くの文化財の国外流出は無制限であった。そこで，美術品の海外流出防止策として，1933（昭和8）年に「重要美術品ノ保存ニ関スル法律」が公布された。これは，認定された重要美術品の海外への輸出を許可制としたものである。本法律は，審議に時間のかかる文化財の指定とは違い，簡便な審議を経ることで重要美術品に認定できることから，海外への流出を速やかに防止することを可能にした。

　このように，日本の文化財保護制度は，我が国の貴重な文化財の破壊や，海外への流出を防ぎながら，保存し，活用するための法制度を整えていった。しかし，1949（昭和24）年に法隆寺金堂壁画の焼損という大きな事故が起こった。また，放火による金閣寺の焼失など，文化財への重大な事件が続いた。こうした動向の中，文化財保存のあり方が政治的

課題となり，議員立法として「文化財保護法」が提案され，1950（昭和25）年に公布され，現在の文化財保護行政の柱となっている。ここで用いられた「文化財保護」の文言は，国，地方公共団体，市民が一体となって文化財を護るという意図を表すこと，文化財は保存だけではなく，活用の面でも対処するという主旨を示すために用いられたものである。

## （2）文化財保護法の展開

「文化財保護法」は，社会的な情勢を踏まえながらこれまで大きく5回の改正が行われている。その変遷は，1954（昭和29）年，1975（昭和50）年，1996（平成8）年，2004（平成16）年，2018（平成30）年の改正となる（以下，文化財保護法の改正年は西暦で示す）。この5回の改正のうち，1954年，1975年，1996年，2004年の4回の改正は，主に文化財保護法が対象とする文化財の枠組みを広げる改正であった。

1950年の文化財保護法成立時に保護の対象となった文化財は，美術品と建造物が有形文化財として，また，史跡と名勝が記念物として類型が設けられた。また，有形文化財は「重要文化財」と「国宝」，史跡は「史跡」と「特別史跡」，名勝は「名勝」と「特別名勝」として2段階に区分された。さらに，「無形文化財」として演劇・音楽，工芸技術，埋蔵文化財が保護の対象となった。

1954年の改正では，「無形文化財」の指定制度と選択制度が創設された。また，「埋蔵文化財」と「民俗資料」が有形文化財から独立した類型となり，さらに有形・無形の民俗資料の指定制度と選択制度が創設された。

1975年の改正では，埋蔵文化財に関する制度が整備された。また，「民俗資料」の名称を「民俗文化財」に改め，重要有形民俗文化財，重要無形民俗文化財の指定制度が創設された。さらに伝統的建造物群保存

地区制度，文化財の保存技術を保護することを目的とした選定保存技術の選定制度が創設された。

1996年の改正では，建造物のうち，国・地方公共団体の指定以外の文化財の保存等を目的とした文化財登録制度が創設された。この登録制度によって，文化財保護の対象が飛躍的に広がった。

2004年の改正は，重要文化的景観の保護を目的とした文化的景観の保護制度，民俗文化財の保護範囲の拡大を目的とした民俗技術の保護制度が創設され，さらには，文化財登録制度の範囲が有形文化財，有形民俗文化財，記念物にまで拡充された。

一方，5回目の大きな改正となった2018年の改正は，これまでの改正とは大きく性質を変えるものとなった。2018年の改正では，地域における文化財の計画的な保存・活用の促進，地方文化財保護行政の推進力の強化を図ることが目指されている。また，個々の文化財の確実な継承に向けた保存活用制度の見直しがうたわれている。

以上，文化財保護法改正の変遷からは，保護の対象とする文化財の枠組みを広げていく取り組み，そして，文化財を保存しながらより積極的な活用を図り，文化財の保護をさらに推進しようとする姿勢が見てとれる。こうした動向が，これからの文化財の保存と活用のあり方にどのような影響を与えていくのかは注視する必要がある。いずれにせよ，文化財の保存と活用を推進する要となる文化行政に携わる関係者，あるいは学芸員や博物館関係者が2018年の改正をどのように活用していくのかというところが，この改正の成功の可否に繋がると言える。

### （3）「国宝・重要文化財の公開に関する取扱要項」について

　前述したように，文化財保護法は文化財の適切な保存と活用を目的として制定されている。こうした目的を具体的に達成するための指針として定められたのが，1996（平成8）年に制定され，2018（平成30）年に改訂された「国宝・重要文化財の公開に関する取扱要項」である。

　「国宝・重要文化財の公開に関する取扱要項」では，「1．公開を避けなければならないもの」，「2．公開のための移動回数及び期間」，「3．陳列，撮影，点検，梱包及び撤収時の取扱い」，「4．公開の方法」，「5．公開の環境」，「6．個別の重要文化財等の公開における留意事項」として，それぞれ具体的な指針が定められている。特に，「6．個別の重要文化財等の公開における留意事項」は，文化財を①絵画，②彫刻，③工芸，④考古，⑤書跡・典籍・古文書，⑥歴史資料に区分し，それぞれの文化財を取扱う際の留意事項を定めており，参考となる。

## 3．文化財の活用を支える保存技術

### （1）梱包・輸送・演示

　文化財は博物館や美術館をはじめ，社寺，個人宅などさまざまな場所に収蔵されている。これらの文化財を活用するため，収蔵先から博物館等への施設に文化財を移送し，展示公開が行われる。こうした移送作業から展示公開に至るまでの間に行われる作業が，梱包・輸送・演示であり，文化財の取り扱いに習熟した専門業者が担当することが多い。

　梱包作業で主に使用される材料は，うす葉紙と言われる薄手の和紙や木綿（もめん）綿，晒（さらし），段ボールや木枠などである。うす葉紙は，細く裂いて，しごき，紙紐としても使用する。あるいは，丸めてクッション材にしたり，木綿綿をうす葉紙で包んだものを綿布団としたりするなど，多岐にわたる文化財の梱包では欠かせない材料となってい

る。また，晒は梱包した文化財を木枠に固定する際に用いる。段ボール
は，梱包した複数の文化財を収納する箱に加工するなどして用いる。

　梱包作業は，安定した台や机，あるいは養生した床の上で作業する。
この際，必ず文化財の劣化状況や脆弱な箇所，あるいは破損箇所などを
点検する。そして，点検結果を所蔵者と借用者の両者で共有したうえ
で，作業を開始する。梱包作業では，文化財の脆弱な部分を養生したう
えで，文化財全体をうす葉紙や綿布団で包み，安定した形状に梱包す
る。また，安全に輸送するために，段ボールを用いて，個々の文化財の
形状に応じた収納箱を製作する。なお，比較的大きな彫刻品などは，梱
包後に木枠や担架に晒で巻くなどして固定する。これら一連の梱包作業
は，基本的に二人一組で行い，梱包の際に文化財が落下や転倒するなど
の事故が起こらないよう，細心の注意を払いながら実施しなければなら
ない。そして，梱包にあたっては，文化財が目的地に到着した後，安全
に開梱できることを意識しながら作業することが望ましい。

　文化財の輸送では，多様な路面状況や温度湿度の変化に対応しなけれ
ばならない。したがって，荷台の温度湿度をコントロールするためのエ
アコンを搭載し，走行中の物理的衝撃を和らげるエアサスペンション付
きの美術品専用輸送車を利用する。また，荷台に積載した文化財の収納
箱などは，輸送中に動かないように，荷台の側壁にベルトや晒などを用
いてしっかりと固定する。

　文化財を博物館等の施設に移送した後，展示に向けて行われるのが演
示作業である。文化財の演示では，展示中に転倒したり，あるいは盗難
されたりすることがないよう，テグスなど用いて文化財と展示台を固定
する。また，斜台の上に古文書資料などを展示する場合は，滑り落ちな
いようにポリエチレンテレフタラート（PET）のテープ，あるいは卦算
（けさん）などを用いて固定する。梱包作業同様，演示の作業も二人一

組を基本とし，展示責任者の立ち会いと確認を得ながら，文化財がより安全に，より美しく見えるように演示を工夫する。

## （2）展示照明

　前章では，博物館資料の保存の観点から，博物館で用いる照明は，赤外線や紫外線の波長を取り除くことと，照度をなるべく低く設定することの必要性を述べた。一方，博物館資料をはじめとする文化財の活用では，保存の観点に立ちつつも，より文化財が見やすい照明環境を整えるための展示照明を選択する必要がある。

　文化財がよく見えるために求められる展示照明とは，ありのままに見えることである。特に色は可能な限り，再現性の高い光が求められる。このときに用いられる指標が演色性であり，単位はRaで表される。この中で平均演色性評価数が最大値のRa100に近い光源を選択することとし，最低Ra90以上の性能の照明を用いることが望ましい。なお，平均演色性評価数のRa100とは，基準光とされ，人間が自然昼光の中で物を見るときの状態である。しかし，文化財の保存を考えた場合，前述したようになるべく低い照度の照明が求められる。こうした低照度の環境下では，光の色味によって，色の認識が左右される。そのため，光の色味にも配慮しなければならない。このときに用いられる指標が色温度で，単位はケルビン（K）で表される。博物館では通常，2700Kから5000Kの範囲の光が用いられる。

　そのほか，博物館における展示照明の条件として，一様な照度分布の尺度となる「均斉度」を0.75以上にすること，来館者に直接「グレア」（不快なまぶしさ）を生じさせない場所に照明具を設置することが挙げられる。また，屋外の明るさに対して2000分の1程度の博物館内の明るさに，来館者が慣れるための「暗順応」の時間を10分程度確保したうえ

で，展示資料を鑑賞するための動線計画を作ることが望ましい。さらに，照明具に人感センサーを設置し，来館者がいないときに照明が消灯する「点滅制御」を実施することで，年間の積算照度を削減することができる。

### （3）清浄な展示環境の維持

　博物館で文化財を展示し，多くの来館者が訪れることは，文化財を活用するうえでは理想的な展開と言える。一方，来館者が増えれば増えるほど，大量の塵埃が博物館内に持ち込まれ，文化財を劣化させる要因となる。ここでいう塵埃とは，土や砂の微粒子，衣類の繊維，毛や皮膚片，カビの胞子などの浮遊粒子を指している。

　こうした塵埃対策として最も有効な方法が清掃である。定期的な清掃は，大部分の塵埃を除去し，文化財の劣化を抑制するための効果を発揮する。また，入口にカーペットを敷くことで，入館者の靴底の汚れを落とす効果が得られる。なお，カーペットを用いる際は，頻繁に掃除機による清掃を行いながら，定期的に新しいものに交換することで，より清浄度の高いカーペットの状態を維持することができる。このほか，気密性の高いエアタイトの展示ケースを利用することで，文化財に付着する塵埃を制御できる。また，エアタイトの展示ケースは気密性が高いことから，安定した温度湿度の環境を創出しやすいという利点がある。

## 4．被災文化財の支援活動

### （1）被災文化財の支援活動の概要

　災害は，その地域の住民をはじめ，生活に必須のライフラインだけでなく，文化財に対しても大きな被害を与える。しかし，災害時においては，なによりも人命の救助を最優先にするべきであり，かつ被災地のラ

イフラインの復旧も急がなければならない。したがって，被災文化財の救援活動は，被災地の社会生活がある程度，落ち着きをみせ，外部からのさまざまな支援活動が受け入れられる状況になってから行うことになる。被災文化財の支援を行うための最新の体制は，2020年に国立文化財機構内に文化財防災センター（以下，文化財防災センター）を設立したことである。文化財防災センターでは，災害発災後，積極的な情報収集を展開し，被災地の教育委員会や博物館組織と連携しながら，関連団体と協力し，被災文化財の支援を行う枠組みを創出するネットワーク作りを試みている。

　被災文化財に対する支援活動には，表11-1に示す8つの活動があると考える。そして，これらの活動を段階的に行っていくためには，被災文化財を最終的にどのように保存し，防災していくのかについて計画を策定する必要がある。

表11-1　被災文化財に対する支援活動

| ①救出 | ②一時保管 | ③応急処置 | ④整理・記録 |
| --- | --- | --- | --- |
| ⑤保存修復 | ⑥恒久保管 | ⑦研究・活用 | ⑧防災 |

## （2）被災文化財の支援活動の内容
### 1）救出

　救出活動（図11-1 → p.208）は被災文化財を現場から救出する作業となる。救出作業は，がれきや汚泥の中から文化財を探し出す作業であり，作業者自身がケガをする危険性が高い。したがって，救出活動に参加する作業者は，作業服やヘルメット，マスクやゴーグルなど身を守るための安全装備をきちんと着用することを強く意識しなければならない。また，救出現場となる建物自体が被災によって倒壊等の危険性が高まっている可能性があるため，救出活動に入る前に，専門家による建物

診断を行うことが望ましい。

## ２）一時保管

　一時保管とは，救出文化財を安全な場所で一時的に保管する作業である。一時保管の場所（図11-2→p.208）は，雨風をしのげることはもちろん，防犯のために施錠ができる場所を選定することが求められる。このとき，あくまで「一時的に被災文化財を保管する」という目的を明確にして，一時保管場所の利用を長期化させない計画を策定していくことが求められる。また，一時保管場所の利用が長期化する場合には，保存科学者と連携し，温度湿度の推移，生物生息調査等を行いながら，より適切な保管環境の創出に努める必要がある。

## ３）応急処置

　応急処置の作業は，被災救出・一時保管の作業と一連の流れの中で行われる作業である。現在の被災文化財に対する支援活動は，1995年の阪神・淡路大震災に行われた文化財レスキューを基本としており，被災救出・一時保管・応急処置を活動の柱としている。

　応急処置では，被災文化財の劣化を促進させる要因となる汚損物質の除去を最優先に行い，まずは文化財として取り扱える状態にする作業が中心となる（図11-3→p.208）。ここで言う汚損物質の主なものは，埃や汚泥，ヘドロ，被災後の時間経過で発生したカビである。

## ４）整理・記録

　整理・記録の作業は，救出した被災文化財の全容を把握するための作業である。救出した被災文化財にナンバリングを行い，それぞれの記録写真を撮影し，リストを作成することが主な作業となる（図11-4→p.208）。被災文化財への支援活動では，さまざまな作業者が関わることから，これまで実施してきた作業内容をしっかり次の作業者に引き継いで進めなければならない。こうした点を意識しながら，リストの作成に

当たることが重要である。

## 5）保存修復

　保存修復の作業は，被災によって生じた文化財の損傷箇所を元の形状に戻す作業が中心となる。したがって，保存修復についての技術や知識を有する専門家による作業となる（図11-5→p.208）。保存修復の作業に当たって，博物館担当者は，被災文化財が持っている歴史学，民俗学的な背景を明らかにし，博物館としてその文化財をどのように位置づけ，どのように後世に残すのかという目標を明確にしなければならない。加えて，保存修復の専門家は，壊れたところをただ修復するのではなく，博物館担当者から示された文化財の歴史的な背景など，博物館が位置づける文化的価値，そして将来への継承方法について，きちんと理解したうえで，保存修復の作業に当たらなければならない。こうした点では，通常の文化財の保存修復の活動と同じである。

## 6）恒久保管

　恒久保管の活動は，もともと文化財を所蔵していた博物館などの施設に返却することである（図11-6→p.208）。しかし，博物館などの施設が被災した場合，もとのように再建，再開することは，被災地における行政全体の復興計画の中で時間がかかる場合がある。このような事態が生じた場合は，近隣もしくは関連分野の博物館に移管されることもある。

## 7）研究・活用

　被災文化財が恒久保管される段階まできたら，被災文化財そのものが安定し，後世へと引き継がれる環境が整う。しかし，文化財を恒久保管するだけでは，その文化財の文化的な価値を示す情報は引き継がれない。つまり，文化財としてはまだ不十分な状態と言える。そこで，再び文化財の情報を付与していく必要がある。このとき，文化財を研究対象

とする研究者や大学機関，関連分野の博物館や学会などと協働しながら
作業を進めると効果的である。そのうえで，企画展やシンポジウムなど
を開催し，被災文化財の活用に努めることが重要である（図11-7→
p.209）。こうした活用によって，被災文化財の情報が，博物館関係者は
もちろん，その地域の住民とも共有され，次世代へ継承していくための
環境が整えられていく。

## 8）防災

　文化財が被災した場合，その原因を明らかにし，被災の経験を活かし
た防災対策を講じなければ，文化財は再び被災する（図11-8→p.209）。
こうした文化財防災の活動は多岐にわたる。例えば，九州国立博物館は
地震が多発する日本の国立博物館として，博物館の建物自体を免震化し
て建設された。また，2004（平成16）年の新潟県中越地震では，展示し
ていた国指定を含む多くの縄文土器が転倒，損傷した。この教訓から，
土器を展示する場合，平置きでゆとりをもった展示を基本とし，土器の
中に砂袋などの重しを入れて，専用の台座に設置し，さらにテグスで固
定して安定させる対策が再確認された。また，免震台に設置していた土
器が転倒した事例から，免震台を使用する場合でも，補助的な固定が不
可欠であることが再認識された。

　加えて，最も大事な文化財防災対策は，文化財に関連する人的ネット
ワークをしっかりと構築することである。こうしたネットワークの拠点
として期待されている機関が，前述した文化財防災センターである。文
化財防災センターでは，「被害を出さない」，「被害が出てもその度合い
を最小限にとどめる」，「重篤な被害が出た場合の救援・支援を効果的に
実現する」という三つのミッションを掲げ，活動を展開している。

208

## 被災文化財の支援活動

図11-1　被災文化財の救出活動

図11-2　被災文化財の一時保管場所

図11-3　被災文化財の応急処置

図11-4　被災文化財の整理・記録

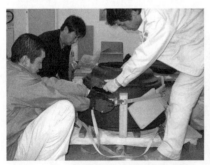

図11-5　被災文化財の保存修復

図11-6　被災文化財の恒久保管

図11-7　被災文化財の研究・活用
（企画展の開催）

図11-8　被災文化財の防災
（耐震構造の観察）

# 5.　博物館における新型コロナウイルス感染症対策

## （1）国立民族学博物館における新型コロナウイルス感染症対策

　2020年から猛威をふるっている新型コロナウイルス感染症の蔓延は，全世界の社会生活を混乱させ，博物館活動にも大きな支障を与えている。こうした状況の中，国立民族学博物館では感染症対策に万全を期す体制を整えるべく，新型コロナウイルス感染症対策会議を設置した。そして，勤務する教職員，研究活動や展示場見学を目的とした来館者，あるいは業務委託を行っている外部業者の安全を確保するため，新型コロナウイルスの感染状況に応じた民博の活動基準として，「新型コロナウイルス感染状況に応じたみんぱくの活動基準」を定めた。その後，新型コロナウイルスの感染状況，それに伴う国や大阪府の対応策を見据えながら，民博の活動レベルを設定し，レベルに応じた活動内容に適宜変更を加えながら運用している。

## （2）ICOM が示したガイドライン

　ICOM（国際博物館会議）は，「ミュージアムの再開に向けて：来館者とスタッフの安全を第一に」（以下，ICOM ガイドライン）を2020年5月12日に発表し，ICOM 日本委員会による仮訳が公開された。ここでは，「来館者を迎える準備」，「パブリック・アクセス（来館者の動線）」，「パブリック・アクセス（健康対策強化）」，「アクセス（必要に応じたアクセス制限）」，「受付と警備」，「清掃と保全手段」，「オフィス」の7つの大項目の中に36の活動指針が示されている。

　ICOM ガイドラインは，先の6つの大項目が，来館者，あるいは委託業者向けの新型コロナウイルス対策に比重が置かれており，最後の第7項目が博物館職員向けの新型コロナウイルス対策の指針となっている。いずれの項目においても，消毒の徹底や在宅勤務の推奨など，新型コロナウイルスの除菌対策を徹底し，接触の機会を減らすという指針は一貫しており，来館者，外部委託業者，内部の館内職員，全て共通した視点で定められていることが特徴と言える。

## （3）公益財団法人日本博物館協会が示したガイドライン

　公益財団法人日本博物館協会（以下，日博協）は，2020年5月14日に「博物館における新型コロナウイルス感染拡大予防ガイドライン」（以下，日博協ガイドライン）を示し，その後，随時改定を行っている。日博協ガイドラインでは，博物館の管理として，施設の規模や催事の形態を十分に踏まえ，施設の従業員，出入りする民間事業者や来館者に対して，最大限の対策を講じることを求めている。中でも，換気の悪い密閉空間，多くの人が密集する場所，互いに手を伸ばしたら届く距離での会話や発声が行われる場所といった，いわゆる「3密」の場が感染を拡大させるリスクが最も高いとし，こうした場ができないようにすること，

自己や他者への感染を徹底して予防することの必要性を示している。

　また，日博協ガイドラインは，新型コロナウイルスの主な感染経路である接触感染と飛沫感染について，博物館業務の従事者や来館者の動線や接触などを考慮した「リスク評価」を掲げている。そして，各リスクに応じた対策を検討することを求めている。

### （4）これからの新型コロナウイルス感染症対策の課題

　現在，新型コロナウイルスのワクチン接種は進んでおり，新型コロナウイルス対策は新たな局面を視野に入れる時期になってきている。そうした中，博物館ではこれまでの対策で講じてきた制限を緩和するのか，コロナ禍以前に戻していくのか，あるいは現状を維持するのかを検討し，判断することが求められようとしている。そして，この判断は，これからの博物館活動のあり方に大きな影響を及ぼす指針となる。ただし，これまで経験したことのない，感染力の強い新型コロナウイルスである。次々に報告されている変異株はすでに全国で猛威を振るい，急速に置き換わっている。まず，博物館ができることは，現状，こうした情報を注視しながら，状況に応じて最大限の対策を講じ，安心で，安全な博物館活動を展開する，そうした努力を続けていくしかないと考える。

## 6. まとめ

　文化財の保存と活用は，二項対立論的に語られることが多い。しかし，本章で示してきたように，よりよい社会を創出する資源として文化財を次の世代に継承していくためには，文化財の保存と活用は対立させるものではなく，両立させなければならない。

　一方，文化財の保存と活用には順番がある。それは文化財を保存し，活用するという順番である。文化財の活用は，やはり文化財を消耗さ

せ，劣化を進めることになる。しかしながら，その点ばかりを注視し，保存のみの観点に立つと，文化財を次に継承していく現在の世代は，文化財の価値に気づくことはできない。だからこそ，文化財を適切に保存する環境を創出しながら，積極的に文化財を活用するという順番が必要となってくるのである。

　なぜ，文化財を保存し，活用するのか。これは文化財を保存することだけを目的としているのではない。また，文化財を活用することだけを目的としているわけではない。これまでの社会生活の中で育まれた文化財をよりよい社会を創出するための資源とするために，適切に次世代に継承することが，文化財を保存し，活用することの目的なのである。

## 参考文献

石崎武志『博物館資料保存論』（講談社，2012年）

公益財団法人日本博物館協会『博物館資料取扱いガイドブック』（ぎょうせい，
2016年）

公益財団法人日本博物館協会「博物館における新型コロナウイルス感染拡大予防ガ
イドライン」 https://icomjapan.org/wp/wp-content/uploads/2020/05/ICOM-
Museums-and-end-of-lockdown-1.pdf（2022年1月26日最終確認）

国立民族学博物館「新型コロナウイルス感染状況に応じたみんぱくの活動基準」
https://www.minpaku.ac.jp/wp-content/uploads/20210618_kijyun01.pdf（2022年
1月26日最終確認）

動産文化財救出マニュアル編集委員会編『動産文化財救出マニュアル』（クバプロ，
2012年）

独立行政法人国立文化財機構文化財防災センター　https://ch-drm.nich.go.jp/
（2022年1月17日最終確認）

文化庁「文化財保護法の改正の概要について」https://www.bunka.go.jp/seisaku/
bunkashingikai/bunkazai/kikaku/h30/01/pdf/r1407909_03.pdf（2022年1月17日
最終確認）

文化庁「未来に伝えよう文化財」https://www.bunka.go.jp/tokei_hakusho_shuppan
/shuppanbutsu/bunkazai_pamphlet/pdf/93522101_01.pdf（2022年1月17日最終確
認）

文化庁「国宝・重要文化財の公開に関する取扱要項」https://www.bunka.go.jp/sei-
saku/bunkazai/hokoku/pdf/r1401204_01.pdf（2022年1月17日最終確認）

文化財防災ネットワーク推進室制作「文化財防災マニュアル」シリーズ
https://ch-drm.nich.go.jp/db/media.html（2022年1月17日最終確認）

三輪嘉六「文化財保護の展開」本田光子・森田稔編『博物館資料保存論』（放送大
学，2012年）

ICOM日本委員「ミュージアムの再開に向けて：来館者とスタッフの安全を第一
に」https://icomjapan.org/wp/wp-content/uploads/2020/05/ICOM-Museums-
and-end-of-lockdown-1.pdf（2022年1月26日最終確認）

# 12 | 博物館と教育

大髙　幸

≪学習のポイント≫　博物館の多様な利用者は，博物館の内外でさまざまな
学際的な学習・研究活動を展開している。これらの機会を想定し，利用者，
ひいては社会に貢献するため，博物館が提供する教育機会の具体例を参照し
ながら，博物館の取り組みや課題を検討する。
≪キーワード≫　博物館教育，学習，鑑賞，コミュニケーション，積極的関
与，展示，セルフガイド，ワークショップ，探究型学習，アウトリーチ，エ
デュケーション・センター，子ども博物館

## 1. 博物館教育の特徴

### （1）博物館教育とは

　博物館教育について利用者の側から考えてみよう。私たちは，日常生
活の中で，知りたい事柄や知るための方法を各自主体的に選択・統合す
る活動を展開している。その一環として，マス・メディアや，インター
ネット上の情報検索サービス，学校，大学，公民館，図書館，博物館等
を有機的に活用する。名所旧跡を観光して回るという人も多い。これら
の活動は，本人の自覚の有無にかかわらず，人の成長に寄与する。

　こうした利用者を踏まえ，研究・教育機関の一種である博物館は，利
用者がその探究活動を主体的に選択・統合し，自ら成長していくよう
な，自身の教育（自己教育）や，子や孫といった他者の教育，あるいは
友人等と自己との相互教育を行うのに役立つ資料（モノやイメージ）や

関連情報を享受するため，さまざまな機会を提供している。なお，私たちの活動のうち，その結果がはねかえって私たち自身に変化を引き起こすようなものを学習という。このように，博物館が提供する教育機会（博物館教育）は，その利用者の課題や関心に根差した主体的な学習（主体学習）に基づいて展開され，実物資料（一次資料）の鑑賞（直接じっくり味わう経験）がその中心をなす（大髙，2022，pp.11-26）。

　博物館教育では，利用者が意図的に何かを学習するだけでなく，本人が意図せずとも，いつの間にか何かを学んでいる可能性が高い。こうした学習を非意図的学習（非意図的偶発的学習）と言う。例えば，利用者が余暇や観光の一環としてインターネット上で博物館の情報を検索したり，博物館を訪問したりした場合，本人は自己教育の機会とは思っていなくても，いつの間にか多様なことを学んでいる。また，複数の人間が関わる教育では，気づかないうちに互いに影響し合い，相互教育が展開される。このように，教育はコミュニケーションであり，当事者相互に作用し合う。博物館教育では，教育をこのように広く捉える（大髙，2022，pp.11-26）。

　今日，博物館教育が目指すのは，博物館とその利用者との民主的な対話（協働探究）に基づき，両者が互いに成長するとともに，さまざまな社会問題是正に向けて，共に学び，共に積極的関与（commitment）をしていくことである（大髙，2022，p.263）。その一環として，持続可能な開発目標（Sustainable Development Goals：以下，SDGs）[1]を始めとする私たちの課題に取り組み，研究・教育機関として貢献している博物館も多々ある（大髙，2022，p.19）。

### （2）博物館教育の機会と場

　博物館教育は万人を対象とするが，利用者が求める学習法（学習様

---

1）https://www.mofa.go.jp/mofaj/gaiko/oda/sdgs/pdf/SDGs_pamphlet.pdf
（2022年9月23日最終確認）

式）は，子ども，大人，障害のある人，外国人観光客等，人によって一様ではない。また，博物館の活用法は，個人においても，乳幼児，小学生，中・高生，大学生，成人，高齢者に至る，ライフステージにおいて取り組むべき課題や関心によって異なる。したがって，博物館教育の機会は，対象集団，学習様式，時間と場所，メディア（展示，文献，テレビ番組，ウェブサイト等）のいずれにおいても，広がってきていると言えよう。

今日の博物館は利用者にとって，①余暇におけるくつろぎ・やすらぎの場，②知的探究・冒険の場，③他者との意見交換の場としての三機能を併せ持つ（大高，2022，p.24）。そして，博物館教育の場は，おおむね，一次資料の鑑賞を核とする館内と博物館・博物館資料に関連する知識の享受を中心とする館外である（図12-１）。

**館内**（下線の項目は館外での場になり得る）

・建物・構築物・生態園・庭園等
・展示・展覧会・展示室
・資料閲覧室・見える収蔵庫等
・図書室・アーカイブズ
・講堂・講座室・ワークショップ室等
・プログラム
・出版物（紀要，チラシ，館内で使用する解説シート・モバイル機器等によるデジタル解説アプリケーション等を含む）
・資料・研究等データベース
・ミュージアムショップ
・休憩室・喫茶室等
・友の会・学習サークル等
・その他人々の意見交換の場

**館外**

・移動展示・巡回展覧会・プログラム・教材貸出等の場
他の博物館
保育園　幼稚園　学校　大学
公民館　カルチャーセンター　図書館
病院　その他の公共の場
・博物館資料に関連する調査研究等の場・機関・文化施設・観光地等
・物理的な場所を選ばないその他の場
マス・メディア（テレビ，ラジオ，新聞，雑誌，書籍，映画等）
インターネット（博物館ウェブサイト，情報サービス機関の検索サイト，ソーシャルメディア《交流サイト》等）
学会・学習サークル等
その他人々の意見交換等，博物館や博物館資料に関連する知識享受・創造の場

図12-１　博物館教育の多様な場

## 2.　北海道開拓の村の事例に学ぶ博物館教育の機会

　博物館は，私たちの課題や関心に関連するさまざまな資料を収集・保管，調査・研究し，展示して，利用者とのコミュニケーションにより，共に考え，相互に成長する，身近な研究・教育機関である。そこで，博物館が館内外で提供する教育機会について，事例を参照して検討しよう。

　北海道開拓の村（札幌市，以下「開拓の村」）は，明治から昭和初期にかけて建築された北海道各地の建造物を54.2ヘクタールの敷地に移築復元・再現した北海道立の野外博物館である。訪れる人々に開拓当時の生活を体感的に理解してもらうことと，文化の流れを示す建造物を保存し，後世に永く伝えることを目的として，1983年に開村した[2]。

　日本の近代化に関する野外博物館には，明治村（1965年開村・犬山市）もあるが，明治村が芸術的・歴史的価値の高い近代建築に焦点を当てるのに対し，開拓の村は，明治から昭和初期に北海道に移住した農民や屯田兵，商店経営者を含む多様な人々の暮らしに関わる建造物に焦点を当てていることから，当時の人々の生活における知恵や努力を垣間見ることができる。そこで，村内の常設展示や各種プログラム等を通した開拓の村の取り組みを概観しよう。

### （1）来訪者向けのセルフガイドによる開拓の村の探究

　開拓の村では，農村群，漁村群，山村群，市街地群の４地域に移設された建造物や，そこで使用された調度品，道具等で構成する全体が，常設展示である。

　観光の一環として気軽に開拓の村を訪れる人も多く，広大な敷地をどう探索してよいかとまどうこともあるため，開拓の村は，「馬めぐり」

---

2）https://www.kaitaku.or.jp/about/（2022年9月23日最終確認）

「ストーブめぐり」「電話めぐり」「石めぐり」「お風呂めぐり」「縁側めぐり」といった興味をひくテーマに沿って，村内を自由に探索するコースと目安の所要時間を紹介するシリーズの無料のセルフガイド（各A4判両面1枚）を入口付近に配置している。

　このシリーズには，私たちの生活に身近な「玄関」に着目し，市街地群の建物8棟（住宅5軒，学校関連施設3棟），漁村群の住宅2軒，農村群の住宅4軒，計14棟の建物を，目安の所要時間90〜150分で巡る「玄関めぐり」もある。玄関というと，今日の住宅では一般的な開き戸（ドア）が頭に浮かぶが，近代の北海道ではどうだったのだろう。この疑問に応えるようにセルフガイド「玄関めぐり」には，明治時代に入るまでは，上がり框の前に式台もしくは小縁を設置した「玄関」は一般的な存在ではなかったことや，住宅の出入口は「表戸（口）」等と呼ばれ，土間から直接，上がり框に腰かけるような作りだったことが紹介されている（北海道歴史文化財団，2020，p.1）。そこで，このセルフガイドに沿って，開拓の村を回ってみよう。

　「玄関めぐり」では，開拓の村の入り口から近い市街地群から巡るコースを勧めているが，今回は，開拓の村の入り口から最も遠い農村群を起点とした逆コースをたどってみよう。セルフガイドを活用した村内の探究は，各訪問者の関心や都合によって，自由に変更可能だ。

　農村群の「旧納内屯田兵屋」（図12-2）を含む4軒の住宅の出入口は，いずれも，通路，作業場にもなった出入口で，前述の「玄関」とは異なる，引き戸を用いた在来型の家屋の「表戸（口）」に相当する。

　「旧納内屯田兵屋」は，深川市納内に屯田兵が入地した1895-1896（明治28-29）年の間の1895（明治28）年に建築された木造平屋建（17.99坪）で，「玄関めぐり」の11軒の住宅の中で，最も狭く簡素な造りだ。北海道の屯田兵は，家族とともに兵村で暮らし，北辺の警備と農業開拓

図12-2　旧納内屯田兵屋

に従事していた。当初は士族を募集したが，1890（明治23）年からは主力を平民に移し，空知，上川，北見地方等，北方内陸部に屯田兵村が作られた（北海道歴史文化財団，2017，p.24）。

　また，「玄関めぐり」の漁村群の「旧青山家漁家住宅」と「旧秋山家漁家住宅」も，引き戸の「玄関」を有するが，その規模が全く異なる。旧秋山家は，秋田県男鹿半島から明治末期に移住した秋山嘉七が，ニシン漁で繁栄していた1920（大正9）年に苫小牧郡羽幌町に建てた木造平屋建（28.92坪）の住宅で，同家では三代にわたり，ニシン刺網漁のほか磯廻り漁等を続けながら，1978（昭和53）年までこの家屋で生活していた（北海道歴史文化財団，2017，p.21）。

　少人数の漁夫を雇い入れてニシン刺網漁を営んでいた秋山家に対して，1859（安政6）年に山形県から小樽市に移住した青山家は，多くの漁労者を必要とするニシン建網漁を営んでいた。1919（大正8）年に建てられた木造平屋建（一部二階建，112.85坪）の旧青山家住宅は，内部に建網漁の番屋（北海道でニシン漁等の漁師の泊まる小屋）機能を有すだけでなく，明治20年代に建てられた別棟の網倉，米倉，文庫倉，外

便所等のほか，海産干場等の施設もあった。これらすべての建物や施設も併せて移設・保存されてきた「旧青山家漁家住宅」は，当時のニシン建網漁の様子を今に伝える貴重な遺構の例である（北海道歴史文化財団，2017，p.20）。その青山家住宅の玄関は，屋根の造りにも随所にこだわりが見られる（北海道歴史文化財団，2020，p.2）。

「玄関めぐり」の市街地群の住宅5軒の中には，1904（明治37）年に札幌市白石区菊水に建てられた木造二階建（28.75坪）の「旧有島家住宅」もある。作家有島武郎（1878-1923）が1910（明治43）年5月から翌年7月頃まで家族とともに住んでいた借家で，『生まれ出づる悩み』『小さき者へ』等の作品の舞台としても知られている（北海道歴史文化財団，2017，p.7）。

この住宅も引き戸を用いた「玄関」を有している。セルフガイド「玄関めぐり」には，旧有島家住宅の玄関の写真（図12-3）で図示しなが

図12-3　セルフガイド「玄関めぐり」に
掲載された旧有島家住宅の玄関図
（北海道歴史文化財団提供）

ら，「引き戸」について，次のように解説している。

　　在来の住宅には出入口に引き戸を用いるものが多く，玄関も例外で
はありません。設置スペースも最小限ですみ，鴨居<ruby>鴨居<rt>かもい</rt></ruby>と敷居<ruby>敷居<rt>しきい</rt></ruby>に溝<ruby>溝<rt>みぞ</rt></ruby>をつけ
るだけで安定した開閉が可能な引き戸はつっかえ棒1本で施錠<ruby>施錠<rt>せじょう</rt></ruby>代わ
りとすることもでき，安価で利便性の高い建具として重宝<ruby>重宝<rt>ちょうほう</rt></ruby>されまし
た（北海道歴史文化財団，2020，p.1）。

　この解説を踏まえて，旧有島家住宅の玄関を，農村群の住宅の出入口
や漁村群の住宅の玄関と比較してみると，スペースが狭いことに気づ
く。居住する家族の生活空間だった市街地の住宅の玄関は，労働者の通
路や作業場の機能を併せ持っていた農漁村の住宅の出入口や玄関とは，
性質が異なることが浮き彫りなる。「玄関めぐり」に沿って開拓の村を
探索すると，14棟の建物のうち，今日一般的な開き戸が少数派（5棟）
であることにも気づかされる。雪の多い寒冷地北海道では，引き戸のほ
うが便利だったこともうかがえる。
　このように，各セルフガイドは，今日の私たちに親しみのある着眼点
を通して，開拓の村の多様な建物等の比較によるその特徴の発見とそこ
での人々の生活の探究へといざなう。室内の一部に入ってそこでの暮ら
しぶりを直接知り得る建物が大半を占めることも，探究に功を奏してい
る。
　例えば，漁村群の「旧青山家漁家住宅」は，玄関をはさみ，向かって
左手の番屋と右手の青山家の居住空間が著しい対照を成す（図12-4，
図12-5）。大勢の漁夫がひしめき合って寝食を共にしていた仕切りの無
い番屋は，大部屋の縁をたたまれた各漁夫の蒲団が並ぶネダイ（寝床）
が二つの囲炉裏を切った漁夫<ruby>漁夫<rt>ぎょふ</rt></ruby>溜<ruby>溜<rt>だまり</rt></ruby>を囲み，プライベートな空間が皆無で

図12-4 図12-5
旧青山家漁家住宅内の番屋（左）と青山家の居住空間（右）

あるのに対し，奥へと広がる贅沢でゆったりとした青山家の居住空間は，襖・板戸で幾重にも仕切られ，同じ屋根の下の番屋で暮らす漁夫たちを含む他者から隔てられ，プライバシーが守られている。「旧青山家漁家住宅」は，その随所に，近代における雇用主と労働者の格差の大きさを如実に表す建物や施設で構成されていることが，そこに足を踏み入れることで歴然とする。

　また，市街地群の「旧有島家住宅」では，有島武郎が執筆に臨んだ西洋式の木製の机や椅子，この家に住んでいた頃生まれた長男の木製のベビーベッド等の家具（いずれも有島家で使用していた同等品）が置かれた1階の二間の和室から，明治末期の有島家の暮らしぶりが伝わってくる（図12-6）。この二間続きの和室を分かつ襖の上の壁に飾られたセザンヌの静物画の複製は，留学経験もあった有島が当時の新しい西洋美術の動向を始めとする欧米の情勢に精通した文化人であったことを物語る。このように旧有島家住宅の室内は，この家を訪ねた木田金次郎（小説『生まれ出づる悩み』のモデル）の随筆『「生まれ出づる悩み」と私』（北海道新聞社，1994年）に基づき，丹念に再現されている。

　これらは，学際的な研究成果に基づき，各建物の内外で北海道におけ

**図12-6　旧有島家住宅の一室と縁側**

る近代の多様な様相を伝える環境をつくり，訪問者をその世界の真った
だ中へといざなう開拓の村の取り組みの例である。その一環として，開
拓の村巡りの一連のセルフガイドは，各訪問者の関心や発見に沿って，
近代の北海道への移住者の生活文化の多様性の一端に触れる糸口となっ
ていると言えよう。

## （２）探究に役立つ展示解説パネル等

　開拓の村の展示には，建物や道具類といった資料そのものだけでな
く，そうした資料に関する研究成果を伝える解説パネルもある。例え
ば，前述の「旧有島家住宅」には，作家とその家族の私的な居住空間に
加え，有島の業績を伝える年譜等の解説パネルや家族写真，出版物等も
展示される一室があり，近代文学や有島武郎の作品のファンが訪れてみ
たい個人文学館のようでもある。このように，開拓の村は小さな博物館
の集合体とも言えよう。

　また，開拓の村では，村内外での継続的な探究に役立つよう，建物や

道具等の展示資料の解説パネルに加え，『ポケット学芸員』というスマートフォンによる展示解説も2018年より採用している。これは，博物館等の資料に付された番号を入力すると，選択した言語での解説や画像を博物館内外でインターネットを介して取得できるスマートフォン用の無料アプリケーションで，全国140の博物館等で導入している[3]。

このほか，村内の資料コーナーでは，「北海道開拓事始」（移住，政治，文化・社会，産業・経済，交通・通信の各シリーズ）や，「年中行事」，「北海道歳時記」，「昔の遊び"歴史編"」等，多様な視点によるシリーズの無料の「北海道開拓の村解説シート」（各シリーズの各項目はA4判1枚に掲載）や，各建物の写真や間取とともに日本語と英語の解説を掲載する小冊子『村のたてもの』（北海道歴史文化財団，2017，定価300円）も用意している。

## （3）移住者の四季折々の暮らしぶり等を伝える展示

開拓の村の資料やその展示には，北海道の人々の季節に応じて変化する生活を反映して，季節限定のものや四季折々で異なるものが含まれる。来村者が試乗できる馬車鉄道が冬季には馬そりになるのはその一例だ。

また，開拓の村には，農林水産業における季節に応じた作業を伝える建物や施設もある。蚕種（蚕の卵）を生産するための施設だった「旧田村家北誠館蚕種製造所」もその一例である。浦臼村養蚕伝習所教師だった田村 忠 誠が，当時の模範とされた東京蚕業試験所の蚕室を参考に，現樺戸郡浦臼 町に1901-1905（明治34-38）年に建築したもので，開拓の村の農村群の一角に移築された。ここでは，蚕種の製造販売を行うかたわら，多くの養蚕技術者の養成も行った（北海道歴史文化財団，2017，p.23）。その室内では，ボランティアの協力を得て夏季に蚕が飼

---

3）https://welcome.mapps.ne.jp/pocket/（2022年9月23日最終確認）

育されるとともに，「蚕繭の糸繰り，蔟作り等」の実演作業が行われる。こうした養蚕作業は，この建物の前に広がる桑畑の四季折々の変化とともに，近代の殖産興業政策の一環として全国で奨励された養蚕が寒冷地北海道においても盛んだったことを，今日に伝える。

さらに，開拓の村では，近代の北海道への移住者の暮らしぶりを伝える資料を紹介する特別展や季節に応じて使用された道具や飾り等を紹介する『“モノ”語り資料の展示』や『年中行事の展示』も実施してきた。

## （4）来訪者向けのプログラム

開拓の村が提供する教育資源には，常設展示や特別展示等の展示や来訪者の村内外での自由な探究に役立つ情報（教材）だけでなく，入場料のみで参加費無料の多様なプログラムもある。定期的に実施されるものには，『学芸員とむらの建物探訪』や，四季折々の『村のしごと道具体験』，毎月異なる『伝統遊具づくり』（於体験学習棟）等がある。

また，開拓の村の畑で，小学生を含む家族で農作業を体験するシリーズのプログラム『親子でどうぞ！　むらの農作業体験』（要予約・有料）もある。そのうちの『リンゴ』では，5～10月の間に全5回，スタッフの指導を受けてリンゴ栽培の主要な作業を体験し，最終回には，約半年かけて育てたリンゴを参加者が収穫する。

このように，開拓の村では，開拓期の人々の暮らしぶりを伝える四季折々の年中行事や仕事，遊び，道具等に焦点を当てた展示と，それらに関連する人々の活動を追体験しながら学べる各種プログラムを，学際的な研究成果を基に提供してきた。これらの展示や関連プログラムの情報は，開拓の村のウェブサイトや，情報をコンパクトにまとめたリーフレット『北海道開拓の村　年間イベント』（無料）でも紹介している。

## （5）学校教員向けの情報提供やプログラム（教員研修）

　博物館と学校との連携（博学連携）による学校団体向けのプログラム
は，各学校の要望により多様であることから，教育資源としての博物館
活用の可能性が幅広いということを学校の教員に理解してもらうことが
重要である。開拓の村では，ウェブサイト上の『学校のがくしゅう』
で，開拓の村およびその資料の解説，学年別の活動やワークシート例，
事前・事後学習例等，博学連携プログラムの実施に役立つ豊富な情報を
提供している[4]。また，棹秤や雪下駄，薪ストーブ等の過去の道具類で
構成される貸出キット「学びつ」とその活用の手順も併せて紹介してい
る。

　教員研修も実施してきた。例えば，毎年実施するプログラム『先生の
ための村内ガイド』では，学芸員と教員が相互に確認しながら，村内の
建物や道具といった教育資源とその活用法や，各学校に応じた学習の着
眼点や可能性等を，体験を通して学ぶ機会を提供し，学校団体による開
拓の村の活用の意義や事例，教材を知り得たと参加者に好評である。

　札幌市教育委員会の研修担当者によると，博物館における教員研修の
多くは，博物館の利用法を学ぶというより，当該博物館について学ぶこ
とを主眼とするため，その後の児童生徒への指導や学習活動については
あまり触れないことが多い。一方開拓の村における教員研修の参加後の
アンケートには，「博物館で学ぶ楽しさが実感できた」「博物館を利用し
た学習のヒントが得られた」といった声が寄せられ，他の博物館で実施
した場合の同項目と比べて「学び」「利用」への認識の変化がはっきり
と表れるという（細川，2011，p.62）。こうした参加者の声を踏まえ，
開拓の村の細川健裕主幹・学芸員は，教員研修では，博物館のリテラシ
ー教育に繋がる内容を，その効果を参加者が実感できるような環境で提
供し，博物館での時間を有効に活用する視点を持った教職員の要請に協

---

4) https://www.kaitaku.or.jp/school_learning/（2022年9月23日最終確認）

力していくことが重要性であると指摘する（2011，p.62）。

## （6）学校団体向けのプログラム（博学連携）

　開拓の村では，実際，幼稚園から大学まで，個別の要望に応じた学校団体向けのプログラムを提供してきた。細川学芸員は，開拓の村の教育資源を活用した児童生徒の学習内容は，例えば社会科では，微妙に重複しながらも，次のように拡張・深化していくと提案する（細川，2017，p.13）。

| 小学校3・4年生 | ● 道具・建物の工夫<br>● 暮らしへの願い |
|---|---|
| 小学校5・6年生 | ● 地域性と産業<br>● 北海道の近代 |
| 中学生 | ● 日本近代史における北海道<br>● 地理的環境条件 |

図12-7　開拓と環境を考える「環境コース」を選び，開拓小屋を
　　　　探究する北海道野幌高等学校3年生のグループ
（2022年5月撮影）

　近年，SDGsやその要素である環境問題に取り組む学習の一環として開拓の村を訪問したいという学校団体が増加している（図12-7）。

　藤女子中学校（札幌市）3年生も，SDGsへの取り組みについての探究活動の一環として，2022年6月に開拓の村を訪れた。その博学連携プログラムの概要は，下記のとおりである。

| 事前学習 | ●学校の要望に基づき，相談の上，訪問時の学習活動・ワークシート例を開拓の村が提案。それを参考に学校の教員が開拓の村を視察の上，学習計画・教材を作成。<br>●約1カ月前に細川学芸員が学校で開拓の村の概要を講演。<br>●少人数の班ごとに開拓の村での探究活動のテーマや着眼点（玄関等，建物の構造や道具等）を生徒が検討・選択。 |
|---|---|
| 訪問時学習 | ●班ごとに予め計画した探究活動のテーマに沿ってワークシートに記録しつつ各班が村内を約2時間半探究。 |
| 事後学習 | ●班ごとに開拓の村の探究活動で発見したこと等について調査・考察をし，その結果を約1カ月後に各班が学校で発表。 |

　このように，博学連携プログラムでは，博物館訪問を一過性の遠足に留めず，事前・事後学習を含む一連の主体的な探究型学習として，学校での学習と博物館での学習を関連づけ，博物館で発見したことや疑問に思ったことについて生徒自らが事後調査により考察することが重要であ

る。その一環として，学芸員が学校で講演をすることもある。このよう
に，学芸員等が博物館外の学校や公民館，学会等，ほかの機関や団体等
を通して資料の研究成果等に関する講演やワークショップを実施したり
することを，アウトリーチという。また，博学連携の探究活動の着眼点
は，前述の「玄関めぐり」等セルフガイドのように，来訪者向けの探究
活動のヒントやプログラムとも重なり合う。

　藤女子中学校で「縁側」の機能に着目した班には，事後調査で，現代
の北海道には縁側が少ないことから，代替としてサンルームの効用と問
題を探究した例もあった。この班は，日本ガラスびん協会の報告書
（2013）を参照し[5]，サンルームの主材料のガラス製造過程での大量の二
酸化炭素発生問題に対して，透明化した木材のガラスとしての実用化を
目指す米国メリーランド大学の研究発表（2021）に注目し[6]，北海道の
良質な木材を活用した木材ガラス窓を用いて，「縁側の役割を受け継ぎ
ながら，北海道の環境に適して地球にも優しいサンルームを作ろうでは
ないか！！！」というSDGs「7　エネルギーをみんなに　そしてクリー
ンに」や「12　つくる責任　つかう責任」に対する未来への提言を学校
で発表した。生徒の長期に亘る探究型学習の一環としての博学連携プロ
グラムの好例と言えよう。

　このように，開拓の村の展示やそれに関連する各種プログラムは，今
日あまり知られていない，あるいは，もはや想像だにできない近代日本
における北海道への移住者の暮らしぶりを，多様な視点から学際的に学

---

5）生徒が明示した引用元：『ガラス容器製造業における地球温暖化対策の取り組
　み』（2013年12月20日）
　https://www.meti.go.jp/shingikai/sankoshin/sangyo_gijutsu/chikyu_kankyo/sei-shi_wg/pdf/001_09_01.pdf
6）生徒が明示した二引用元：*Solar-assisted fabrication of large-scale, patternable transparent wood*（2021年1月27日）
　https://www.science.org/doi/full/10. 1126/sciadv.abd7342
　「ガラスの代わりになる，米国で研究が進む「『透明な木材』とは」『IDEAS FOR GOOD』（2021年3月21日）https://ideasforgood.jp/2021/03/18/wooden-glass/

ぶ機会を提供してきた。

その一環として，開拓の村は，研究成果に基づき，村外でも活用可能な各種セルフガイドや冊子等を発行するとともに，ウェブサイト等で，広く情報を提供している。また，これらの機会提供の基盤として，他の博物館や大学，学校および教職員と連携して，資料や博物館教育に関する研究も推進している。

以上，事例を参照してきたが，博物館は資料を通して，想像することが難しい過去や遠い地域における出来事や思想を，未来創造の担い手である私たちと繋がりのある事柄として，多様な視点から共感的に考える機会を提供している。博物館が展示やプログラム，出版物等を通して来館者に発するメッセージは，研究成果に基づく資料に関する人文科学上または自然科学上の「意味」であり，研究成果による知見である。したがって，資料に関わる研究は，博物館教育の礎であり，博物館利用者の博物館に対する信頼の基盤である（大髙，2018）。

また，博物館は，研究成果を蓄積し絶えず新たな知見を創造するメディア（媒体）でもある。この過程では，博物館利用者も資料や関連情報を博物館に提供し，研究に参画している。開拓の村でも，所蔵・展示資料，研究成果の多くが，市民等からの寄贈物や証言を礎にしている。

## 3. 博物館教育の方向性と課題

博物館は，展示やウェブサイト・文献等による情報提供のほかにも，利用者に親しみを持ってもらい，利用者の学習を支援するため，さまざまな教育機会を提供している。そのうちの重要なものにワークショップがある。博物館のワークショップは，展示資料の観察と会話に基づくギャラリー・トークや屋外での自然観察会等，多種多様である。開拓の村の『学芸員とむらの建物探訪』もこの一例と言えよう。これらのワーク

ショップは，根本的には，博物館資料に関する参加者の疑問や関心に基づき，観察，実験，制作，調査等の主体学習および主体学習の中のコミュニケーション（会話等）を中心に据え，参加者の鑑賞力（発見力，他者との共感力を核とする）の涵養を図り，探究型学習（inquiry-based learning）を支援するもので，参加者・博物館双方が成長し，共に社会に貢献することを目指す（大髙，2022，pp.97-98）。こうしたワークショップでは，個人として学ぶだけでなく，他者とのコミュニケーションにより，他者，翻って自己への気づきが生じる。したがって，インストラクターは，博物館資料に精通するだけでなく，初めて出会う参加者の間で民主的な学習共同体を一緒に形成し，相互尊敬に基づく発見をいざない得る力量を要する（大髙，2022，pp.111-112）。

　最後に，博物館は，社会の課題に対応した教育機会を提供していく必要がある。例えば，文化・教育を享受する権利の万人に対する保障や少子高齢化は，日本だけの問題ではない。韓国では，家族や障害のある人，外国人を含む多様な人々を対象とした博物館教育に力を入れ，ワークショップ室や講義室が整ったエデュケーション・センターを博物館に併設してきた。子どもの教育にも積極的で，子どもがさまざまな遊びや試行体験等を通して学べる子ども博物館を併設する博物館が2000年代以降増加し，人気を博している。近年，そのリニューアル・オープンが相次ぎ，2018年には韓国国立慶州博物館や韓国国立現代美術館（ソウル市郊外）が各子ども博物館をリニューアル・オープンした。また，韓国では，外国人居住者や観光客の増加に伴い，大小さまざまな博物館の大半が韓・英・中・日４カ国語で，展示解説パネルや双方向性の映像解説プログラム，オーディオガイド，ウェブサイト等の各種メディアを整備している。

　日本でも，万人が文化・教育を享受する権利を保障することを目指

し，五感に働きかける展示やワークショップ，多言語による館内外で活用可能な情報提供等，工夫を凝らしたさまざまな取り組みを展開する博物館が増加している。

こうした取り組みは，博物館は社会の課題に対応すべき研究・教育機関であるべきだという国際的な議論の高まりと相まって展開されてきた。そうした気運の中，例えば，2022年8月24日に国際博物館会議（ICOM）の臨時総会で採択された博物館の新定義では，「博物館は，公衆に開かれ，誰もが利用できかつ包摂的であり，多様性を醸成し持続可能性を促進する。」（大髙による訳）という一文が加わり，博物館は「利用可能 accessible」で「包摂的 inclusive」であることと社会の「多様性 diversity」を醸成し「持続可能性 sustainability」を促進することが明記されるに至った[7]。

社会の課題に対応した継続的な博物館教育を推進していくためには，本章で学んできた教育機会の提供（展示やプログラムによる資料鑑賞の機会・意見交換の機会の提供，出版や博物館ウェブサイト等による情報提供）だけでなく，その基となる資料の収集・保管，調査・研究の充実と，これらを一体として実現するための財源，組織，施設，専門職教育を含む運営体制の拡充が，日本の博物館の課題と言えよう（大髙，2022，pp.266–270）。

---

7) https://icom.museum/en/news/icom-approves-a-new-museum-definition/
（2022年9月19日最終確認）

## 参考文献

大髙幸「博物館教育の多様な機会と情報・メディア」稲村哲也・近藤智嗣編著『博物館情報・メディア論』pp.114-129（放送大学教育振興会，2018年）

大髙幸「博物館教育とは」大髙幸・寺島洋子編著『博物館教育論』pp.11-28（放送大学教育振興会，2022年）

大髙幸「ワークショップ：その理念と人文科学系博物館における実践」大髙幸・寺島洋子編著『博物館教育論』pp.97-113（放送大学教育振興会，2022年）

大髙幸「利用者主体の博物館教育：課題と展望」大髙幸・寺島洋子編著『博物館教育論』pp.261-274（放送大学教育振興会，2022年）

外務省『持続可能な開発目標（SDGs）と日本の取組』 https://www.mofa.go.jp/mofaj/gaiko/oda/sdgs/pdf/SDGs_pamphlet.pdf（2022年9月23日最終確認）

細川健裕「グローバリゼーション時代の博物館教育」（北海道教育大学に提出の修士論文，2011年）

細川健裕「学習段階に合わせたワークシートづくり　教員のための博物館の日 in 札幌」（教員研修での講演録，2017年）

北海道歴史文化財団編『村のたてもの』（編者，2017年）

北海道歴史文化財団編『北海道開拓の村テーマ別順路図　玄関めぐり』（編者，2020年）

北海道歴史文化財団「北海道開拓の村」 https://www.kaitaku.or.jp（2022年9月23日最終確認）

早稲田システム株式会社『ポケット学芸員』 https://welcome.mapps.ne.jp/pocket/（2022年9月23日最終確認）

International Council of Museums "ICOM approves a new museum definition" https://icom.museum/en/news/icom-approves-a-new-museum-definition/（2022年9月19日最終確認）

# 13 | 博物館とさまざまな連携

大髙　幸

≪**学習のポイント**≫　博物館は，多様な利用者に貢献するため，研究促進，展示やプログラム等を含む教育機会提供の拡充，これらを可能とする運営体制向上を図るべく，他の機関や専門家等と多様な形態の連携を展開している。その具体例を参照しながら，博物館の連携への取り組みや課題を検討する。
≪**キーワード**≫　検索，マス・メディア，社会的媒体，ネットワーク，学会，アクション・リサーチ

## 1. 博物館が関与する連携

### （1）博物館利用者と社会的媒体

　研究・教育機関の中で万人を対象とする博物館が関与する連携について，利用者との関連で考えてみよう。第12章でも学んだように，私たちは自己の関心や課題に対応する活動を展開し，その一環として博物館内外の多様な場（図12-1）で博物館資料に関連する調査・研究活動を，偶然あるいは計画的に行うことがある。博物館利用者の中には，博物館を訪れる機会がなくても，マス・メディアやインターネット上の情報サービス機関，大学，行政機関，個人等が提供する，博物館資料に関連する知識を，テレビ番組や書籍，雑誌，映画，検索システム，講座，ソーシャルメディア（SNS: Social Networking Service 等）を介して享受する人が多数含まれる。例えば，ある人が平和に関する博物館について関

心を持ち調べてみようと思い立った場合，インターネット上の情報サービス機関や図書館の検索システムでキーワード検索を手始めとして，信頼性が高いと思われる情報を取捨選択して入手することが多い。この過程で，博物館が提供する収蔵資料や展覧会，プログラム，刊行物，ウェブサイト上のデータベース等の情報を享受する可能性もある。

　学校，博物館，公民館，図書館その他の文化施設，マス・メディアやインターネット上の情報サービス機関，それらが提供する各種プログラム，文献，展覧会，あるいは学会，学習サークル，その他の人々の意見交換の場等，第12章の図12-1で挙げた博物館教育の多様な場は，いずれもコミュニケーションを通して人々が知識を創造・表現・共有・再創造していく場としての社会的媒体である。人々が関与する社会的媒体の種類や関与の仕方は，人によって，あるいは同一人物であってもそのライフステージ等によっても異なる。博物館利用者は，博物館を含む多様な社会的媒体に偶然関わったり計画的に参画したりしながら，自身の関心事の探究や課題解決を図っている人々と位置づけられよう。社会的媒体が質・量ともに豊かであるほど個々人や社会にとって望ましいと考えられる。

　各博物館利用者の関心や課題はしばしば一館の博物館の研究領域を超えて学際的である。また，各利用者の関心事へのアプローチ法（学習様式）もさまざまであるだけでなく，利用者も多様である。こうした博物館利用者にとって，博物館は多種多様な社会的媒体の一要素と言えよう。したがって，利用者の利便性を増し，学習効果を高めるために，博物館は他の社会的媒体と連携することが求められる。

## （2）連携の分野と形態

　博物館利用者の関心や課題がしばしば学際的であるだけでなく，今日

の各学問分野においても学際的研究が必要である。今日の博物館は，資
料の収集・保管，調査・研究，教育機会提供（展示，プログラム，出
版，博物館ウェブサイト，ソーシャルメディアでの情報・画像提供等）
のいずれの分野においても，学際的な情報収集・活用・提供が求められ
ると言えよう。さらに，博物館が抱える問題の解決や機能の拡充を効率
的に進めるための運営のあり方においても，多様な情報収集・活用・提
供が必要になっている（大髙，2018）。

　このような状況下，今日の博物館は利用者と連携するとともに，他の
社会的媒体とさまざまな形態で連携し，複数の連携先と形成するネット
ワークの一端を担うことも多々ある（図13-1）。例えば，大阪市立自然
史博物館が，2003年以来，認定特定非営利活動法人大阪自然史センター
や関西自然保護機構等との共催で，ほぼ毎年開催してきた『大阪自然史
フェスティバル』は，自然関連のサークル，地域の自然保護団体等の市
民団体や博物館，企業等が一同に会して，出展，プログラム提供等をす
る「自然の文化祭」で，来場者が過去最多だった2019年11月16・17日に
は，自然科学系の研究サークルやアマチュア団体等131団体が出展し，
2日間の来場者は述べ2万6千人であった[1]。

┌─────────────────────────────────────────────┐
│  ┌──────────────────┐          ┌──────────────────┐  │
│  │  博物館利用者      │          │  博物館            │  │
│  │ ・各利用者         │          │ ・博物館利用者の利便性・│  │
│  │  ➤ 多様な学際的関心・課題│  ←    学習効果向上       │  │
│  │  ➤ 多様な学習様式  │  連携    ・学際的研究・課題解決  │  │
│  │  ➤ 多様な社会的媒体に関与│  →   ・館の問題解決・機能拡充│  │
│  │ ・多様な利用者（万人）│        │                    │  │
│  └──────────────────┘          └──────────────────┘  │
│                                              │
│   博物館：他の社会的媒体とも連携・ネットワーク形成    │
└─────────────────────────────────────────────┘

**図13-1　博物館が関与する連携の概要**

1）http://www.omnh.net/npo/fes/2019/（2022年10月5日最終確認）

　博物館関連の学会も，ネットワークの一つであり，博物館の運営上の課題や展望の共有により，社会的媒体として博物館界全体の充実化を図ってきた。例えば，全日本博物館学会の布谷知夫会長は，対面での議論の重要性を指摘し，議論を繰り返す中で，博物館に関する研究（博物館学の研究），そこから事業のあり方や博物館の運営のあり方，地域社会の中での博物館の位置等が考えられるため，対面での議論の機会が増えることを期待し，当学会で，博物館学の研究と博物館現場での事業の発展に向けて努力していきたいと，会員に向けて述べている（布谷, 2021, p.1）。

## 2. クレマチスの丘の二美術館における連携

　クレマチスの丘（静岡県長泉町）のベルナール・ビュフェ美術館（1973年開館，以下「ビュフェ美術館」）とヴァンジ彫刻庭園美術館[2]（2002年開館，以下「庭園美術館」）は，いずれも，人間の心の機微や葛藤を絵画や彫刻で表現してきた同時代を生きる作家の作品を常設展示する個人美術館として誕生し，現代美術の動向を紹介する企画展も開催してきた。後者の開館とともに，美術館，井上靖文学館（1973年開館），レストラン，ショップ等が集まった複合文化施設クレマチスの丘も誕生し，地域に暮らす家族連れから観光客まで，幅広い利用者に親しまれてきた。

　本節では，この二館の具体例を参照しながら，博物館が関与する連携とその成果を考察していく。博物館利用者との関連や，活用資源，連携の場所，ネットワークにも留意しながら，検討することとしよう。

---

2）2023年に運営体制変更。

## （1）ビュフェ美術館が関与する連携例

### 1）美術作家との連携

　ベルナール・ビュフェ（1928-1999）の作品を収蔵・展示する当館は，油彩画，版画，彫刻等，世界一のビュフェコレクションを誇る（庭園美術館，2022年，p.144）。鋭い線や抑制された色彩で第2次世界大戦後の不安感や虚無感を描出したビュフェの初期の具象画は，2022年のロシアのウクライナ侵攻等，戦争や紛争が絶えない今日の社会に生きる私たちに「明日は我が身」と警鐘を鳴らし，何をすべきかを問いかけてくるようだ。同館の常設展示やテーマに沿ったコレクション展は，ビュフェを「20世紀の時代の証人」として評価してきた同館の取り組みに作家自身が共鳴し，7回来訪するとともに来日を機に屏風画等を制作したこともあった，作家と美術館との連携の足跡を伝える（雨宮，2021）。このように，現代美術作家に焦点を当てた美術館は，一般に作家本人との連携による作品や記録資料の収集・保管や調査・研究，それらに基づく常設展示や企画展，関連プログラムの実施や文献の出版等をしている。

### 2）子どもや家族が楽しめる取り組みの一環としての連携

　ビュフェ美術館が位置する静岡県長泉町は，出生率が高く，子どもが多いことから，同館は現代美術作家等とも連携し，子どもたち，子育て中の大人たち，かつて子どもだった大人たちに向けて，大人と子どもがともに楽しめるような企画展やワークショップといった関連プログラムも実施してきた。1999年にはビュフェこども美術館（以下「こども美術館」）を別館に創設した。当時，同町で唯一の美術館として，子どもたちが幼い頃から美術館に親しみ，家族で美術に触れる場となることを目指す取り組みの一環であった（庭園美術館，2022年，p.150）。こども美術館には，子どもに人気の高いビュフェの人物画の立体パズルの他，企画展関連の現代美術作家の作品や絵本コーナー，家族向けプログラムの

場でもあるワークショップコーナー等があり，大人も子どももゆったりと楽しめるよう工夫されている。

こうした取り組みにより，近隣地域で「ビュフェ美術館は子どもや家族を大切にする美術館」という認識が広まり，未就学児連れの母親等のこども美術館訪問や，こども美術館の活用を含む保育園・幼稚園や学校との連携プログラムが増加した。

また，ビュフェ美術館は，コレクション展や企画展を家族や子どもが楽しめるきっかけとなるよう，鑑賞の着眼点をクイズ等で提示する無料のセルフガイド「美術館ワクワクシート」（A5判リーフレット）や「ジュニアガイド」（A4判リーフレット）を展示室で配布している。

さらに，未就学児連れの家族にもビュフェ美術館全体を楽しんでもらえるよう，幼い子どもとの美術鑑賞のヒントを掲載した保護者向け無料の小冊子『こどもとたのしむ美術館―お子さま連れの大人の方へ―』（ビュフェ美術館，2015年）を発行し，館内外で配布している（井島，2016年）。また，この小冊子作成にあたり，連携したNPO法人赤ちゃんからのアートフレンドシップ協会の冨田めぐみ代表理事を講師に招き，小冊子と同じタイトルの『こどもとたのしむ美術館　鑑賞ツアー』をゼロ歳からの未就学児とその家族を対象として数回実施してきた。

2022年8月の回では，事前予約した乳幼児（0〜5歳）連れの家族数組が，こども美術館での冨田氏の保護者向けガイダンスの後，ビュフェ美術館の展示室をゆっくり回り，時々集まって冨田氏や学芸員の解説を聞いたり感想を話したりしながら，ビュフェの絵画を鑑賞した（図13-2）。大半の乳幼児は，冨田氏の解説にもあったように，鮮やかな色彩による果物や海老等の食べ物や昆虫の絵画に注目していた。鑑賞後こども美術館に戻り，くつろいだり，幼児は思い思いに遊んだり絵を描いたりした後，子どもが興味を持った作品等について皆で振り返った。終了

後，子どもが興味を示した作品や話した内容，子どもへのメッセージに関するアンケートに保護者が回答している間，子どもたちは冨田氏や学芸員に描いた絵を見せたり，自ずと一緒に遊んだりしていた（図13-3）。

　乳幼児を含む家族プログラムは，人気が高い反面，参加者・展示資料両方の安全確保への細心の注意を要す等，実施が難しい。乳幼児の鑑賞プログラムを実施してきた冨田氏と連携することで，ビュフェ美術館の学芸員を始めとする美術館職員は，安全等へのきめ細かな配慮をすることができた。

　大人の参加者からは，総じて，乳幼児連れでの美術館訪問を不安に思っていたが，このプログラムに参加して大丈夫そうだと分かったのでまた訪問したいという声が聴かれた。ゼロ歳児と参加した母親には，かつてはビュフェ美術館の年間パスを持ち何度も訪れ，美術館訪問は「心が洗われる」が，子どもが生まれてからは初めてと語った人もいた。井島真知学芸員は，「このツアーのように，こども美術館と展示室を行ったり来たりしながら，子育ての一つの場面として，美術館を多いに活用していただければと思っています」と述べている（2016, p.13）。

　未だに母親に育児や家事の責任が集中しすぎている日本の家族は，母親が孤立して心身が不安定になる「育児不安」等，多様な社会問題に直

図13-2　　　　　　　　　図13-3
ビュフェの絵画を鑑賞する参加家族（左）と終了後にこども美術館の
＜触の引き出し箱＞で遊ぶ初めて出会った子どもたち

面している（大髙，2022年，p.188）。こうした状況下，家族向けの展覧
会やプログラムを行い，家族を支援する博物館がある中，美術館の家族
プログラムの首都圏在住の参加者の調査によると，大人の参加者は総じ
て，美術に高い関心があるものの，海外と比べ，日本の美術館は静かに
していなければならないので子を連れて行きづらいと認識していること
が明らかになった（大髙，2020年，pp.199-200）。大人の参加者には，
家族プログラムへの参加目的として，子の教育を重視する人が大半であ
った一方，子のためだが自分自身も楽しむため，あるいはどちらかとい
うと自分の知的な余暇・安らぎの場としてプログラムを楽しみにし，高
く評価する人が存在することも判明した（大髙，2022，pp.196-197）。

　今日の博物館は，第12章でも述べたように，社会問題是正に貢献し，
万人のくつろぎ，知的冒険，他者とのコミュニケーションの場であるべ
きである。美術館も例外ではない。他者とも連携して「子どもや家族を
大切にする」努力を積み重ねてきたビュフェ美術館は，子育て世代のと
りわけ母親にも貴重な居場所である。人は誰も「心が洗われる」自分自
身のための機会を必要としている。

　また，前述の調査でも明らかなように，日本には過度に「静かにして
いなければならない」と利用者に思われがちな，子どもに不寛容な雰囲
気の美術館も見受けられる。子どもから大人まで誰もが楽しめるよう，
美術館は，水族館等に倣い子どもが多い曜日・時間帯を設定したり，会
話可能な時間帯を設定したりして，鑑賞者も鑑賞法も多様であることに
寛容な文化を利用者と連携して創造していくことも重要であると考え
る。

## （2）庭園美術館が関与する連携例

　庭園美術館は，現代イタリアを代表する具象彫刻家ジュリアーノ・ヴ

ァンジ（1931-）の足跡をたどる作品を常設展示している。長泉町の特産物のクレマチスを始め四季折々の花々を植栽したクレマチスガーデンには，ローズガーデン等も併設し，人と自然，芸術が調和的に共存し，子どもから大人まで誰にとっても居心地のよい美術館を目指してきた。

## 1）美術作家との連携

　現代に生きる人間の感情の複雑なありようを大理石やブロンズ等を用いて表すヴァンジの業績に焦点を当てた庭園美術館では，作家本人との連携により，その彫刻に込められた思いを反映する常設展示を形成してきた。その根底となったのは，美術館は，来館者が自ら考え，行動し，体験できるような場であって欲しいというヴァンジの理念である。

　その一環として，作品配置，展示室内の照明デザインは，ヴァンジの意図に基づき企図され，照明を抑え厳粛な雰囲気が漂う展示室では，来館者が作品との対話をゆっくり楽しめるよう，個々の作品が浮かび上がる。また，室内だけでなく，広大な庭園にも彫刻を展示し，来館者，美術作品，自然が，ゆったりした空間の中で出会い，作用しあうような環境を醸し出している。この相互作用の中で，ヴァンジが制作した，謎めいた表情の人物彫刻は，そこかしこで立ち止まるよう来館者をいざなう。

　庭園美術館は，国内外の現代美術作家との連携により，現代美術の動向を紹介する企画展や関連プログラムも実施してきた。こうした企画展は，作家が新作を制作したり，美術館が展示作品を新たに収蔵したりする契機にもなってきた。例えば，「石の声」を聴くように制作を行う，ヴァンジを始めとする8名の作家の石彫作品を紹介した2021-2022年の企画展『すべてのひとに石がひつよう　目と，手でふれる世界』で庭園の一角に展示された日本在住のイラン人ホセイン・ゴルバ（1956-）の＜あかるい影＞（2021）も，これを機にそこに常設展示され，光によっ

図13-4　　　　　　　　　　　　図13-5
庭園美術館に設置されたホセイン・ゴルバ作＜あかるい影＞（2021）（左）
と真鶴町に設置された冨長敦也作＜Love Stone Project-Manazuru＞
（2019）（右）

て絶えず姿を変えながら，不在の存在を問いかけてくる（図13-4）。

　この企画展のタイトルは，直感を頼りに感覚を研ぎ澄ませて自分にとって特別な石を見つけるためのルールが記された絵本『すべてのひとに石がひつよう』（バード・ベイラー著，北山耕平訳，河出書房新社，1994年）に由来する。また，この企画展は，岡野晃子副館長が神奈川県『真鶴町　石の彫刻祭』（2019-2021）に協力する過程で生まれた企画でもあり，本展の参加作家8名のうち6名は，『真鶴町　石の彫刻祭』にも参加し，真鶴町産の小松石で制作された参加作家の作品は，同展の後も真鶴町に恒久展示されている（図13-5）。

**2）スタジオ・ポーキュパインとの学際的な連携**

　庭園美術館は，2022年に39作家の作品で構成する開館20周年記念展『Flower of Life 生命の花』および関連プログラムを実施した。この企画展では，ビュフェ美術館開設に遡り，クレマチスの丘の足跡をたどるとともに，前述の『すべてのひとに石がひつよう』や『センス・オブ・ワ

244

ンダー　もうひとつの庭へ』（2020）等，これまでの庭園美術館の企画
展や参加作家との連携の歴史も紹介した。そこには，同館の歩みを生命
の循環に重ね合わせ，この場所から繋がって花開く，来館者と地域社会
の未来への願いが込められていた[3]。

　『生命の花』展では，広大な庭園に生息する四季折々の野鳥，花，昆
虫等を撮影したスタジオ・ポーキュパインの川嶋隆義氏の173枚の写真
と持ち帰り自由な各写真の生物の解説リーフレットも展示された（図
13-6）。自然科学系の書籍編集や写真撮影を手がけるスタジオ・ポーキ
ュパインとの連携は，庭園美術館が2020年に庭園での生物の生態調査を
依頼したことに始まる。以来，連携により，来館者の庭園での生物観
察・探究に役立つセルフガイドである観察・自由研究シート（A4判リ
ーフレット）を2021年夏に発行して来館者に配布したり，庭園の生物を
探究するプログラムも実施してきた。2022年8月の『生命の花』展関連
プログラム『庭の生きものたちの不思議』では，庭園美術館で撮影した
川嶋氏の写真により，庭園における多様な生物の生態を学ぶとともに，
実物標本等に触れる機会を提供した（図13-7）。図13-7は，めったに
撮影できないチョウトンボを川嶋氏が当日の朝庭園で撮影した写真を披

図13-6　　　　　　　　　　図13-7
『生命の花』展のスタジオ・ポーキュパイン作くクレマチスの丘〜自然のな
かの物語〜＞（2020-22）の展示コーナー（左）と関連プログラム（右）

3) https://www.clematis-no-oka.co.jp/vangi-museum/exhibitions/1355/
　（2022年10月5日最終確認）

露している様子だ。プログラム終了後には，自分もその日の朝庭園でチョウトンボを見つけたと川嶋氏に自ら話す小学生や，生物の写真の撮り方のヒントを尋ねる自然の写真撮影が趣味という大人の参加者もいた。

　このような学際的な連携は，庭園美術館が富士山の麓に位置する，自然溢れる場所にあることから，来館者が豊かな自然や美術作品に出会い，対話することを通して，人間にとって大切な能力である「感性」を育む場であるよう同館が目指してきたことに由来する。美術館学芸員は生物学の専門家ではないことから，この分野の専門家との連携が必要だった。連携による取り組みも功を奏し，子連れでも構えることなく，開放的な環境の中，安心して自然と触れ合い，探究できることが庭園美術館の魅力であると，同館のアンケートやブログ等に記す来館者も多い。

### 3）誰もが安心して楽しめる美術館を目指す取り組みの一環としての連携

　庭園美術館は，すべての人に開かれた美術館を目指し，その一環として，視覚に障害のある人々も，同館で美術や自然に触れる豊かな時間を過ごせるような取り組みにも力を入れてきた。

　視覚に障害のある人の立体や空間の把握には，じっくりモノにさわって観察（触察）することが重要である（大髙，2022年，p.158）。庭園美術館では，「社会の未来を担う子どもたちには，母親に触れるように，彫刻に触れてほしい」というヴァンジの願いのもと，開館当初より，屋外にある彫刻作品に来館者が触れることが可能であった。企画展『すべてのひとに石がひつよう　目と，手でふれる世界』（2021-2022）では，企画展としては初めて「ふれる鑑賞」を推奨し，触れる鑑賞を通して，視覚だけでは味わえない作品の魅力に誰もが出会える機会を提供した。

　庭園美術館では，広大な庭園を含む美術館全体のレイアウトを触れて俯瞰できる触知図（触れて知るという意）も館内に備えている。そして，触察による彫刻鑑賞や触知図による美術館紹介を含むプログラムを

開発し，盲学校や視覚に障害のある人の団体等との連携により，視覚に障害のある人向けに触察による鑑賞の機会を提供してきた。

　また，スペイン発祥の「ナビレンズ（ナビレンス　NaviLens）」という，視覚に障害のある人に向けて開発された支援ツールを2020年に導入し，安心して展示室・庭園内を探索できる環境づくりをしている。「ナビレンズ」は，スマートフォン専用の無料アプリケーションで美術館内の壁や地面などに設置されたタグを読み込むと，現在の場所や次に行く場所，作品の形状を音声で説明してくれるという仕組みだ。庭園美術館では経路案内や屋外作品解説用に「ナビレンズ」のタグを設置するとともに，導入を検討する博物館や自治体等の視察にも応じてきた。

　さらに，庭園美術館は，視覚に障害のある利用者向けの充実した機会提供で世界的に知られるイタリアのアンコーナにある国立オメロ触覚美術館（State Tactile Museo Omero，以下，オメロ美術館）の先進的な取り組みを日本に紹介するドキュメンタリー映画『手でふれてみる世界』（監督・撮影：岡野晃子，編集：早川嗣　制作：pangolin arte，協力：ポレポレタイムス社）を，同館と連携して2022年に制作した。

　1993年に開館し，1999年に国立美術館になったオメロ美術館では，誰もが触察により彫刻を鑑賞することができるだけでなく，視覚に障害のある来館者一人ひとりに対応して触察と学芸員の解説による彫刻作品鑑賞の機会を提供してきた[4]。

　映画制作のきっかけは，オメロ美術館の理念や具体的取り組みを数年にわたり現地で取材して庭園美術館への指針を得てきた一方，言語の壁により，同館の日本での知名度が低いということだった。この映画は，作品の触察を認めない従来の美術館に異議を唱え，1980年代からオメロ美術館の創設に尽力してきた同館館長のアルド・グラッシーニと妻ダニエラ・ボッテゴニの機知に富み，遊び心溢れる日常生活の様子も丹念に

---

4) https://www.museoomero.it/en/museum/（2022年10月5日最終確認）

**図13-8　ドキュメンタリー映画『手でふれてみる世界』より**
（pangolin arte 提供）

映し出す（図13-8）。手で世界に触れながら旅をして，多様な文化や芸術に遭遇してきた，この全盲の夫妻のゆったりと流れる時間や，彼らの尽力により創設されたオメロ美術館での触察による彫刻鑑賞を楽しむ来館者の姿は，生活の中で芸術に触れる「喜び」や「豊かさ」の多様なあり様を伝える。2022年秋冬には，視聴者に美術鑑賞を含む日常生活の多様な楽しみ方を示唆するこのドキュメンタリー映画の上映会と「手で世界にふれることの大切さ」をテーマとした関連プログラム等が，庭園美術館や京都国立近代美術館，国立新美術館（東京）等で実施された。

　企画展『生命の花』（2022）では，展示室内に誰もが触れて鑑賞できる彫刻や触知図で構成する「目と，手でふれる世界」コーナー（図13-9，図13-10）を設け，その解説パネルで，これまでの取り組みを振り返るとともに，今後も継続する旨を伝えた。

　このように，庭園美術館は，視覚に障害のある人々やヴァンジを始めとする現代美術家，他の博物館の学芸員，大学教授等の研究者，盲学校

図13-9　　　　　　　　　　　　　図13-10
「目と，手でふれる世界」コーナーのヴァンジ作＜チューブの中の女＞
（1967-68）（左）と触知図（右）

の教員等の意見に傾聴し，連携しながら，こうした取り組みをしてき
た。その過程で，視覚に障害のある人々の物事とじっくり向き合う姿勢
から教わることも多く，多様な人々に向けて充実した鑑賞機会の提供を
目指す上でも学び多き活動になっているという。

### （3）ビュフェ美術館と庭園美術館の連携例

　両美術館の連携例には，長泉町立北中学校2年生を対象とした2016年
の博学連携プログラムがある。庭園美術館の企画展『生きとし生けるも
の』の作品を生徒が学校で画像により鑑賞し，各人が流木と粘土を組み
合わせて動物の立体作品を制作した。そして，上記の『生きとし生ける
もの』展と関連して，全生徒の作品をこども美術館の棚やテーブル，靴
箱等にビュフェ美術館学芸員が展示し，各生徒が制作した作者の紹介カ
ードをまとめた冊子も展示した。生徒は会期中の冬休みの課題としてビ
ュフェ美術館を訪れ，こども美術館に展示されている自分たちの作品を
鑑賞した。

　長泉町立北中学校の勝又麗衣子教諭は，『静岡県教育研究会美術教育研究部　研究紀要』（2020）におけるビュフェ美術館との数年間に亘る博学連携の実践研究発表の中で，上記の博学連携例も挙げた。この論考では，庭園美術館の企画展の作品鑑賞により，美術館の展示が絵画や彫刻だけでなく，インスタレーション等，作品の領域が広がっている事実を生徒が認識できたことを指摘している。また，こども美術館での生徒の作品展について，多くの作品の完成度が高かったことや，「並べ方がおしゃれだと思ったし，授業で紹介されていたように，照明で引き立っていた」「同じフロアに種類ごと展示されてあったので，同じ動物を作った人によって大きさや，色，形などが違い，作った人の個性がいつも以上に出ているなと感じた」といった生徒の感想から，生徒が主体的に学び，美術館の展示を支える学芸員の存在に気づいたり，他者の個性の違いに気づくことが多かったと指摘している（勝又，2020，pp.92-94）。

　また，上記『研究紀要』（2020）において，ビュフェ美術館の井島学芸員は，次のように述べている。

　学校が地域の美術館を利用することは（見学に行くにしろ，作品を授業で使うにしろ），生徒たちが地域の資源としての美術館を知るきっかけになるだろう。美術館という機関が地域にあるということ，それは生徒たちも含む地域の人々が生涯を通じて利用できる機関であるということを知ってほしいし，我々美術館も，人々が主体的に関わり，作品を介した対話が生まれ，深い学びがあるところでありたいと思っている。どんな連携ができそうか，学校と美術館で一緒に考える機会がさらに増えることを願っている（井島，2020，p.121）。

このように，クレマチスの丘の庭園美術館・ビュフェ美術館の両方を

活用した博学連携プログラムは，身近な教育資源である美術館やその多様な利用法を生徒が学ぶ機会を提供しただけでなく，連携実践者の研究・発表を通じて美術教育の専門家の間で議論をし，今後の博学連携に寄与する契機にもなった。

　クレマチスの丘の二美術館のユニークな連携例には，静岡県東部を拠点とするパフォーミングアーツ・グループ「スケラボ」と両館との連携による企画『とけあう境界』がある。その第一弾は，庭園美術館・クレマチスの丘の20周年記念展『生命の花』の2022年4月の開会式に，ビュフェ美術館のビュフェの絵画から飛び出したカルメンやピエロ等に扮した「スケラボ」のパフォーマーたちが，お祝いに駆け付けるという公演で，庭園美術館の展示室や庭園で，観客と混然一体となって繰り広げられた（口絵3）。この企画は，美術における絵画と彫刻の融合，上演芸術におけるパフォーマーと観客の融合，存在としての彫刻と人間（パフォーマー，観客）の融合，視覚芸術と上演芸術の融合，文化装置（文化を生成する場）としての美術館と劇場の融合，文化と自然の融合を体感できる斬新なものだった。連携の可能性だけでなく，従来の美術館という枠組みを超えた，美術館の可能性を示唆する事例と言えよう。

　以上，事例を参照してきたが，連携による資料の収集，研究，展覧会やプログラムの企画・実施から博物館が学ぶ事柄は，それ自体が博物館の新たな内部資源やその活用法の形成，すなわち博物館の成長をもたらす。連携が継続されれば，連携による成果は，博物館と連携先の両者に蓄積されていくだけでなく，新たな連携の連鎖（ネットワーク）が生まれる可能性も広がっていく。

## 3. 連携の成果を高めるために

　博物館の業務は，その大半が他者との連携によって実施されると言っ

ても過言ではない。しかし，連携の内実は分かりづらいこともあるた
め，連携における試行錯誤の過程や成果，課題を記録し，博物館内外で
公開することは重要である。したがって，学芸員は，博物館の紀要等に
おいて，担当業務に関わる連携の意義や成果，課題を発表し，議論を積
み重ねていくことが肝要と言えよう。自己の企画・実施業務に関するこ
のような実践研究（アクション・リサーチ）の積み重ねは，広く未来の
連携へのヒントを形成する。また，異動があってもスムーズな引継ぎに
役立つだけでなく，次世代の学芸員の専門職教育に役立つ業務指針，す
なわち資源になっていく。

　最後に，博物館と他者との連携は，博物館の人的・物的資源の新たな
形態の活用につながる。連携の成果を高めるためには，内部組織で連携
の重要性が認識され，運営体制に基づくこと，館内・連携先ともに内
部・相互の十分な意見交換（コミュニケーション）がされること，連携
の過程と結果を記録し，連携を継続することが重要である。学芸員は，
こうした視点に立ち，内部資源の活用・外部の連携先双方の可能性への
門戸を開くことが求められると言えよう。

## 参考文献

雨宮千嘉「具象画家　ベルナール・ビュフェ―ビュフェが描いたもの―」ベルナー
　ル・ビュフェ美術館『館報5号』p.13（2021年8月）
井島真知「教育普及活動紹介」ベルナール・ビュフェ美術館『館報1号』p.13.
　（2016年9月）
井島真知「学校と美術館の連携について」『静岡県教育研究会美術教育研究部　研
　究紀要』pp.120-121（2020年）

ヴァンジ彫刻庭園美術館編『すべてのひとに石がひつよう　目と，手でふれる世界』（編者，2021年）

ヴァンジ彫刻庭園美術館編『ヴァンジ彫刻庭園美術館　クレマチスガーデン』（編者，2022年）

ヴァンジ彫刻庭園美術館「開館20周年記念「Flower of Life」」
https://www.clematis-no-oka.co.jp/vangi-museum/exhibitions/1355/（2022年10月5日最終確認）

大阪自然史センター「大阪自然史フェスティバル2019」http://www.omnh.net/npo/fes/2019/（2022年10月5日最終確認）

大髙幸「博物館の情報・メディア拡充へのさまざまな連携」稲村哲也・近藤智嗣編著『博物館情報・メディア論』pp.130-145（放送大学教育振興会，2018年）

大髙幸「美術館家族プログラムのこれまでとこれから」貝塚健他編著『美術館と家族：ファミリープログラムの記録と考察』pp.187-210（アーティゾン美術館，2020年）

大髙幸「アクセス可能な博物館教育：その理念と実践」大髙幸・寺島洋子編著『博物館教育論』pp.151-169（放送大学教育振興会，2022年）

大髙幸「家族と博物館」大髙幸・寺島洋子編著『博物館教育論』pp.186-202（放送大学教育振興会，2022年）

勝又麗衣子「実践テーマ　地域の美術館（ベルナール・ビュフェ美術館）と連携して，「わたし」がどうなるのか？」『静岡県教育研究会美術教育研究部　研究紀要』pp.91-98（2020年）

デューイ，ジョン（松野安男訳）『民主主義と教育』（上）・（下）（岩波書店，1975年）

布谷知夫「ご挨拶　博物館学の発展に向けて」『学会ニュース　No.137』p.1（全日本博物館学会，2021年7月31日）

ベルナール・ビュフェ美術館編『こどもとたのしむ美術館―お子さま連れの大人の方へ―』（編者，2015年）

森陽子・木村由香・髙橋郁美・伊藤佳乃編『ベルナール・ビュフェ1945-1999』（ベルナール・ビュフェ美術館，2014年）

State Tactile Museo Omero　https://www.museoomero.it/en/museum/（2022年10月5日最終確認）

# 14 | 国際社会における博物館の連携

| 寺田鮎美

≪**学習のポイント**≫　本章では，国際社会における博物館の連携が博物館の存在意義を強化し，博物館の持つ資源の効果的な活用のために必要であることを確認する。そして，国際社会における博物館の連携をさらに推進していくために，それに寄与するICOM（国際博物館会議）とICOM日本委員会の活動について理解する。また我が国の博物館が主導する国際連携の事例から，その成功要因を抽出する。

≪**キーワード**≫　国際連携，グローバル社会，ICOM（国際博物館会議），ICOM国際委員会，ICOM大会，ICOM日本委員会，国際博物館の日，コミュニティ開発，人材育成，モバイルミュージアム，プロジェクトデザイン

-----

## 1．国際社会における博物館の連携とは

### （1）国際社会における博物館の連携の必要性

　今日我々の社会は，さまざまなグローバル課題に直面している。例えば，地球環境，資源，科学技術のコントロール，自然災害・人為的災害，戦争・テロ，格差，人権，多文化共生，文化の多様性，SDGsの問題などが挙げられる。新型コロナウイルスのような感染症のパンデミックもここに含まれるだろう。博物館がこれらの課題に向き合い，社会の進むべき方向性を探るために果たす役割の重要性は国際的にますます高まっていると言える（稲村，2019，pp.291-292）。

　この役割を博物館が実際に担うとき，国内のみならず，海外の博物館

や関係組織と連携して，博物館活動の方向性をともに検討したり，展示や教育の協働事業を行ったりすることにより，国際社会における今日的な博物館の存在意義を高めることができると考えられる。さらに，このような国際的な博物館の連携は，博物館の人的資源，物的資源，そして経営資源の効果的な活用に大きな利点が見込まれるほか，学芸員をはじめとする博物館スタッフが交流することにより，さまざまなノウハウの学びが生まれ，博物館の経営資源のさらなる開発・蓄積が期待できる。

## （2）日本の博物館における国際連携の現状

　1998（平成10）年から2年間にわたり，文部省（当時）の委嘱によって日本博物館協会が行った調査研究により，2000（平成12）年12月に報告書『「対話と連携」の博物館—理解への対話・行動への連携—【市民とともに創る新時代博物館】』がまとめられた。この中で博物館相互の「対話と連携」は博物館全体の博物館力を高めるものとして，地域連携とともに国際連携は，「博物館はアジア，太平洋地域及び世界の博物館・博物館関係諸機関と連携する」との文言で対話と連携の活動原則の一つに掲げられた（日本博物館協会，2001，pp.4-6）。これは，博物館における国際連携に対する意識の高まりのきっかけの一つになったと考えられる。

　2000年代には，21世紀の博物館の望ましい姿を求め，「対話と連携」という方向性のもとに，文部科学省や日本博物館協会による欧米の博物館の基準や評価に関する調査，アジア太平洋地域の博物館調査が実施され，国際的な動向の把握とともに，交流を深めていくことで，日本の博物館界の大枠としての国際化・国際交流への対応が進んだ（佐々木，2017，p.8）。ICOM（国際博物館会議）については，詳しくは本章次節で扱うが，2009（平成21）年のICOMのアジア太平洋地域連盟（ICOM

ASPAC）大会の東京開催，2019（令和元）年のICOM大会の京都開催
という博物館の国際会議の実績も，近年の日本の博物館における国際連
携の進展のあらわれと見てよい。また，それをきっかけとした今後のさ
らなる国際連携の進展も期待されているところである。

　一方で，2019（令和元）年度の日本博物館協会による『令和元年度
日本の博物館総合調査』（日本博物館協会編，2020）によれば，回答の
あった2314館のうち「外国の館園との定期的な交流」を「実施してい
る」のは全体で5.9%にとどまった（日本博物館協会，2020，p.66）。
「国内の館園との連携・協力」については「ある」との回答が61.5%で
あるのと比べても，日本では，海外の博物館との連携はごく一部の館に
限られており，個別の館の活動レベルでは，全体として大きく立ち遅れ
ていることがわかる。

　同調査は過去の調査結果との比較により経年変化を捉えることができ
るが，外国の博物館との交流を実施する館は，2013（平成25）年の同調
査結果は4.6%，2008（平成20）年は3.9%，2004（平成16）年は3.4%，
1997（平成9）年は6.2%となっている。1997年の結果には及ばないも
のの，2000年代以降，微増傾向にあることは確認できる。これは上述の
「対話と連携」の博物館という方向性が示されて以降の国際連携への意
識の高まりと連動していると考えてよいだろう。

　館種別に見ると，外国の博物館との交流の割合が比較的高いのは「動
物園」24.4%，「動水植」20.0%，「植物園」14.7%である（日本博物館
協会，2020，p.187）。反対に割合が低いのは，「郷土」0.4%で最も少な
く，その次は「歴史」4.5%となる。動物園で他の館種に比べて外国の
博物館との交流がより活発な傾向が見られるのは，種の保存のための国
際的ネットワークに参加しているためと考えられている（日本博物館協
会，2020，p.187）。一方，歴史系の博物館，中でも地域の歴史を特化し

て扱う郷土博物館ではその取り組みがきわめて少なく，博物館の種別による格差が大きいことが分かる。

　設置者別では，「国立」が18.8％と最も多く，「県立」が15.4％とそれに続く。一方，「町村立」は2.8％，「市立」は3.0％にとどまる。この結果からは，規模が大きな博物館ほど外国の博物館との交流が進み，小さな博物館ではそれが進みにくい傾向が見てとれる。館種別の郷土博物館の割合が少なかったことも，小規模館が多いことが影響していると推測される。

　前項で述べたように，国際社会における博物館の連携には，今日博物館がグローバル社会の中で担うべき役割にとって，大きな利点が見出される。そのため，いかに博物館が国際連携を推進していくかは博物館学の重要な課題となってくる。国際社会における博物館の連携のさまざまな可能性を検討するために，次に，それに寄与する組織とその具体的な取り組みの事例について学ぶ。

## 2．ICOM の推進する国際連携の事例

### （1）ICOM の活動

　ICOM（国際博物館会議）とは，博物館の進歩発展を目的として1946年に創設された国際的な非政府組織である（ICOM 日本委員会ウェブサイト「ICOM とは」を参照）。ICOM には，国別に組織された国内委員会，地域連盟，そして博物館の各専門分野に即して組織された国際委員会がある。それぞれが年次会合などを開催し，情報交換や知識の共有を行うとともに，すべての委員会が一堂に会する大会を3年ごとに開催している。世界各地の博物館および博物館専門家が参画・交流する国際的な非政府組織として，ICOM は，2022年時点で，141の加盟国・地域，4万人以上の個人会員を有している（ICOM ウェブサイト「Become a member」を参照）。

　ICOM が博物館専門家の国際連携に寄与する活動として，32の国際委員会を組織している点に注目しよう（ICOM 日本委員会ウェブサイト「ICOM 国際委員会」を参照）。例えば，「科学技術の博物館・コレクション国際委員会（CIMUSET）」「美術の博物館・コレクション国際委員会（ICFA）」「考古学・歴史の博物館・コレクション国際委員会（ICMAH）」のように博物館の種別の専門性によるもの，「コレクション活動に関する国際委員会（COMCOL）」「倫理問題国際委員会（ICEthics）」「人材育成国際委員会（ICTOP）」のように博物館全体を横断する専門性に関わるもの，「都市博物館のコレクション・活動国際委員会（CAMOC）」「地域博物館国際委員会（ICR）」「大学博物館・コレクション国際委員会（UMAC）」のように博物館が置かれた環境や特性の専門性によるものなどがある。各国際委員会は，随時ニュースレター等による最新情報の発信を行い，また世界各国から専門家が集まる年次大会での研究発表やワークショップを通じて，博物館関係者に国際的な議論や情報交換の機会を創出している。

　3 年に一度開かれる ICOM 大会もまた，博物館の国際連携の推進の場としての役割を果たしている（ICOM 日本委員会ウェブサイト「ICOM 大会とは」を参照）。ICOM 大会とは，大会ごとに世界の博物館が直面する今日的課題に関するテーマを設定し，数千人規模の世界各国の博物館関係者が集まり，その新たな解決策を話し合う会議である。1948年のフランス・パリ大会から2022年のチェコ・プラハ大会までを数えると，ICOM 大会は26回を重ねる。表14-1 は近年の ICOM 大会のテーマの一覧である。これらからは，国際的に関心を集めるさまざまな博物館の課題を知ることができる。

　ICOM 大会への参加の意義とは，これらの今日的な課題に加えて，ど

表14-1　近年の ICOM 大会テーマ

| 開催年 | 開催回および開催地 | テーマ　＊ICOM 日本委員会訳 |
|---|---|---|
| 2022年 | 第26回チェコ・プラハ大会 | 博物館の力：私たちを取り巻く世界を変革する |
| 2019年 | 第25回京都大会 | 文化をつなぐミュージアム：伝統を未来へ |
| 2016年 | 第24回イタリア・ミラノ大会 | 博物館と文化的景観 |
| 2013年 | 第23回ブラジル・リオデジャネイロ大会 | 博物館（記憶と創造）は未来をつくる |
| 2010年 | 第22回中国・上海大会 | 社会的調和のための博物館 |
| 2007年 | 第21回オーストリア・ウイーン大会 | 博物館と世界共通の遺産 |
| 2004年 | 第20回韓国・ソウル大会 | 博物館と無形文化財 |
| 2001年 | 第19回スペイン・バルセロナ大会 | 変化に対応する：経済的，社会的挑戦に直面する博物館 |
| 1998年 | 第18回オーストラリア・メルボルン大会 | 博物館と文化的多様性：古くからの文化と新世界 |
| 1995年 | 第17回ノルウェー・スタバンガー大会 | 博物館と文化的景観 |

うすれば博物館が社会にさらに貢献することができるのかという博物館に共通する社会的役割について，世界中の博物館関係者がともに，博物館の可能性，新たなアイディアや問題解決の糸口を得る機会となる点にある。2019（令和元）年の ICOM 京都大会では，初めての自国開催により，合計4590人の参加者のうち日本人は1866人となり，日本の多くの博物館関係者が ICOM 大会参加の意義に触れることになった（ICOM 京都大会準備室，2020，p.145）。

　また，ICOM京都大会では，ICOMの博物館定義を見直す，ICOM規約改正のための議論が行われ，国際的に大きな注目を集めていた（第6章を参照）。京都大会に提出された定義案は，成立をみることはなかったが（ICOMによる2022年改正の博物館定義は第1章を参照），ICOM大会期間のみならず，その前後で国際的に交わされた博物館の定義に関する活発な議論は，国際社会での博物館の連携を推進し，その発展に寄与するものとなったと言えるだろう。

　そのほか，博物館の国際連携に貢献するICOMの活動として，博物館活動に関する国際的な基本的指針を示している点に注目できる。国際的な博物館界で一般に受け入れられる基本理念を反映させ，博物館のための最低基準を提示した「ICOM職業倫理規程」の策定は，その代表的な一つである。2020年には，新型コロナウイルス感染症防止対策により，臨時休館の措置をとっていた世界各地の博物館が再開するのに際して，考慮すべき基本的項目をまとめた指針を公開した（第11章を参照）。このように，社会状況の変化の中で博物館が直面する個別の問題に対しても，ICOMは国際的なガイドラインを提示する役割を担っている。

## （2）ICOM日本委員会の活動

　ICOMには，その活動を支える国別に組織された119の国内委員会がある（ICOMウェブサイト「ICOM Committees」を参照）。ICOM日本委員会はそのうちの一つであり，1951年に設立された。ICOM日本委員会は，日本でのICOMの活動を推進することを目的としており，その主な活動には日本の博物館の国際連携を推進する取り組みが見られる。

　例えば，ICOM日本委員会は，ICOMが毎年5月18日に定めた「国際博物館の日」に特別講演会や国際シンポジウム等の関連イベントを実施している（ICOM日本委員会ウェブサイト「国際博物館の日」を参照）。

表14-2　近年の「国際博物館の日」のテーマ

| 年 | テーマ　＊ICOM日本委員会訳 |
|---|---|
| 2022年 | 博物館の力：私たちを取り巻く世界を変革する |
| 2021年 | 博物館の未来：再生と新たな発想 |
| 2020年 | 平等を実現する場としての博物館：多様性と包括性 |
| 2019年 | 文化をつなぐミュージアム：伝統を未来へ |
| 2018年 | 新次元の博物館のつながり：新たなアプローチ，新たな出会い |
| 2017年 | 歴史と向き合う博物館：博物館が語るものは |
| 2016年 | 博物館と文化的景観 |
| 2015年 | 持続する社会と博物館 |
| 2014年 | コレクションは世界をつなぐ |
| 2013年 | 博物館（記憶と創造）は未来をつくる |
| 2012年 | 変容する世界と博物館：新しい挑戦，新しい発想 |
| 2011年 | 博物館と記憶 |

　この関連イベントを通じて，博物館関係者や博物館に関心を持つ人々はICOMの設定した国際的テーマを共有し，それについてともに考える機会を獲得している。表14-2は，近年の国際博物館の日のテーマである。ICOM大会の開催年は，そのテーマと同じとなるが，国際博物館の日のテーマにはさまざまな社会問題が取り上げられる。この毎年のテーマを共有し，ICOM日本委員会の呼びかけに応じて，全国各地の博物館が展覧会やイベント等の記念事業を行うことで，各館が世界とつながることが可能となる。

　国際博物館の日には，世界中の国や地域で約3万7000以上の博物館が参加し，日本でも多くの博物館にて無料開館や開館時間の延長，地域やまちとの連携イベントが実施される。そのため，専門家のみならず，広

く一般の人々が世界の人々とともに博物館の社会に果たす役割を知り，それについて考えるきっかけとなり，一般来館者も国際博物館の日に参画することで博物館の国際連携に寄与することのできる仕掛けとなっている。

　ほかに，ICOM日本委員会は，日本の博物館が国際的に発信すべき考えや意見を取りまとめて発言を行うことで，博物館の国際連携への日本の博物館の寄与を推進する役割を担っている。2019（令和元）年のICOM京都大会では，大会テーマとした「文化をつなぐミュージアム」を引き続きICOM全体で重視していくこと，また，欧米主体の議論になりがちなICOMがアジアの各地域の自主性・特殊性・多様性を尊重し，アジアの博物館との相互理解の促進に努めることの二つを大会決議案としてICOM日本委員会が提案し，それがICOM総会で採択された（栗原，2020，p.20）。また，ICOMの博物館定義の見直しについては，ICOM京都大会で採択が持ち越された後，2022年のプラハ大会に提出する新定義案の決定プロセスにおいて，ICOM日本委員会としての検討を重ね，ワーキングチームや国内のICOM会員の意見の集約・分析を行い，ICOM本部にICOM日本委員会としての意見を提出した（栗原，2022）。結果的に，ICOMプラハ大会で成立した現行のICOMの博物館定義には，ICOM日本委員会が支持した内容が十分に反映されていると言って差し支えないだろう。

## 3. 日本の博物館が主導する国際連携の取り組みの事例

### （1）博物館とコミュニティ開発コース

　続いて，博物館における国際連携のあり方について考察を深めるために，特に日本の博物館が主導し，国際的に大きな貢献を果たしていると考えられる事例を取り上げてみたい。

　一つ目は，国立民族学博物館で実施されている研修事業「博物館とコミュニティー開発コース」である。同館では，博物館を通じて各国の文化振興に貢献できる人材育成を目的に，1993（平成5）年より博物館学の国際研修を実施してきた（園田，2014，pp.2-4）。1993年度は「博物館国際交流小セミナー」という館独自の7日間の小規模な研修であったが，1994（平成6）年度からはJICA（当時の国際協力事業団，現在の国際協力機構）が実施を決めた「博物館技術（収集，保存，展示）コース」のうちの一部を「博物館学国際協力セミナー」として2週間で開催し（後に1週間の研修旅行が追加），研修員を受け入れた。

　2004（平成16）年度には，コースが全面的に見直され，JICAからの委託事業として，コースの企画・運営・指導を国立民族学博物館と滋賀県立琵琶湖博物館が共同で担うことになった。この際に，3カ月半にわたる「博物館学集中コース」として期間と名称が改められ，大幅に充実した研修プログラムとなった。参加者のニーズを受けて，この時から，保存や展示の技法等の実務レベルの内容に焦点を当て，研修のターゲットが明確化されたという。

　2012（平成24）年度からは新たに3年計画で「博物館学」コースを実施し，途上国における地域開発と博物館の関係への関心の高まりから，各国の観光関連分野のプログラムとの連携の強化および内容的に博物館運営と危機管理の項目の充実が図られた。

　本研修事業の特色とは，博物館学に関する事項を総合的に扱う点にある（園田，2014，p.4）。博物館学総論，収集・保存，展示，社会連携，運営等に関する共通プログラムを全員が受講し，より専門性の高い個別研修プログラム（例：予防保存，地域歴史博物館の運営，写真等）は選択性となる。また研修員が双方向の情報交換ができるよう，自国の博物館事情や自身の博物館を紹介するミュージアムレポートや，研修員それ

それが抱える課題に対する答えとして自国に戻ってから実施可能なプログラム案を作成するファイナルレポートの作成・発表などが研修内容として工夫されている。

　2015（平成27）年度以降は，博物館が地域社会に果たす役割について深く学ぶことができるよう，「博物館とコミュニティ開発」としてコースの改組・発展が図られている（国立民族学博物館ウェブサイト「博物館とコミュニティ開発コース」を参照）。2020（令和2）年度は新型コロナウイルス感染症の拡大により次年度に繰延となり，2021（令和3）年度は期間を約3週間に短縮したオンラインでの研修が開催された。研修内容は，従来に準じて，博物館学を総合的に扱う共通プログラムから専門性の高い個別研修プログラムまでがライブやオンデマンドで提供された。2022（令和4）年度は，一部オンラインを混じえたが，各国から前年度のオンライン受講の研修員6名および新規の研修員7名が来日し，国立民族学博物館での対面を基本とする講義や実習と日本国内のいくつかの博物館見学を組み合わせたプログラムが約1カ月半にわたって実施された。

　毎年途上国から約10名の博物館専門家が集まる本研修事業には，「JICA博物館学コース受講者人数実績」によれば，1994年から2021年までに64カ国よりオブザーバーも含めて延べ279人の参加を数えている。2019（令和元）年のICOM京都大会では，ICOM日本委員会と国立民族学博物館の共同主催により「博物館とコミュニティ開発」のセッションが開催された（Organizing committee of the ICOM Kyoto session "Museums and Community Development," National Museum of Ethnology, Osaka, 2020）。このテーマは研修コースと同名であり，地域コミュニティに根ざした活動に関する最新の動向を報告したミャンマー，アルメニア，エクアドル，ザンビアからのスピーカーはいずれも本研修事業

の過去の参加者，あるいは本事業に連なるフォローアップ研修の協力者であった。このように本研修事業は，途上国各国で博物館活動を牽引する人材育成に継続して貢献してきたことが分かる。

　現在は JICA の委託事業として期間や内容の充実化が図られた本研修事業が，当初は小規模な館独自のプログラムであったという点は，これから何らかの国際連携事業に取り組もうとする博物館にとって注目すべき点であろう。さらに，参加者のニーズや博物館を取り巻く環境から，定期的に内容の見直しを行ってきたことも成功要因として特筆できる。

### （2）モバイルミュージアム

　日本の博物館が主導し，国際的な貢献を果たしていると考えられるもう一つの事例として，東京大学総合研究博物館が2006（平成18）年から取り組む「モバイルミュージアム」プロジェクトを紹介する。

　モバイルミュージアムの狙いとは，「施設建物の中に自閉してきたこれまでのミュージアム事業に，内から外へ，ハコモノから生活空間へという新しい流れを生み出すこと，すなわち動的な学芸事業モデルを構築してみせることにある」（西野，2012，pp.45-46）。このコンセプトにより，モバイルミュージアムは博物館活動や展示を従来の博物館空間内に限らず，オフィスビルや学校など，社会のさまざまな場所で展開することができる。

　モバイルミュージアムの展示は国内のみならず，中国，モンゴル，エチオピア，シリア，ラオス，ペルー，台湾，フィリピン等の海外でも実施され，2022（令和4）年10月時点の「モバイルミュージアム・リスト」によれば，その数は延べ210となっている。海外モバイルミュージアムは，実施会場あるいは共同主催者となる現地の大学や博物館等と東京大学総合研究博物館との連携を強化し，同館の研究者の海外でのフィ

ールドワークによる研究成果を現地で還元する機会ともなっている。

　ここではフィリピンにおける「Mobile Museum Boxes」プロジェクトについて，国際連携の観点から，基本コンセプトやプロジェクトデザイン，そしてその成果について見ていこう（寺田，2017）。「Mobile Museum Boxes」とは，箱に標本や模型を搭載した移動型の展示キットである。一つの箱を最小単位とした展示を成立させ，基本的には箱の蓋を開けるだけで簡便に展示設営ができるように開発された。

　この開発に至った背景には，フィリピンにおける都市と地方間の教育インフラの格差という社会問題がある。この問題解決に対して博物館が寄与しうる試みとして，既存の博物館へのアクセスに恵まれない環境にある地方での展示を実現し，その展示キットを巡回してより多くの人々

図14-1　「Mobile Museum Boxes」イニシャル展示キットの公開風景

図14-2　ヴィサヤ版「Mobile Museum Boxes」展示キットの公開風景
（ルイシト・T・エヴァンゲリスタ氏提供）

が利用できるものとするモバイルミュージアムを構想した。そのため，
地方に住む若い世代を対象とした箱型の移動可能な展示キットを開発
し，教育機会の不均衡の解消および自然・文化遺産の次世代継承者の人
材育成に資することを目的に，日比４人の博物館研究者を中心として，
東京大学総合研究博物館，ミンダナオ国立大学イリガン校，フィリピン
国立博物館の３機関の国際協働プロジェクトを実施することになった。
　2015〜2016年には，トヨタ財団の研究助成を得て，ミンダナオの自然
誌の多様性をテーマとし，ミンダナオ地域を巡回することを想定した計
10箱からなるイニシャル展示キットの制作を行った。この展示キット
は，首都マニラのフィリピン国立博物館（国立人類学博物館）でのテス

ト公開ののち，ミンダナオ地域のミンダナオ国立大学イリガン校（イリ
ガン市）とセイヴィアー大学（カガヤンデオロ市）の２カ所を巡回し，
いずれも理科系学部の建物１階のロビー空間での展示公開が行われ，現
地の大学生や高校生らが観覧に訪れた（図14-１）。

　2017年以降は，10箱の展示キットはミンダナオ国立大学イリガン校が
管理し，現地の関係者のみでその移送や展示設営が行われ，ミンダナオ
地域の各大学や博物館を巡回している。東京大学総合研究博物館には，
展示キットの管理状況や展示スケジュールに関する情報が届き，随時助
言等を行う形での国際連携事業として継続されている。また，2019年に
は，ミンダナオ地域での国際連携プロジェクトの経験を活かし，フィリ
ピン国立博物館が西部ヴィサヤ博物館協会の協力とフィリピン森林財団
の助成を得て，ヴィサヤの自然誌の保全をテーマとした12箱からなるヴ
ィサヤ版「Mobile Museum Boxes」を制作した（図14-２）。この展示
キットもまた，ヴィサヤ地域の各大学や博物館を巡回している。

　このような現地での展開が実現した理由には，東京大学総合研究博物
館が主導したイニシャル展示キット制作の際に，箱に展示物を搭載し，
蓋を開ければ展示が出来上がるという「Mobile Museum Boxes」基本
形と箱の仕様を決定し，誰でも簡便に展示設営ができ，将来的に箱の数
を誰でも増やすことができるという，開かれたプロジェクトデザインを
行ったことが挙げられる。イニシャルキット制作の最後の工程として編
集した展示カタログ（Terada, 2016）は，本プロジェクトのマニュアル
機能を果たし，誰でも利用できるものとして，東京大学総合研究博物館
の「Mobile Museum Boxes」ウェブサイトにて PDF 版が無料で公開さ
れている。このように，本事例は，プロジェクトデザインの工夫によ
り，日本の博物館が海外で実施する協働プロジェクトについて連携機関
の自立的な活動を促すことで，長期的に継続できる国際連携となってい

る点が注目できる。

## 4. 今後の国際社会における博物館の連携

　本章第1節で見たように，2000年代以降は，日本の博物館界では国際連携に対する意識の高まりやその進展が見られる。しかし，個別の館の活動レベルでの定期的な外国の博物館との交流という側面では，国際連携が進んでいるとは言い難く，さらなる国際連携の発展は今後の大きな課題となっている。第2節で紹介したICOMやICOM日本委員会の活動には，各博物館や博物館関係者それぞれが国際的な議論に参加したり，世界各国の博物館専門家との情報交換の機会を獲得したりすることへの支援の取り組みがあることが分かった。また，国立民族学博物館や東京大学総合研究博物館の国際連携に寄与する取り組みの事例のように，最初は小さな取り組みをさまざまな協力者の力を得て大きく発展させ，継続することでその成果を蓄積できること，またアイディアやプロジェクトデザインの工夫が国際連携の継続にもたらす効果があることが示された。

　国際社会における博物館の存在意義の強化，博物館の資源の効果的な活用，あるいはそのさらなる開発・蓄積のための国際連携のあり方には，さまざまな可能性がある。今日のグローバル社会の中で博物館の果たすべき役割を考え，いかに博物館が国際連携を推進していくかという課題に取り組んでいくことは，博物館学の重要なテーマの一つとなってくると言えるだろう。

# 参考文献

稲村哲也「第14章　博物館と国際連携」稲村哲也編著『博物館概論』（放送大学教育振興会，2019年，pp.247-268）

稲村哲也「第15章　新たな時代の博物館」稲村哲也編著『博物館概論』（放送大学教育振興会，2019年，pp.269-308）

栗原祐司・林菜央・井上由佳・青木豊『ユネスコと博物館』（雄山閣，2019年）

栗原祐司「ICOM 京都大会と今後の我が国の博物館」『博物館研究』55巻別冊（日本博物館協会，2020年6月，pp.18-21）

栗原祐司「ICOM レポート　最終段階の ICOM 博物館定義見直し」『博物館研究』57巻6号（日本博物館協会，2022年6月，pp.38-39）

国立民族学博物館ウェブサイト「博物館とコミュニティ開発コース」https://www.minpaku.ac.jp/research/exchange/training/museology（2022年11月20日最終確認）

国立民族学博物館「JICA 博物館学コース受講者人数実績（過去28年：1994-2021）」https://www.minpaku.ac.jp/assets/pages/research/exchange/training/museology/2021kunibetsu.pdf（2022年11月20日最終確認）

佐々木秀彦「日本博物館協会による『対話と連携の博物館』：市民とともに創る新時代の博物館へ」『日本の博物館のこれから：「対話と連携」の深化と多様化する博物館運営』（平成26-28年度日本学術振興会科学研究費助成事業研究成果報告書基盤研究（C）課題番号 JP26350396，2017年3月，pp.3-8）

園田直子「民博の国際協力：博物館学国際研修の20年」『民博通信』147号（国立民族学博物館，2014年12月，pp.2-7）

寺田鮎美「参加型の展示プロジェクトデザイン：フィリピンにおける『Mobile Museum Boxes』の事例」『日本ミュージアム・マネージメント学会研究紀要』21号（2017年3月，pp.91-95）

東京大学総合研究博物館ウェブサイト「Mobile Museum Boxes」http://www.um.u-tokyo.ac.jp/exhibition/2015MobileMuseumBoxes.html（2022年11月20日最終確認）

東京大学総合研究博物館「モバイルミュージアム・リスト」http://www.um.u-tokyo.ac.jp/mobilemuseum/mobilemuseum_full_list.pdf（2022年11月20日最終確認）

西野嘉章『モバイルミュージアム　行動する博物館：21世紀の文化経済論』（平凡社，2012年）

日本博物館協会『文部省委嘱事業「博物館の望ましいあり方」調査委員会報告（要旨）「対話と連携」の博物館―理解への対話・行動への連携―【市民とともに創る新時代博物館】』（2001年 6 月一部修正）

日本博物館協会編『令和元年度　日本の博物館総合調査報告書』（2019年 9 月）

ICOM ウェブサイト「Become a member」https://icom.museum/en/get-involved/become-a-member/（2022年11月20日最終確認）

ICOM ウェブサイト「ICOM Committees」https://icom.museum/en/about-us/committees/（2022年11月20日最終確認）

ICOM 京都大会準備室『第25回 ICOM（国際博物館会議）京都大会2019報告書』（国際博物館会議（ICOM）ICOM 京都大会2019組織委員会（2020年 3 月）

ICOM 日本委員会ウェブサイト「ICOM 国際委員会」https://icomjapan.org/international-committees/（2022年11月20日最終確認）

ICOM 日本委員会ウェブサイト「ICOM 大会」https://icomjapan.org/icom-general-conferences/（2022年11月20日最終確認）

ICOM 日本委員会ウェブサイト「ICOM とは」https://icomjapan.org/about/（2022年11月20日最終確認）

ICOM 日本委員会ウェブサイト「ICOM 日本委員会」https://icomjapan.org/icom-japan/（2022年11月20日最終確認）

Organizing committee of the ICOM Kyoto session "Museums and Community Development."（2020）*Museums and Community Development*, Osaka : National Museum of Ethnology.

Terada, Ayumi（ed.）.（2016）*Mobile Museum Boxes : The Diversity of Natural History in Mindanao*. Tokyo : Mobile museum boxes project 2015-16.

# 15 博物館の現在と未来

鶴見英成

≪**学習のポイント**≫ 今日の日本社会は技術革新を背景として，人とモノの膨大な情報を人工知能で解析し，それを現実社会に還元することで，経済発展と社会的課題の解決を両立させることを目指している。それは SDGs（持続可能な開発目標）への取り組みにも通じる。そのような社会変化の中で，モノ（資料）とコト（情報）を保有する博物館には大きな役割が期待されるが，モノの収集・保存は困難に直面している。現在の課題への対応と，未来に向けての取り組みについて事例とともに概観する。

≪**キーワード**≫ SDGs（持続可能な開発目標），Society 5.0，災害，経年劣化，フィルム，（収蔵品の）「処分」，除籍，アーカイブ

## 1. はじめに―変わりゆく社会の中の博物館

　本章では，講義を締めくくるに当たり，今日の日本において博物館をめぐる状況について，現在における取り組みと，未来に向けての新たな動きに焦点を絞って概説する。

　2015年の国連サミットにおいて SDGs（持続可能な開発目標）が採択され，すべての人や機関が2030年までに目標を達成すべく取り組みを進めていくという，国際的な合意が形成された（第12章を参照）。全17項目の目標は，エネルギー問題（目標7），気候変動対策（目標13）など資源や環境に関する課題や，ジェンダー平等（目標5），人や国の不平等の是正（目標10），平和と公正（目標16）といった社会的な課題まで，

幅広く，また相互に関連するさまざまな課題に基づいて設定されている。日本国内の博物館には，各目標への具体的な取り組みを表明している例もある。その中には，館内設備の衛生管理，太陽光パネル発電や節電による省エネルギー，博物館スタッフの雇用や博物館運営における公正性の確保といった，施設・組織としての一般的な取り組みも含まれる。しかし特に注目すべきは，環境保全や資源開発などの目標に対して研究による貢献を目指す，また教育機関として人々の目標への理解と関心を高める，といった博物館ならではの取り組みである。例えば，野生生物を研究するよこはま動物園ズーラシアは，展示飼育を通じて，地球環境の豊かさや命の大切さなどを，来園者が楽しみながら学ぶことを目指しているという（大髙，2022，pp.19–20）。

　また2016（平成28）年，第5期科学技術基本計画において内閣府は，日本の目指す次なる未来社会の姿として，Society 5.0[1]を提唱した。これは狩猟社会を1.0，農耕社会を2.0，工業社会を3.0，情報社会を4.0とカウントしたナンバリングで，「仮想空間と現実空間を高度に融合させたシステムにより，経済発展と社会的課題の解決を両立する，人間中心の社会」と定義されている。従来の情報社会（Society 4.0）においては，現実空間にいる人間たちがそれぞれに仮想空間にアクセスして，それぞれの求める情報を入手し，それぞれに解析して活用していた。そのため分野横断的な情報共有が難しく，相互に連携して社会的課題に取り組むことができなかった。しかしSociety 5.0では，現実空間において人間たちは人工知能やロボットなどの新技術でサポートされており，それらの人やモノの膨大な情報は自動的に仮想空間に集積され，人工知能によって解析され，その結果が現実空間へ還元・活用されるというシステムが目指されている。それにより個人の能力や居住地の格差などを超えて，一人ひとりの人間が中心となる社会となり，SDGsのさまざまな

---

1) https://www8.cao.go.jp/cstp/society5_0/ （内閣府ウェブサイト，2022年12月10
　日最終確認）

目標の達成にも資するものとされる。小川義和氏はこの変革を、「モノ」を生産し消費する社会から、人々が情報や個人の経験としての「コト」に価値を置く時代への転換ととらえ、これからの博物館は保有するモノ（資料）やコト（資料情報）という資源を活用して、「持続可能な社会に向けた博物館の新たな可能性を発信し、人々に認識してもらい、博物館を活用してもらうことが、今後求められる博物館の姿です（小川、2021、p.35）」と論じている（小川、2021）。

　特に新型コロナウイルス流行というコミュニケーションの危機のもと、オンライン会議や、バーチャルな空間情報の共有、人工知能を援用した扱いやすいサービスの拡充など、我々はITやICTの急速な発展を体感している。あるいは、食事のデリバリーを含む物流システムの変化なども、個人の能力や居住地域の格差を乗り越えたSociety 5.0への前進、と見て取れるだろう。そして本書でたびたび紹介されてきたとおり、多くの博物館が情報発信の手法や機会を展開させ、社会的な要請に応えようと図っている。しかしその一方で、コレクションや博物館建築といったモノたちをめぐる状況は厳しい。頻発する災害や、人員の不足といった恒常的な問題だけではなく、収蔵スペースの枯渇、経年劣化の進行といった経時的なダメージの蓄積により、博物館のコレクションと施設に物理的な負荷がかかっているのである。そのような状況では、未来に残すべきモノが刻々と失われていくのを救うことも難しい。今求められる課題として、コレクションの収集・保存に関する近年の論点、および未来を見据えた新たな実践を紹介する。

## 2.　現在の課題—守るべきモノ

### （1）経年劣化，およびデジタルデータ時代のアナログデータ
　第9章などで述べてきたように、デジタル技術による情報・メディア

の操作は博物館が長らく課題としてきた分野であり，特にコロナ禍の影響を受けて，令和の世に急速な展開を見せている。インターネットを使った情報発信に多くの館が着手し，進捗はまちまちだがデジタルアーカイブ化への取り組みも増えている。では改めて，アナログなモノにはどのような意味があるのか，考えさせられる事例群を紹介しよう。

　第9章でも触れた東京大学総合研究博物館小石川分館は，近現代の建築史資料として，建築史家の遺した資料を収集している。2021（令和3）年に寄贈された藤島亥治郎コレクションは，東京帝国大学工学部建築学科で教授を務めた建築史家の遺品で，建築図面などの紙媒体や，日本や世界で撮影した建築や遺跡の写真とネガフィルム等から成る。整理するうちそのフィルムの中に，1940年代まで一般的であったナイトレートフィルムが含まれていると分かった。ニトロセルロースをベースとした製品で，発火性フィルムとして知られる。さほど高温にさらされずとも自然発火するため，1984（昭和59）年の東京国立近代美術館フィルムセンター火災のように多数の事故が起こった。貴重な写真・映像が失われるのみならず，延焼して他のフィルムや施設も危険にさらす。

　またそれ以外に，ナイトレートフィルムに代わって1950年代から「安全フィルム」として普及したアセテートフィルムが多数含まれていた。発火性はないものの，高温多湿の環境下では著しく劣化することがのちに判明したフィルムである。酢酸臭が漂うようになるのでビネガー・シンドロームと呼ばれる現象で，一部に劣化が始まると進行を完全に止める手立てはなく，周囲に保管されている他のフィルムにも影響を及ぼす。90年代からは劣化をおさえたポリエステルフィルムへと切り替わったが，昭和以前のフィルム資料は注意が必要である。

　フィルムの劣化は止めることができないため，なるべく早くスキャンしてデジタル化することが奨励されている。複製や頒布が容易になると

いうメリットも大きい。ただし，現在一般普及している方法でデジタル化した画像は，アナログメディアのフィルムとは画質が異なる。解像度をはじめ各種設定を調整することで実用に足る品質のデジタル画像が得られるが，例えば輪郭の形や，色調の変化が本来なめらかな被写体であっても，デジタル画像を拡大すれば輪郭はギザギザに，色彩はグラデーションではなく色の違うマス目の連続となる。あくまでもスキャン作業時点の設備で最善を尽くし，それ以上劣化する前に救っておくというのが実情であり，完全に互換性のある永久保存版ではない。

　東京大学総合研究博物館小石川分館の場合，専用の低温低湿庫の導入なども検討したが，特に発火性フィルムの処置が急を要するため，民間の低温低湿倉庫と契約して保管することとなった。このような倉庫はフィルムや美術品などの保管に使われており，実質的に博物館・美術館の収蔵庫の延長になりうる。なお小石川分館が外部委託の形で資料保管をする背景の一つは，第9章で触れたとおり，明治期に由来するその建築に耐震性能の懸念が示され，常時開館・職員常勤の体制が取れなくなったためである。ここにも経年劣化の問題は影響している。

　スキャンが完了したのちにフィルムをどう扱うかは未定であるが，資料研究を特に重要な使命とする大学博物館のコレクションポリシーに即して，その後もネガフィルムを保管することになろう。ただし他の状況・基準に照らせばスキャンを契機として廃棄処分する館があってもおかしくはない。フィルムを資料として収集・保存・研究する国立映画アーカイブは，高品質なデジタル化が終わったとしても「映画フィルムを捨てないで！」というスローガンを提起している。理由として，フィルムそれ自体が文化遺産であること，適切な管理体制下ではフィルムは安定して保存可能でデジタルメディアより長命なことなどを挙げ，さらに，将来派生するであろう多くのデジタルコピーを比較検証できるオリ

ジナルとして意味を持つこと，を根拠に挙げている（国立映画アーカイブウェブサイト）。先に写真の解像度の事例を挙げたが，デジタル情報はオリジナルとの「ずれ」，もしくは事故や人為によるエラーを含みうるので，正しく参照するためにはオリジナルに立ち返るべきである，というこの主張はきわめて正当であろう。

**（2）コレクションの「処分」あるいは「除籍」**

　第2章で触れたように，日本の博物館の差し迫った事情として，収蔵庫が満杯になりつつあるという問題があり，これに関連して収蔵品を「処分」したという事例が21世紀に入ってから数件知られている。博物館のコレクションは永久に保存されるべきものであるが，何が起こっているのか，また永久に保存するという前提自体に果たして無理はないのか，事例とそれをめぐる議論を紹介する。

　金山喜昭氏が近年の「処分」の事例として紹介した5例のうち（金山，2022），1例は第11章にて言及されたような被災文化財である。2019（令和元）年に浸水した神奈川県の川崎市市民ミュージアムでは幅広い支援を受けて文化財レスキューが進行中であるが，2021（令和3）年1月・3月の時点で約4万2000点の処分が発表された。運用基準として「川崎市市民ミュージアム被災収蔵品の取扱について」が定められ[2]，手続きに従って民俗資料，写真，フィルム，マンガなどが「処分」された。

1　収蔵場所からの流出等により現物が確認できなかった場合
2　被災状況が酷く，複製印刷物などで市民ミュージアム以外でも存在が確認できた又は同一のものが入手できる場合
3　被災状況が酷く，素材が変質するなどして，劣化又は破損しており，原形に戻すことが困難で次に掲げる場合

2) 川崎市「川崎市市民ミュージアム収蔵品レスキューの状況及び被災収蔵品の処分について」（報道発表資料，2021年1月21日）

　　ア．現状のままでも収蔵品としての価値が損なわれている場合
　　イ．他の収蔵品に対して保存上の危険を生じさせる場合
　4　当該作品・資料に関する調査・分析が十分になされた上で，その
　　結果が公表され，全ての関連記録がしっかりと保存されている場
　　合
　5　埋蔵文化財等は「川崎市教育委員会埋蔵文化財等取扱要領」の定
　　めるところによる。

　この基準は被災を前提として定められており，保存状態に関するやむ
を得ない事情と，十分な事前調査などが求められており，一般に理解し
やすいものであろう。しかし他の４例は被災とは異なる事情において
「処分」がなされたケースである。例として，鳥取県の北栄町の北栄み
らい伝承館を挙げる。大きく報道され議論を呼んだ事例であり，関係者
による経緯の説明，有識者との討論が公開されており，「処分」の背景
は公共に開かれている。
　北栄みらい伝承館は，1990（平成２）年に創立された北条歴史民俗資
料館の愛称である。「処分」の当時は，考古・歴史・民俗資料や，地元
出身の美術家の作品や，鳥取砂丘開拓の資料などを，9500点ほど所蔵し
ていた。前身となる館は1981（昭和56）年の設立時に広く町民に呼びか
け，民俗資料の寄贈を募った。その当時から明確なコレクションポリシ
ーがなく，さらに館の合併を重ね，整理不十分な資料が収蔵庫から溢れ
る事態に至ったのである。
　2018（平成30）年に１カ月あまり，562点の民俗資料の「お別れ展
示」を実施し，選ばれた資料を希望者に譲渡することとした。実態は
「譲渡」，扱いとしては「除籍」という「処分」である。それが実現する
には四つのポイントがあった。第一に収集方針を決定し，そこに除籍に

278

関する規定を設けたことである。収集するのは町にとって重要な歴史・民俗・美術・自然の資料に限り，すでに所蔵しているものと同種・同等未満のものを除く，という規定によって無軌道な集積を抑えることになった。そして除籍の条件としてまず「広域的な特徴を表す資料等で他の機関へ譲渡することにより学術的な価値がさらに高まり，広域的な研究の推進につながる場合や教育普及活動等に活用される場合」とし，それらは実際に他の町の博物館や公共施設で活用された。さらに「整理・保存の取り組みにより，展示・調査研究が困難な劣化及び同種同等以上の資料が確認できた場合」という基準が設けられた。第二のポイントは住民・旧蔵者（寄贈者）の理解を得ることであった。希望があれば優先的に譲渡（返却）するものとし，そうでなければ教育関係機関，機関ではないが公益的な引き取り理由や資料の価値を活かせる者，それ以外の希望者，と譲渡先に優先順位を設けたのである。第三に資料譲渡の選考基準を策定することであり，資料台帳がきちんとあり，一通りの調査が成されていたことによって，評価が可能となった。第四に譲渡先に任意のアンケートを実施して活用状況を把握することである。こうして除籍資料に対して5.5倍の応募が集まり，145の機関・人に対して譲渡が行われた。うち教育関係機関は6，一般人は139名であった。このケースから，事情次第でコレクションの「処分」が推奨される，などと安易に考えるべきではない。価値評価のプロセスが公表されておらず，公共性の担保に課題を残したという指摘もある（「2018年度文化資源学フォーラムの企画と実践」履修生編，2019，pp.32-34）。ヨーロッパの博物館の事例のように，博物館の研究倫理に沿った明示的なルールが必要であり（金山，2022），それも各館独自にではなく，日本博物館協会やミュージアム関連学会など有識者が議論すべきと指摘されている（「2018年度文化資源学フォーラムの企画と実践」履修生編，2019，p.46）。ただし，

あふれかえる資料にどう対処するかという課題は，議論を避けられてきたためにこれほどの危機を迎えたのであり，有意義な事例提供であった。突き詰めるとコレクションを未来永劫集めて良いのか，という疑問に行き当たる（「2018年度文化資源学フォーラムの企画と実践」履修生編，2019，pp.36-37）。冒頭に述べたとおり我々には，持続可能な社会という目標が設定されており，無制限の収集はそれに反する。館ごとのコレクションポリシーと，博物館全体としての「処分」の規定は必要である。ここで補記しておきたいのは，いずれの館も「処分」の対象が民俗資料に偏っている点である。大型のものや，素材が藁や紙など保存が難しいものは対象になりやすい。歴史資料や考古資料より年代が新しく，探せば同等の品が見つからなくもないという点でも保存の優先順位が下がるのであろう。しかし，自然科学の標本収集においては「無目的・無制限・無計画」を推奨する意見もある（川田，2020）。数多く集めることで見えてくる発見があるためである。美術館に収められることを目的として作られる美術品も，また状況が異なる（「2018年度文化資源学フォーラムの企画と実践」履修生編，2019，pp.40-41）。しかし，時限的に迫る収蔵庫圧迫の問題を，民俗資料だけに押しつけて良いのかという疑問は残る。

## 3．未来への課題—残すべきモノ

### （1）現代史をアーカイブする1：地域の復興と災害の伝承

　以上のように，博物館資料の中で民俗資料はともすれば軽んじられてしまう恐れがある。しかし失われる前に収蔵する設備がなくては，いつか未来において振り返ろうとしたときに，手がかりがなくなってしまう。我々が生きているこの時代についても，モノとコトを体系的に集めてアーカイブする（保存記録を残す）ことは，博物館の使命に照らして

必要である。以下の２例は，観光資源としての活用ではなく，それぞれ重要な目的のために収集・保存を進めた事例である。

　とみおかアーカイブ・ミュージアムは2021（令和３）年に福島県双葉郡富岡町にオープンした新しい博物館相当施設である。東日本大震災の震災伝承施設としてのミュージアムは東北４県各地に展開しているが，原子力災害のため長らく警戒の続いていた福島県の浜通り（海岸部）で，除染の進展に伴い，近年複数の館が創設あるいは準備され始めている。富岡町の場合，ミュージアムの建つ内陸部までは津波の影響は及ばなかったが，福島第一原子力発電所の事故によって震災の翌日には全町避難が決断されることとなった。2017（平成29）年から段階的に避難指示が解除されてきたが，避難生活を経て他の地域に居住するようになった住民は多く，かつての町の人間関係は疎遠になってしまった。またこの年月の間に，地域における生活文化・習俗・歴史の継承が途絶えてしまった。震災と原子力災害の複合災害は地域史の一部であるとともに，大きな影響を及ぼしている。

　富岡町が町立の民俗資料館に保有していた資料は，震災から約１年後に，警戒区域の外への移送が行われた。さらに2014（平成26）年に富岡町歴史・文化等保存プロジェクトチームが設立され，民家に残された古文書や民具のほか，町のさまざまな場所から日用品，写真，映像などの保全を進めた。富岡町では地域の成り立ちを物語る資料の全体を地域資料，その中でも複合災害により生じた資料を震災遺産と定義し，2020（令和２）年までに４～５万点ほど収集した。また町教育委員会が住人を対象に実施した「震災の聞き取り・伝承事業」により，災害にまつわる語りが記録収集された。とみおかアーカイブ・ミュージアムはそれら膨大なモノや情報を収蔵している（図15-1）。収蔵庫は広く設計され，整理作業室，収蔵準備室と合わせて多くの部分がガラス越しに見学可能

となっている（図15-2）。その展示構成には，富岡町の自然史・地域史を包括的にとらえ，複合災害もその中の1ページ，ただし「とても大きな1ページ」と位置づけるという，「とみおか地域をアーカイブする試み」が投影されている（門馬，2021）。それにより，地域史をよりどこ

図15-1　とみおかアーカイブ・ミュージアム

図15-2　とみおかアーカイブ・ミュージアムの収蔵展示

ろとして住民の心の復興を実現し，また複合災害という未曾有の経験を
伝え，さらに資料を活用して発信することが目的とされている。

## （2）現代史をアーカイブする２：新たに見出された資料

　2012（平成24）年，東京都現代美術館で開催された企画展「館長庵野
秀明　特撮博物館　ミニチュアで見る昭和平成の技」は入場者数29万人
超の大盛況に終わり，引き続き巡回展が企画された。展示物には特撮映
画『ゴジラ』や特撮テレビシリーズ『ウルトラマン』など，世界的にも
著名な作品群の撮影に用いられた乗り物や建築物のミニチュアや，怪獣
の着ぐるみなどがあった。

　映像を完成させるために使われるそれら「中間制作物」は，撮影後に
保存されることが一般的でなかった。また特撮作品は次第にミニチュア
撮影よりもCGでの表現が主流となっていき，高度な技巧が施されなが
らも，その技術は途絶えようとしていた。この状況を憂慮した映画監督
の庵野秀明氏らクリエイターたちが集結し，散逸していた中間制作物を
収集・修復したのである。

　展示は盛況に終わったが，集められた中間制作物は数量が多く，ミニ
チュアと言いながらサイズの大きな資料も多数ある。それらを恒常的に
アーカイブする体制を目指して，庵野氏を理事長として設立されたアニ
メ特撮アーカイブ機構（ATAC）が検討を進める中，福島県須賀川市と
の接点が生じた。須賀川市は，日本の特撮映像作品の黎明期を支えた円
谷英二監督の故郷であり，東日本大震災のあと，市街中心部の市民交流
センターに円谷英二ミュージアムを設けるなど，復興の町おこしの主軸
として彼とその作品群に光を当ててきた。

　市は特撮文化の保存という趣旨に賛同し，震災により生じた空き施設
を改装して須賀川特撮アーカイブセンターを2020（令和２）年に設立し

図15-3　須賀川特撮アーカイブ
　　　　センター

図15-4　一部が見学可能となってい
　　　　る収蔵庫

た（図15-3）。主体となっているのは1階の大規模な収蔵庫で，映像に
使用された建築物ミニチュアなど，大型の中間制作物を多数収めてお
り，多くの見学者が訪れる（図15-4）。このセンターを拠点として保存
や調査が行われている。例えば，1969（昭和44）年の映画『日本海大海
戦』で使用された戦艦「三笠」の大型のミニチュアは，当時の高度な木
工技術を検証しつつ制作当時の状態に修復された。2022（令和4）年か
らは須賀川市の小中学生を対象として，専門家を講師に招き，特撮人材
育成の教育プログラム「すかがわ特撮塾」も始まった（口絵4）。セン
ター内はミニチュア制作などに用いられ，また保存された建築物ミニチ
ュアの一部も撮影に再利用された。アーカイブ資料と設備を出発点とし
て，実質的に博物館としての機能が拡充されつつある事例と言えよう。

## 4. おわりに

　本章では，特に博物館のコレクションや施設などモノが置かれた困難
な状況と，将来に向けて現代史を含めた新たな資料収集・保存を目指す
施設について，比較的新しい事例を中心に紹介してきた。その前提とし
て冒頭に述べたとおり，変わりゆく社会において博物館に求められる役
割として，モノ（資料）やコト（資料情報）といった博物館の資源を
人々が広く活用できる，ということが重要である。コレクションは特に
博物館の基礎となる資源である，という観点から本章では焦点を当てた
のであるが，いずれの事例もコレクション所蔵館だけの課題ではない，
という点に注意されたい。地域社会におけるコレクションの意味や，学
問（建築史学）や芸術（特撮映像）といった分野におけるコレクション
の重要性の認識を共有している，さまざまな博物館や団体の連携に基づ
いて，議論と実践が展開されてきたのである。本書では第13章や第14章
において詳説されたとおり，連携は博物館の重要な課題であり，変わり
ゆく社会における連携のあり方について今後も議論が重ねられていくで
あろう。

　以上で本講義を締めくくることとするが，この「博物館概論」で取り
上げたことは，他の博物館関連科目においてさらに掘り下げて学ぶこと
になる。各自，関心の持てるテーマについてさらに学習し，博物館への
理解を深めていただきたい。

## 参考文献

大髙幸「博物館教育とは」大髙幸・寺島洋子編著『博物館教育論』pp.11-28（放送大学教育振興会，2022年）

小川義和「社会の変化と『発信する博物館』の意義」小川義和・五月女賢司編著『発信する博物館—持続可能な社会に向けて』pp.16-35（ジダイ社，2021年）

金山喜昭「博物館の収蔵資料の処分について」山西良平・佐久間大輔編『日本の博物館のこれからⅣ』pp.91-107（大阪市立自然史博物館，2022年）

川田伸一郎「無目的収集のすすめ」『日本鳥学会誌』69(1)：123-124（2020年）

国立映画アーカイブウェブサイト　『FIAF70周年記念マニフェスト「映画フィルムをすてないで！」』　https://www.nfaj.go.jp/research/preservation/#manifest（2022年12月11日最終確認）

門馬健「『記憶資料』の保全活動　全町避難から始まった富岡町の聞き取り事業」『BIOCITY』85：54-61（株式会社ブックエンド，2021年）

2018年度「文化資源学フォーラムの企画と実践」実習生編『第18回文化資源学フォーラム「コレクションを手放す—譲渡，売却，廃棄」』（東京大学大学院人文社会系文化資源学研究室，2019年）

# 索引 ▮

●配列は五十音順　欧文字はアルファベット順　＊は人名を示す。

# 分担執筆者紹介

## 寺田　鮎美（てらだ・あゆみ）

・執筆章→1・6・14

| | |
|---|---|
| 1977年 | 静岡県に生まれる |
| 1999年 | お茶の水女子大学文教育学部哲学科卒業 |
| 2001年 | 東京大学文学部思想文化学科美学藝術学専修課程卒業 |
| 2003年 | 東京大学大学院人文社会系研究科文化資源学研究専攻修士課程修了（修士：文化経営学） |
| 2008年 | 政策研究大学院大学文化政策プログラム修士課程修了（修士：文化政策） |
| 2011年 | 政策研究大学院大学政策研究科公共政策プログラム博士課程修了（博士：文化政策研究） |
| 現在 | 東京大学総合研究博物館インターメディアテク寄付研究部門特任准教授 |
| 主な著書 | 「蘭花百姿：博物誌の展示学」『蘭花百姿：東京大学植物画コレクションより』（東京大学総合研究博物館編）（誠文堂新光社，2022年）<br>「異界としてのミュージアム」『この世のキワ：〈自然〉の内と外』（山中由里子・山田仁史編）（勉誠出版，2019年）<br>『ミュージアムのソーシャル・ネットワーキング（博物館情報学シリーズ3）』（共著）（樹村房，2018年） |

吉田　憲司（よしだ・けんじ）──────・執筆章→3・4・5

1955年　京都市に生まれる
1980年　京都大学文学部卒業
1989年　大阪大学大学院文学研究科博士課程修了・学術博士
現在　　国立民族学博物館長・総合研究大学院大学教授
専攻　　文化人類学・博物館人類学
主な著書『仮面の世界をさぐる──アフリカとミュージアムの往還』
　　　　（臨川書店，2016年）
　　　　『宗教の始原を求めて──南部アフリカ聖霊教会の人びと』
　　　　（岩波書店，2014年）
　　　　『文化の「発見」』（岩波人文書セレクション）（岩波書店，
　　　　2014年）
　　　　『文化の「肖像」──ネットワーク型・ミュージオロジーの提
　　　　唱』（岩波書店，2013年）
　　　　『改訂新版　博物館概論』（編著）（放送大学教育振興会，
　　　　2011年）
　　　　『文化の「発見」』（岩波書店，1999年）
　　　　【第22回サントリー学芸賞受賞，第1回木村重信民族藝術学
　　　　会賞受賞】
　　　　『仮面の森──アフリカ・チェワ社会における仮面結社、憑
　　　　霊、邪術』（講談社，1992年）
　　　　【第5回日本アフリカ学会研究奨励賞受賞】

日髙　真吾（ひだか・しんご）
・執筆章→10・11

1971年　宮崎県に生まれる
1994年　東海大学文学部卒業
1994年　財団法人元興寺文化財研究所研究員
2001年　国立民族学博物館助手
2006年　博士（文学）取得
2008年　国立民族学博物館准教授
現在　　国立民族学博物館・総合研究大学院大学教授
専攻　　保存科学
主な著書『継承される地域文化―災害復興から社会創発へ』（編著）
　　　　（臨川書店，2021年）
　　　　『災害と文化財―ある文化財科学者の視点から』（千里文化
　　　　財団，2015年）
　　　　『記憶をつなぐ―津波災害と文化遺産』（編著）（千里文化財
　　　　団，2012年）
　　　　『博物館への挑戦―何がどこまでできたのか―』（共編著）
　　　　（三好企画，2008年）
　　　　『女乗物――その発生経緯と装飾性』（東海大学出版会，
　　　　2006年）

大髙　幸（おおたか・みゆき）
・執筆章→12・13

1997年　慶應義塾大学文学部哲学科美学美術史学卒業
2000年　ニューヨーク大学大学院視覚芸術運営研究科修士課程修了
　　　　修士（美術館運営学）取得
2007年　コロンビア大学大学院美術及び美術教育研究科博士課程修了
　　　　博士（教育学）取得。コロンビア大学大学院兼任助教授を
　　　　経て
現在　　放送大学客員准教授（博物館教育論・2012年〜）慶應義塾
　　　　大学大学院等非常勤講師
研究領域　博物館教育論，美術館運営学，芸術メディア論
主な著書　『改訂新版　博物館教育論』（共著）（放送大学教育振興会，
　　　　2022年）
　　　　『美術館と家族：ファミリープログラムの記録と考察』（共
　　　　著）（アーティゾン美術館，2020年）
　　　　『博物館概論』（共著）（放送大学教育振興会，2019年）
　　　　『博物館情報・メディア論』（共著）（放送大学教育振興会，
　　　　2018年）
　　　　『ひとが優しい博物館　ユニバーサル・ミュージアムの新展
　　　　開』（共著）（青弓社，2016年）

# 編著者紹介

鶴見　英成（つるみ・えいせい）
　　　　　　　　　　　　　　　・執筆章→2・7・8・9・15

1972年　東京都に生まれる
1996年　東京大学文学部卒業
2008年　東京大学大学院総合文化研究科課程博士（学術）取得
2009年　東京大学総合研究博物館特任研究員，助教
現在　　放送大学教養学部准教授
専攻　　アンデス考古学，博物館学
主な著書　「神殿を建て続けた人びと」『アンデス考古学ハンドブッ
　　　　　ク』（山本睦・松本雄一編）（臨川書店，2022年）
　　　　　「アンデス文明の黄金・織物・土器・建築」『見る目が変わ
　　　　　る博物館の楽しみ方：地球・生物・人類を知る』（矢野興人
　　　　　編）（ベレ出版，2016年）
　　　　　「南米の博物館―ペルーにおける考古学と博物館」『博物館
　　　　　展示論』（稲村哲也編）（放送大学教育振興会，2016年）
　　　　　『黄金郷を彷徨う―アンデス考古学の半世紀』（西野嘉章と
　　　　　共編著）（東京大学出版会，2015年）

放送大学教材　1740210-1-2311（テレビ）

# 新訂　博物館概論

発　行　　2023年3月20日　第1刷
編著者　　鶴見英成
発行所　　一般財団法人　放送大学教育振興会
　　　　　〒105-0001　東京都港区虎ノ門1-14-1　郵政福祉琴平ビル
　　　　　電話　03（3502）2750

市販用は放送大学教材と同じ内容です。定価はカバーに表示してあります。
落丁本・乱丁本はお取り替えいたします。

Printed in Japan　ISBN978-4-595-32394-2　C1330